영유아 수학교육

박해미 · 김유화 · 이진희 · 정재경

태영출판사

머리말

수학은 인간의 일생생활과 밀접한 관계를 가지면서 문제해결을 이루는 중요한 수단이 됩니다. 영유아들에게 수학이란 처음에는 하나, 둘, 셋을 세는 수세기에서 시작해서 그 수가 장난감의 개수가 되기도 하고, 아파트의 층수가 되기도 하고, 집의 번지수가 되기도 하고, 우리 집의 가족 수가 되기도 합니다. 또한 수학이란 처음에는 색깔로 시작해서 모양으로 크기로 준거가 추가되면서 같은 것과 다른 것을 구분해 내는 기준이 되기도 합니다. 따라서 우리의 일상생활에서 수는 생각보다 더 밀접하게 우리와 연결되어 있습니다. 그렇기에 영유아기 때부터 일상생활 속에서 자연스러운 방법으로 수학적 소양을 길러 주는 것은 매우 중요합니다.

2012년 7월에는 만 3-5세 누리과정이 고시되었고, 2013년 이후로 어린이집에서는 만 0-2세 표준보육과정이 시행되고 있으며, 현재는 유치원과 어린이집에서 전면적으로 누리과정이 시행되고 있습니다. 본서에서는 국가수준의 유아교육과정에 충실하고자 노력하였습니다. 또한, 기본적으로 교육현장에서 효과적으로 교육운영이 이루어지기 위해서는 무엇보다 교사들이 수학교육에 대한 정확한 이해를 바탕으로 실제 활용할 수 있는 능력을 증진시키는 것이 가장 중요하다는 점을 염두에 두고 집필하였습니다.

이 책의 내용을 살펴보면, 제1부 영유아 수학교육의 이론에서는 영유아 수학교육의 기초, 수학교육의 이론적 배경, 수학교육의 내용, 방법, 운영, 평가, 환경 그리고 영유아 수학교육의 통합적 접근법을 제시하였습니다. 이를 통해서 영유아 교사들이 수학교육을 하는데 있어서 국가수준의 교육과정에 기반을 두고, 영유아의 발달적 특성을 고려하여 활동을 계획하고 그에 적합한 교수-학습 실제로 들어가기 위한 이론적 과정을 강조하고자 하였습니다. 제2부에서는 영유아 수학교육의 실제 활동을 중심으로 수 개념을 돕는 수학활동, 공간 및 도형 개념을 돕는 수학활동, 측정 개념을 돕는 수학활동, 규칙성(패턴)을 돕는 수학활동, 자료분석(통계, 그래프) 개념을 돕는 수학활동의 사례를 담았습니다. 이는 유아 교사들이 수학활동을 위한 교재 · 교구를 연구 및 개발하는 과정에 도움을 주고자 한 취지를 담고 있습니다.

끝으로 본서를 준비하는 과정에서 여러 가지 어려움이 있음에도 불구하고 아낌없는 지원을 해 주신 태영출판사 김현태 사장님과 편집자님께 감사의 말씀을 드립니다. 또한 본서에 제시된 수학 교재 · 교구 자료 제작에 협조해 주신 서정대학교 유아교육과, 대원대학교 유아교육과, 연성대학교 유아교육과, 숭의여자대학교 유아교육과 학생들에게 진심으로 감사드리며, 해파란 어린이집 관계자들께도 감사를 드립니다. 끝으로 지속적인 보완을 통해 완성도 높은 교재가 될 수 있도록 노력하겠습니다.

2015년 12월
저자 일동

차 례

제1부 영유아 수학교육의 이론

제1부

영유아 수학교육의 이론

제1장

영유아 수학교육의 기초

1. 정의 및 필요성
2. 목적 및 빙향
3. 역사적 배경
4. 최근 동향

1. 정의 및 필요성

현재 지식정보화 시대가 대두되면서 국가의 경쟁력을 가늠하는 지표 중 하나로 수학능력이 중요시되고 있다. 이에 각 나라에서는 개인의 생활에서 수학 관련 문제에 대해 판단을 잘 내릴 뿐 아니라 수학을 이해하고 활용할 수 있는 능력인 수학적 소양을(OECD/PISA, 2003) 갖추도록 하는데 중점을 두고 있다. 우리나라에서도 2012년도에 초 · 중 · 고교 학생들을 위한 「수학교육 선진화 방안」[1]을 발표하였으며, 수학교육 선진화 방안의 기본방향을 '생각하는 힘을 키우는 수학', '쉽게 이해하고 재미있게 배우는 수학', '더불어 함께하는 수학'으로 제시하고 있다.

그러나 여전히 많은 사람들은 '수학'이라고 하면 '어려운 것', '지루한 것'이라고 생각하는 경우가 많다. '수학'은 학문의 한 영역이면서 동시에 다른 학문들의 가장 기본이 되는 학문이다. 과학이나 공학, 의료, 세일즈에 이르기까지 수학이 이용되지 않는 분야는 거의 없다. 특히 고도의 정보화 사회인 우리 사회에서는 다양한 직업에서 수학적 사고를 필요로 한다. 뿐만 아니라 간단한 사칙연산에서부터 물건값을 계산하고, 정해진 양을 분배하고 날짜를 계산할 때도 우리는 '수학'을 사용한다. 또 성적을 산출하거나 물가지수, 실업률, 투표율, 일기예보에 이르기까지 각종 경제지표에서도 통계가 적용되며, 은행예금의 이자율에는 수열이 사용되기도 한다.

우리의 일상생활과 밀접한 관련을 맺고 있는 '수학'은 어린 시기부터 선천적으로 타고난 수학적 발달특성을 토대로 일상생활 속에서 다양한 수학적 요소들을 경험하면서 점차 획득되고 발달한다. 영유아의 수 개념과 수에 관한 추론능력은 환경과의 상호작용 속에서 자연스럽게 발달하는 것이다. 따라서 어린 시기부터

1) 2012년 1월 교육과학기술부에서 현재의 입시 대비 변별력 확보를 위한 수학교육을 미래 대비 사고력과 창의력을 키우는 수학교육으로 개선하고, 수학에 대한 흥미와 긍정적 인식을 높이기 위한 '수학교육 선진화 방안'을 발표함.

수학을 일상생활 속에서 경험할 수 있는 기회를 자연스럽게, 충분히 제공하는 것이 바람직하다.

우리말사전(1982)에 의하면, 수학교육이란 "초 · 중등학교의 수학지도에 관한 이론적, 실천적인 연구"를 의미한다고 정의하였으며, 교육학용어사전(1998)에서는 수학교육이란 "주로 학교교육에서의 산수, 수학의 교수법, 수학의 원리적인 문제를 연구하는 학문 분야"라고 정의 내리고 있다.

이처럼 기존의 수학교육의 대상은 학교교육의 주를 이루는 초등학교 이상의 학생들에게 초점이 맞추어져 있었으나, 최근 영유아 발달과 관련한 연구들은 영유아 수학능력에 대한 새로운 정보를 제공하고 있다. 영유아는 수와 공간능력의 기초적인 능력을 갖고 태어났으며, 영유아 시기에 놀라울 정도로 수학능력이 발달하고 있음을 강조한다. 또한 영유아기의 수학능력은 취학 후 학업성취를 예측하는 주요 변인으로 밝혀지고 있으며, 특히 영아부터 수학능력을 가지고 태어나며 영아기의 일상생활 속에서 자발적 탐색에 의해 스스로 수학적 지식을 구성하고, 이는 이후에 이루어지는 수학 능력 발달의 초석이 된다고 주장한다. 이런 연구결과들을 기초로 현재 수학교육의 대상 연령은 점차 하향화되어지고 있으며, 이를 반영한 영유아 수학교육에 대한 정의가 재정립되고 있다.

권영례(2010)는 영유아 수학교육은 "영유아기 고유의 발달적 특성을 고려하여 수학의 기초원리와 개념을 학습하도록 돕고, 수학적 기능을 통해 문제를 해결하도록 배려하고 권장하는 환경을 구성하는 일"이라고 정의하였다. 문연심(2009)은 영유아 수학교육이란 "영유아의 발달수준을 고려하여 수학의 기초개념을 학습하도록 돕고, 일상생활 속에서 발생하는 문제를 수학적 과정을 통해 해결할 수 있도록 도와주는 것"이라고 정의 내렸다.

바루디(Baroody, 1987)는 영유아 수학교육은 어림셈, 측정, 계산이 포함된 수 감각의 발달을 강조하여야 하며 일상생활의 다양한 상황을 수관계를 가르치는데 사용해야 한다고 보았다. 그래서 교실 상황에서 수세기, 비교하기, 측정하기가 가능한 많이 일어나도록 해야 한다고 하였다. 카미(Kamii, 1988)는 영유아 수학교육이란 수학자들이 수학 현상을 탐구할 때 적용하는 사고 절차를 유아들도 똑같이 일상생활에서 직면하는 문제를 탐구할 때 자율적으로 적용하는 과정이라고 보았다. 즉 수학은 질서를 부여하고 세상을 조직하는 원리로서 일상생활에 적용되며 생활 속의 모든 사물이 수학적 자료가 될 수 있다고 정의하고 있다.

결론적으로 영유아 수학교육이란 영유아의 발달 수준에 적합한 수학내용을 교육하는 것이며, 다시 말하면 영유아기에 학습 가능한 수, 양, 공간에 대한 구조와 변화에 대한 내용을 교육하는 것이라고 할 수 있다. 따라서 영유아 수학교육을 위해서는 영유아도 태어날 때 이미 수학적 능력을 가지고 태어남을 인식하고 영유아만의 독특한 발달적, 인지적 특성을 함께 고려해야 한다. 또한 유아교육현장 및 일상생활 속에서 수학 활동과 관련된 다양한 경험을 통해 수학의 기본개념과 원리를 학습하고 수학적 소양을 기를 수 있는 기회를 제공하는 것이 매우 중요하다.

특히 수학적 사고기능은 21세기 과학기술사회를 성공적으로 살아가기 위한 필수적인 기능으로 강조되고 있다. 개인의 일상적인 삶의 영역뿐 아니라 다양한 직업세계에서도 새로운 아이디어를 구성하고 창의적으로 문제를 해결하며 타인과의 의사소통을 중시하는 데서 수학을 필요로 하고 있다(Baroody, 1993, 2000; National Council of Teachers of Mathematics, 1991; National Research Council, 1989).

수학교육이 필요한 이유를 살펴보면, 첫째, 수학이 실용적 가치를 갖기 때문이다. 수학을 배우면 실생활에 이용하거나 과학과 같이 다른 학문을 하는데 기초가 되기 때문에 유익하다. 둘째 수학이 도야적 가치를 주기 때문이다. 수학을 배우면 우리의 정신 능력을 신장시킬 수 있다. 수학을 배움으로써 합리적이고 논리적인 사고력, 추상화의 사고력, 창의적 사고력, 비판적 능력, 기호화하고 형식화하는 능력, 단순화하고 종합화하는 능력 등이 길러진다. 이러한 능력은 수학 관련 분야뿐 아니라 수학과 관련이 없는 분야에서도 요구되는 능력이다. 셋째, 수학이 심미적 가치가 있기 때문이다. 수학적 대상은 아름답다고 할 수 있으며, 수학의 공식이나 방법이 절묘하고 아름답게 적용되는 경우도 많아 수학 그 자체로서 심미적 가치가 있다(배종수, 2003).

이러한 수학에 대한 높은 관심은 유아교육에서도 발달에 적합한 질 높은 수학교

육을 제공하는 것이 중요하다는 인식을 증가시켜 주고 있다. NCTM(2000)에서는 수학교육의 표준을 pre-kindergarten 시기부터 제정하였으며, NAEYC[2]와 NCTM[3](2002)에서는 '유아수학교육: 좋은 출발을 촉진하기' 지침서를 발표하는 등 영유아 수학교육을 지속적으로 강조하면서 영유아 수학교육의 활성화를 촉구하고 있다.

영유아기의 수학은 한 마디로 아이들의 '기초지능과 생각하는 힘'을 길러주는 학습이다. 최근 수학교육의 추세는 단순한 연산 중심보다는 사고력을 중요시하는 분위기로 변화하고 있다. 그러나 많은 아이들이 사고력 문제를 어려워하는 경향이 있으며, 문제 자체를 이해하지 못하는 경우도 많이 있다. 사고력을 키워 주기 위해서는 결국 '생각하는 힘'을 길러주는 것이 중요하다. 생각하는 힘은 어느 순간 생기는 것이 아니다. 따라서 어린 시기부터 생각하는 힘을 기를 수 있도록 사고력의 기반을 마련해 줄 필요가 있다. 특히 현대사회는 수학적 능력이나 지식을 활용하는 영역이 많아졌으며, 이러한 지식이나 능력은 미래사회의 변화와 요구에 부응하기 위해서도 필요하다. 따라서 하나의 준비과정으로서 영유아기부터 수학교육이 필요하다.

따라서 부모와 교사는 수학교육의 첫 단계라고 할 수 있는 영유아기부터 수학교육의 의미와 필요성에 대한 가치를 바르게 인식하고 이에 적절한 수학활동과 경험을 제공해야 할 것이다. 영유아 수학교육의 필요성을 정리하면 다음과 같다.

첫째, 영유아기는 수학에 대한 흥미와 태도를 형성하는 결정적 시기이다.

영유아는 이미 태어날 때부터 자신이 속한 세계에 대해 끊임없이 호기심을 갖고 탐구하려는 본능적인 욕구를 가지고 있다. 이는 영유아기부터 어느 정도의 수학적 능력을 가지고 있음을 보여주는 것으로, 어린 시기부터 발달수준에 적합한 수학교육의 환경을 마련하고 제공하는 것이 중요하다. 영유아는 형식적인 수학교육을 받기 전에 이미 일상생활 속에서 비형식적인 수학학습을 경험하게 되는데, 이는 영유아의 수학에 대한 태도를 결정하는 데 지대한 영향을 미치므로 이 시기

2) NAEYC(National Association for the Educational Young Children) : 미국유아교육협회.
3) NCTM(National Council of Teachers Mathematics) : 미국수학교사협의회.

부터 수학에 대한 긍정적 태도를 갖도록 하는 것이 필요하다.

둘째, 영유아기의 수학적 경험은 영유아의 논리적 사고의 기초를 형성한다.

논리적 사고란 사리에 맞게 생각하고 말하는 것으로 이러한 논리적 사고는 일상생활에서 자신의 생각을 넓고 깊게 하는 도구이며, 모든 학문의 기초가 되고 인류의 문화를 발전시키는 창조력의 원천이다. 유아의 일상생활에서 이루어지는 물체의 양을 비교하고 측정해 보는 활동, 여러 가지 사물의 모양을 비교하고 분류해 보는 활동, 물건의 수를 세어 보는 활동, 간식이나 과자를 친구들과 똑같이 나누는 활동 등의 수학적 경험은 바로 이러한 논리적 사고의 기초를 형성한다. 형성된 논리적 사고의 기초는 영유아가 성장하여 문제를 해결하고, 정보를 추출해 내는 과정에서 중요한 역할을 담당하며, 실생활에서의 합리적인 태도와 개인의 경쟁력을 강화시킨다.

셋째, 영유아기의 수학적 경험은 영유아의 문제해결 능력을 발달시킨다.

문제해결 능력이란 스스로 문제를 찾아 해결하는 능력을 말한다. 가지고 놀던 놀잇감을 종류대로 분류하여 정리하고(분류하기), 간식 당번을 할 때 친구들의 컵을 몇 개 준비해야 하는지(수세기), 게임을 할 때 어떤 순서로 게임에 참여할 것인지(순서짓기) 등 영유아는 그의 일상생활에서 해결해야 할 많은 문제들을 자연스럽게 접하게 된다. 이러한 과정에서 다양한 문제들을 수학적인 방법을 이용해 해결하면서 자신의 문제해결 능력을 향상시키게 된다.

넷째, 영유아기의 수학적 경험은 전인적 발달에 기여한다.

영유아는 그의 주변 환경이 수학적인 측면에서 풍요롭다면 성인의 도움 없이도 그의 일상생활을 통해서 다양한 수학적인 경험을 할 수 있다. 자신의 가족이 몇 명인지 세어보기, 식탁에 놓인 젓가락과 숟가락의 짝을 맞추어 보기, 자신과 동생의 나이를 비교해 보기 등의 다양한 활동은 수학적 개념을 활용해 볼 수 있는 기회를 제공한다. 이런 과정을 통해 영유아는 인지발달을 촉진할 수 있으며, 이러한 수학적 경험은 수학적 원리를 이해하는 과정 속에서 영유아의 사회성 및 정서발달, 언어발달 및 신체발달에 이르기까지 전 영역의 발달을 돕는다.

2. 목적 및 방향

수학이라는 학문은 인류의 학문 탐구가 시작된 오랜 옛날부터 오늘날까지 모든 타학문의 인지적 논리체계를 제공하기 위한 기본 학문으로 탐구되어 왔으며, 또한 인간생활에 있어 수나 형태, 양과 관련된 실제적인 문제들을 해결하는 수단이며, 일상생활의 문제를 해결하기 위한 실용적인 목적으로 시작되었다(고현주, 2002). 그러나 문명이 점차 발달하면서 실용적인 이해보다는 단지 상징적 기호의 조작만을 다루는 학문 자체로 인식하기도 했으며, 심지어 수학을 기억력, 계산력 등의 연마의 수단으로 생각하기도 하였다(이경우 외, 1997).

이처럼 사회의 변화와 발전 속에서 수학교육의 목적 또한 변화되어 왔으며, 지식을 바라보는 관점에 따라서도 수학교육의 목적에 차이가 나타나기도 한다. 그러나 현대 고도의 기술 정보화 사회에서는 기초계산 능력보다는 자료의 분석이나, 수학적인 의사소동, 통계 등 실생활과 연관하여 문제를 해결하는 능력을 요구하고 있으며, 나아가 수학적인 힘, 즉 생각하는 힘을 길러주는 것을 수학교육이 추구해야 하는 목적이라고 주장한다.

미국수학교육교사협의회인 NCTM(1989)에서는 전학년(K-12학년)의 모든 학생들에게 공통으로 적용되는 새 수학교육의 목적으로 다섯 가지를 제시하고 있다. 첫째, 수학의 가치를 이해할 수 있어야 하며, 둘째, 수학을 행하는 자신의 능력에 대해 확신을 가져야 하고, 셋째, 수학적 문제해결자가 되어야 하고, 넷째, 수학적으로 의사소통하는 방법을 배워야 하며, 다섯째, 수학적으로 추론하는 것을 배워야 한다.

NAEYC와 NCTM(2002)는 영유아 수학교육의 목표를 제시하고 있는데, 우선 일상생활에서의 수학적 문제를 해결하고, 수학적 언어를 사용하여 서로의 아이디어를 의사소통하며, 추론하고, 수학적 개념과 수학의 절차를 이해하며 수행하는 것이고, 다음으로 일상생활에서 수학의 유용성을 깨닫고, 수학에 대해 긍정적인 태도를 지니는 것, 문제를 해결하기 위해 다른 사람과 협동하고 의사소통하는 것, 수학에 대한 열정과 끈기를 가지는 것, 자신의 수학능력에 자신감을 가지는 것이라고 설명한다.

이경우(1991)는 수학적 문제해결력과 탐구력, 추리적인 사고 능력은 물론 수학적 지식과 기술을 습득하게 하고, 뿐만 아니라 수학에 대한 긍정적인 태도는 물론 수학 학습에 대한 가치를 인식하도록 하는 것이 수학교육의 목적이라고 하였다. 또한 권영례(1992)는 수학교육의 목적은 첫째, 수학적 인지능력이 증대되도록 돕는 것, 둘째, 수학적 기본개념과 원리를 이해하고 기술을 획득해 나가도록 하는 일, 셋째, 수학의 가치를 인정하는 긍정적인 태도를 형성하는 일이라고 주장하였다.

우리나라 공식적인 영유아 수학교육의 목적은 누리과정과 어린이집 표준보육과정에서 찾아볼 수 있다. 1969년 1차 유치원 교육과정이 제정되면서부터 수학교육에 대한 언급이 명시적으로 이루어지기 시작했으며, 수학교육의 목적은 시대의 흐름과 사회의 요구에 따라 조금씩 변화되어 왔다. 그리고 현재 누리과정과 어린이집 표준보육과정의 자연탐구영역을 통해 영유아 수학교육의 목적이 제시되고 있다.

어린이집 표준보육과정에서는 '영아가 일상생활에서 감각을 통해 수량과 공간에 관심을 가지고 인식하며 사물의 차이에 관심을 가지고 구분하는 등 수학적 기초를 탐색하도록 한다'고 목적을 제시하고 있으며(보건복지부, 2013), 누리과정에서는 '유아가 자신을 둘러싸고 있는 주변 세계에 대해 호기심을 가지고 궁금한 것을 해소하기 위해 탐구하며, 일상생활에서 부딪치는 현상이나 문제해결을 통해 수학적으로 생각하는 기초능력과 태도를 기르는 것'이라고 목적을 제시하고 있다(교육부, 2012). 즉 영유아 수학교육은 일상생활 속에서 감각을 통해 수학적 기초를 마련하고, 생활 속의 여러 상황과 문제를 논리 · 수학적으로 이해하고 해결하기 위한 기초능력을 기르기 위한 것이라고 할 수 있다.

이러한 관점에서 영유아 수학교육의 목적을 제시하면 다음과 같다.

첫째, 수학적 문제해결력, 탐구력, 추리력이 증대되도록 한다.

둘째, 수학의 기본 개념과 원리를 이해하고 기술을 획득해 나가도록 한다.

셋째, 수학의 가치를 인정하는 긍정적 태도를 형성하도록 한다.

넷째, 수학적 사고를 통해 논리-수학적 능력을 신장시킨다.

한편 영유아를 위한 수학교육은 다양한 문제 상황에서 본인 스스로가 창의적인 문제해결방법이 무엇인지에 대해 고민하고 발견하고 추론함으로써 새로운 개념과 지식을 키워줄 수 있는 방향으로 전개될 필요가 있다. 특히 개인차를 고려하고, 무엇보다 유아의 사고방식과 학습방식에 맞추어서 진행되어야만 한다.

이에 NAEYC & NCTM(2002)에서는 영유아 수학교육의 원리를 다음과 같이 제시하고 있다.

〈NAEYC & NCTM(2002)에서 제시하는 영유아 수학교육의 원리〉

■ **교육과정의 원리**

1. 수학교육의 내용
 - 단순한 수세기나 도형 번별 이상의 것으로 영유아의 생활과 관련성이 있으면서 풍부하고 다양해야 함
 - 수와 연산, 패턴, 함수, 대수학, 기하학과 공간감각, 측정, 자료 분석과 확률 등

2. 수학교육의 과정
 - 수학을 안다는 것은 수학을 하는 것임
 - 영유아들이 문제해결하기, 추론하기, 의사소통하기, 표상하기, 연결하기의 수학적 과정 기술이 포함됨

3. 수학교육을 위한 환경과 자료
 - 영유아들이 수학개념을 탐구할 수 있도록 다양한 자료들이 갖춰진 풍부한 환경이 필요
 - 영유아들에게 유용한 수학 자료
   - 구체적인 조작물(예: 다양한 종류의 블록, 수세기 자료, 플라스틱모형 인형, 다양한 그릇, 측정도구, 게임판)
   - 상징적 자료(예: 주사위, 도미노, 수직성, 그래프, 컴퓨터 프로그램, 시각적 모델들)
   - 추상적인 표상(예: 100차트, 상점의 물품가격표, 건축설계도, 계산기, 전화번호부)
   - 이외에도 영유아들이 생활에서 발견할 수 있는 모든 사물이나 미술, 과학, 언어, 예술, 음악, 물놀이, 모래놀이 같은 매일의 활동도 수학적으로 도움이 될 수 있도록 구성해야 함

4. 영유아 중심의 선택
- 수학교육과정에 대한 교사의 결정 시 영유아들이 지닌 수학적 지식과 이해의 능력, 관심을 고려해야 함
- 영유아가 지닌 개인적 성향과 태도, 영유아가 학습하는 방법, 영유아가 알고 있는 것과 영유아가 흥미를 느끼는 것을 고려해야 함

■ 수학교육의 교수 · 학습방법

1. 학습경험을 계획하기

교사는 개별 영유아의 요구 그리고 영유아의 선지식, 학습 방법 등에 근거하여 수학학습 경험을 계획해야 한다. 또한 영유아들의 학습은 인식, 탐색, 연구, 활용의 순환적 과정으로 이루어진다. 따라서 교사는 영유아가 교육목표에 도달하도록 돕기 위해 자료를 인식하고 충분히 탐색할 수 있는 기회를 주어야 한다.

2. 영유아들과 상호작용하기

교사는 영유아가 혼자서 문제를 해결하도록 둘 것인가 아니면 도와줄 것인가, 직접적인 단서를 제공할 것인가, 아니면 간접적인 단서만 제공할 것인가, 시범을 보일 것인가, 또는 새로운 도전과제를 제시할 것인가를 잘 판단해야 한다.
또한 교사는 영유아의 수학적 사고와 학습을 촉진하기 위하여 영유아와 적절히 상호작용하는 방법을 구체적으로 알고 있어야 한다.

3. 학습활동을 조화롭게 운영하기

교사는 대 · 소집단 또는 프로젝트 활동 등과 같이 다양한 맥락과 방법을 통하여 영유아들의 수학적 경험이 확장되도록 해야 한다.

4. 가정과 유치간의 연계를 촉진하기

부모들 자신이 수학에 대해 부정적인 경험을 하였을 때, 자녀들에게 수학은 어렵다고 이야기한다. 부모들의 이러한 태도는 영유아들에게 부정적인 영향을 미치게 되고, 이는 학습능력에도 영향을 미친다. 그러므로 영유아가 자신의 수학학습을 지지하는 태도와 경험을 가지고 좋은 출발을 할 수 있도록 하기 위해서는 가족들과 연계가 필요하다. 가족들은 영유아에게 수학의 중요성을 알려주고 일상생활에서 수학을 발견하고 활용하는 방법을 지원할 수 있을 것이다. 이를 위해 교육기관은 부모들에게 영유아에게 수학을 가르치는 방법, 수학에 대해 대화하는 방법과 가정에서 할 수 있는 적절한 게임과 활동을 제공하고, 영유아의 수학적 경험과 관련된 자료를 제공해야 한다.

출처: Early Childhood Matiematics: Promotion Good Beginning NAEYC & NCTM(2002)

NAEYC와 NCTM(2002)에서 제시한 수학교육의 원리를 기초로 영유아 수학교육의 방향을 기술하면 다음과 같다(Baroody, 2000; Clements, 2001; 이정욱 · 유연화, 2006; 한유미, 2014; 황의명 · 조형숙 · 서동미, 2009).

첫째, 영유아 수학교육은 인지적 측면과 정의적 측면을 함께 강조해야 한다. 문제해결력, 탐구력, 추리력, 수학적 지식과 기술의 습득과 같은 인지적 측면도 중요하며, 동시에 수학에 대한 긍정적 태도와 수학 학습의 가치를 인식할 수 있도록 도와주어야 한다.

둘째, 영유아 수학교육은 수와 연산, 대수, 기하와 공간, 측정, 자료 분석과 확률 등 다양한 내용으로 구성되어야 하며, 각각의 수학적 개념들은 상호 연관적으로 다루어져야 한다. 이전의 수학교육 내용이 수세기나 연산하기, 분류하기 등으로 구성되었다면 앞으로의 수학교육은 기하, 측정, 자료 분석 등의 다양한 내용이 포함되어야 한다. 그리고 각 개념들 간의 관계와 계열성을 고려하여 다루어야 한다.

셋째, 영유아 중심의 수학교육이 중요하다. 즉 영유아가 능동적으로 참여함으로써 수학적 지식을 구성할 수 있도록 지도해야 한다. 이를 위해 영유아에게 의미 있고 흥미 있는 수학활동의 기회를 많이 제공하는 것이 요구되며, 특히 영유아의 사전 경험이나 일상생활과 연계된 학습의 기회를 자주 가질 수 있도록 지도해야 한다.

넷째, 영유아 수학교육은 하루일과를 통해 자연스럽게 이루어질 수 있도록 해야 한다. 따로 특별한 시간을 마련하기보다는 간식시간과 같은 일과를 통해 학습이 이루어지도록 하는 것이 바람직하다. 자연스럽게 수학적 개념을 습득하도록 하고 수학이 일상생활의 문제해결 도구임을 인식하도록 도와주어야 한다.

다섯째, 영유아 수학교육은 통합적으로 이루어져야 한다. 수학교육은 수학과 관련한 영역뿐 아니라 언어나 미술 등 타 영역에서도 다양한 형태로 이루어질 수 있도록 해야 하며, 가정과 지역사회 등과 연계될 수 있도록 기회를 제공해야 한다.

여섯째, 영유아의 수학적 지식과 과정기술 및 태도, 전략 등을 주위 깊게 다양한 방법으로 평가하여 영유아의 학습을 지원해야 한다. 개별 영유아의 수준에 맞는 학습을 지원하기 위해서는 각각의 영유아에 대해 관찰이나 면담, 포트폴리오 등과 같은 다양한 형식적 및 비형식적 평가방법을 사용하여 개별 영유아의 사고과정과 이해정도를 파악해야 한다.

3. 역사적 배경

수학의 역사는 인류의 역사와 더불어 시작되었다고 할 만큼 오래 되었다. 특히 고대 수학은 문명이 발달한 지역을 중심으로 농업이나 토목, 측량, 건축과 같은 일에 필요한 실용적인 과학의 한 분야로서 발달하기 시작했으며, 일상생활에서 가축이나 농작물 등의 물건을 교환하고 관리하는데 활용되었다. 즉 초기의 수학은 집단생활의 수단이며 생존을 위한 생활방식의 형태라고 볼 수 있다. 그러나 이후 수학은 실용적인 면보다는 상징적 기호를 다루는 학문으로 인식되기 시작했으며, 나아가 정신력 연마의 수단 또는 기억이나 계산과 관련된 능력으로만 인식되기도 하였다. 이와 같은 수학교육에 대한 관점의 변화를 살펴보면 다음과 같다.

1) 19세기 이전 영유아기 수학교육

근대 수학교육은 17세기 실학주의(Science realism)에 의해 시작되었다. 이 시기 대표적인 실학주의자인 코메니우스(Comenius)는 그의 저서 『대교수학』에서 감각을 통한 실물교육의 필요성을 주장하였다.

17-19세기는 문예부흥기로서 영유아 수학교육은 로크와 루소, 페스탈로치, 프뢰벨을 중심으로 발전하였다. 백지설을 주장한 로크(Locke)는 '수학은 인간의 정신 속에 추론의 습관을 정착시키는 방법을 제고하는 것이다'라고 말함으로써 수학이

란 수학을 학습하는 학생들에게 논리적으로 추론하는 정신적 능력을 배양하는 이른바 정신력을 도야시키는 소재가 된다고 주장하였다. 즉 수학이라는 학문은 추론적 사고를 향상시키는데 그 목적이 있음을 의미하는 것이다.

〈코메니우스〉 〈로크〉 〈루소〉 〈페스탈로치〉 〈프뢰벨〉

자연주의 교육사상가인 루소(Rousseau)는 자연스러운 발달에 따른 교육을 강조하면서 수학교육 역시 영유아가 자연스럽게 학습하는 것이 중요하다고 주장하였다. 특히 유아기는 감각적 대상을 통해 학습이 이루어지기 때문에 수학교육도 일상생활 속에서 실물을 통한 교육 중심으로 이루어져야 한다고 하였다.

루소의 정신을 이어받은 페스탈로치(Pestalozzi)는 정신력, 기능력, 심정력의 조화로운 발달을 추구하였는데, 그 수단으로 수학교육의 중요성을 강조했다. 수학은 인식을 명확하게 하는데 중요한 역할을 하며, 산술과 기하는 인간이 막연한 감각의 세계에서 이성의 세계로 나아가게 하는데 기본이 되는 교과라고 설명하였다. 그는 교육활동 중 직관의 교육을 강조하여 도형을 배울 때 컴퍼스나 자를 이용하여 도형을 작도하는 것을 금했으며, 사각형의 수학이 아동의 것이라고 생각하여 사각형을 기초 도형으로 제시하기도 하였다.

프뢰벨(Froebel)은 독일의 이상주의 철학, 낭만주의 철학, 그리고 루소와 페스탈로치의 영향을 많이 받았으며 그것을 기초로 자신의 교육 체계를 정립했다. 또한 최초의 유치원을 설립하면서 자연과학이나 음악, 미술뿐 아니라 수학도 유치원 교육과정에 포함시켰다. 프뢰벨은 수학이 없는 인간교육은 완전한 것이 아니며, 인간정신과 수학은 분리될 수 없다고 보았다. 영유아는 수에 대한 욕구가 나타남에 따라 수를 접하고 수를 다루게 되는데, 수 개념의 기초가 형성되면 점차 수에 관심을 갖게 되고, 수를 인식하고 세는 능력이 발달하면서 영유아의 지식 범위가 점차 확대된다고 하였다. 프뢰벨은 은물(Gift)이라는 교구를 제작함으로써 입체, 면, 선, 점 등의 기하학적 특성을 탐색하고 모형을 구성하는 수학적 활동을 통해 영유아에게 문제해결이나 수 개념, 측정의 본질을 가르치고자 하였다. 그러나 은물을 통한 수학교육은 지나친 상징성과 교사 중심의 획일적인 사용방법으로 인해 비판을 받기도 하였다.

2) 근대 영유아기 수학교육

20세기 초에는 산업혁명으로 사회 전반적인 인식의 변화가 일어났으며, 동시에 기존의 수학교육에 대한 비판이 시작되었다. 이 당시 수학은 단순히 대학 진학을 위한 도구로만 사용되는 등 지나치게 비실용적인 측면이 강하였다. 이에 영국의 수학자 존 페리(J. Perry)는 수학교육 개혁을 주장하면서 실용적 수학 지도의 중요성을 강조하였다. 페리는 수학의 실용성과 유용성, 자연과학과 연결되는 측면을 강조하였으며, 실험 기하와 측량, 입체 기하의 지도를 주장함으로써 수학교육 근대화 운동의 시작을 알렸다. 수학교육의 근대화 운동으로 수학이 일상생활이나 과학에 유용하게 활용될 수 있어야 한다는 실용적 관점이 강조되기 시작했으며, 점차 형식적이고 추상적인 학교 수학교육의 내용도 개선되기 시작했다.

〈손다이크〉

〈몬테소리〉

〈듀이〉

수학교육 근대화 운동은 수학교육의 중요성을 크게 부각시켰다는 점, 학교교육의 내용을 충실하게 하기 위해 체계적인 노력을 시작하게 되었다는 점, 수학의 실용적 측면에 대한 고려와 학생들의 심리적 측면을 고려한 수학교육이 이루어지기 시작했다는 점에서 그 의의가 있다.

수학교육의 내용이나 교수 방법적 측면에 대한 변화의 흐름은 손다이크, 몬테소리, 듀이 등의 이론에도 영향을 주었다. 손다이크(Thorndike)는 보상이 수반되는 연습은 학습이 일어날 수 있는 기본적인 메카니즘을 만들어 준다고 주장하였다. 특히 산술은 정확하고 빠른 계산과 자동적 반응이 가능하도록 연습을 시킬 필요가 있다고 여겼으며, 작은 단위로 세분화하여 연습시키는 것이 효과가 있다고 주장하는 등 수학교육에서의 반복적 연습을 강조하였다. 이는 수학교육에서 직접적 교수와 연습의 중요성을 더욱 부각시켰으며, 적절한 보상과 벌을 주는 교사의 역할을 중요시하게 만들었다. 이러한 점에서 손다이크의 이론은 초등학교 수학교육 뿐 아니라 영유아의 수학교육에도 많은 영향을 주었으며, 현재까지도 그 영향이 이어지고 있다.

몬테소리(Montessori)는 수학교육이 영유아의 모든 정신적, 지능적 발달의 기초가 되는 교육으로 보았으며, 이에 영유아의 생리적, 심리적 조건에 알맞은 구체적이고 감각적인 교수법을 고안하여 시행하였다. 몬테소리 수학교육은 영유아들에게 지적발달을 자극하기 위하여 논리적으로 사물을 생각하는 힘을 몸에 익힐 수 있도록 하는데 초점을 두고 있으며, 특히 일상생활의 경험을 통해 수와 양을 논리적으로 학습할 수 있도록 하는데 중점을 두었다. 이에 영유아들의 사고력이 구체적인 개념에서 추상적인 개념으로 옮겨갈 수 있도록 여러 가지 교구를 고안하여 사용하였다.

비슷한 시기에 대표적 진보주의 학자인 듀이(Dewey)는 지식이란 삶의 체험에 기초해야 한다고 강조하였으며, 수학교육 역시 실생활에서의 경험을 기초로 이루어져야 한다고 주장하였다. 듀이는 단편적 지식이나 사실의 암기, 연산 기술의 반복적 학습에 반대하였으며, 일상생활에서의 탐구와 문제해결 과정을 통해 수학적 개념을 습득하고 의미를 파악하는 것이 중요하다고 강조하였다. 또한 수학교육을 통한 반성적 사고와 생산적 사고 기술의 과정을 중요시하였다. 듀이가 주장하는 문제해결 중심의 수학교육은 교사주도의 설명이나 반복 훈련이 아닌 영유아의 적극적이고 능동적인 활동을 중시하는 것이며, 영유아에게 주어지는 과제는 요구와 흥미에 부합될 때 학습이 가장 잘 이루어진다고 보는 입장이다. 또한 영유아가 직접 참여하는 문제해결식 수학교육을 강조하고 있다. 이러한 듀이의 수학교육에 대한 견해는 현대인들이 수학교육의 목적에 대해 가지고 있는 일반적이고 상식적인 견해를 대표하고 있다고 할 수 있으며, 이러한 듀이의 영향으로 현재 우리나라의 영유아 수학교육은 실생활에서의 문제해결과 경험중심의 교육을 강조하고 있다.

3) 현대 영유아기 수학교육

(1) 수학교육의 현대화 운동

제2차 세계대전 후 과학 기술이 급격하게 진보하였다. 이에 따른 변화에 대응하기 위해 과학과 수학교육의 개혁에 대한 필요성이 대두되었다. 1952년 미국의 일리노이대학위원회에서는 학교 수학의 수준을 올리기 위하여 새 수학운동을 시작하였으며, 1957년 소련에서 인공위성 스푸트니크 1호의 발사를 성공시키면서(스푸트니크 쇼크) 미국과 유럽을 중심으로 수학교육의 현대화 운동이 활발하게 진행되기 시작하였다.

〈피아제〉

〈브루너〉

미국에서 발생한 새 수학운동으로 수학의 교육적 가치에 대한 근본적인 논의가 이루어졌다. 기존의 수학교육 내용은 전면적으로 재검토되었으며, 재구성되었다. 특히 수학교육의 방법적 측면에서 피아제(Piaget)와 브루너(Brunner)와 같은 학자들의 이론을 받아들여 High Scope 프로그램과 같은 새로운 지도법을 도입하기 시작하였으며, 행동주의 이론에 기초하여 체계적인 지도와 반복 연습을 강조하는 DISTAR 프로그램이나 성숙주의 이론에 기초한 Bank Street 프로그램 등 다양한 수학교육 프로그램이 개발되었다. 새 수학의 특징을 살펴보면 먼저 수학의 기초가 되는 기본적인 가정, 개념, 원리, 규칙 등의 기본 이해가 강조되었으며, 둘째, 보다 수학교육의 내용이 풍부해졌다. 셋째, 발견학습이 강조되었으며, 넷째, 효과적인 교수방법에 대한 논의가 이루어졌다.

수학교육 현대화 운동은 그 취지는 좋았으나 많은 비판을 받기도 하였는데, 우선 이론적이고 추상적인 접근에만 치중하고 교수-학습의 실제적인 면을 소홀히 다루었다는 비판에 직면하였다. 또한 현대화에 최종적으로 책임이 있는 사람은 교사인데, 교사를 위한 적절한 교육이나 지원이 부족했다는 문제점을 지니고 있었다.

(2) 기본 회귀운동

수학교육 현대화 운동에 대한 반성으로 1970년대 말부터 일시적으로 기본 회귀운동이 일어났다. 이 시기에 발생한 '기초로 돌아가자'는 운동은 수학교육 현대화 운동으로 인해 새로 도입된 수학적 개념들에 대한 학생들의 이해가 저조하고 기본적인 계산능력마저 저하되었다고 비판하였다. 따라서 읽기, 쓰기, 셈하기 등의 기초 기술교육을 강조하였으며, 수학문제를 풀기 위해 공식을 암기하거나 지필계산을 강조하는 50년대 이전의 수학교육으로 돌아가게 하였다.

즉 기본 회귀운동에서는 기본 기능을 찾아 교재로 재구성하였으며 행동적 목표와 지필 계산을 강조하였다. 또한 소비자 수학을 중요시하여 학습 내용의 양을 줄였으며, 진급을 위한 최소학력기준을 설정하였다. 그러나 이러한 방식은 우수한 학생들의 학력이 저하되고 응용력과 문제해결 능력이 감소되는 결과를 초래하였다.

(3) 문제해결교육

기본 회귀운동에 대한 반성으로 수학의 기본 기능이 무엇을 의미하는가에 대한 보다 근본적인 논쟁이 광범위하게 전개되었다. 그 결과, 기본 기능의 범위가 좁은 의미의 계산 기능에서 문제해결을 비롯한 폭넓고 고차원적인 기능까지로 확대되어야 한다는 결론이 내려졌다. 이에 피아제나 비고츠키의 이론, 정보처리 이론 등을 바탕으로 유아의 발달특징을 고려하여 교육방법에 반영하기 시작하였으며, 폭넓은 수학내용을 수용하고 실제 문제를 해결하는 능력에 초점을 맞추기 시작했다.

이러한 사회적 분위기 속에서 NAEYC는 1987년 발달에 적합한 실제를 발표하였으며, NCTM에서는 NAEYC와 함께 1991년 발달적으로 적합한 수학교육 내용의 지침을 제시하게 되었다(권영례, 2003). 그 내용을 보면 영유아의 능동적 탐색과 또래와의 상호작용을 기초로 한 영유아 중심적 접근을 강조하였으며, 수학교육에 있어서 영유아 개개인의 문화적 배경과 인지적 능력의 차이를 반영해야 함을 설명하였다. 또한 유아교육이 실제 현장에서는 활동위주로 전개되고는 있으나 수학교육의 경우 깊이 있는 활동이 제공되지 못하고 있으며 다양한 활동의 통합교육 속에서 간과되어짐을 지적하였다. 이에 따라 점차 수학교육은 연필이나 종이에 의한 계산 기술보다는 암산, 어림셈, 컴퓨터와 계산기의 활용, 자료의 수집과 분석 등을 주 내용으로 하게 되었다(홍혜경, 2010).

4. 최근 동향

수학은 우리 삶으로부터 비롯된 것으로 다른 학문의 기초가 되는 학문이다. 특히 21세기 지식, 정보화시대와 과학기술의 시대가 도래하면서 수학에 대한 학문적 필요성과 요구가 점차 증가하게 되고, 교육 현장에서도 수학교육의 중요성이 더욱 강조되고 있다. 이는 수학이 국가 발전을 위한 도구뿐만 아니라 개인의 지적인 사고발달을 위한 도구이기 때문이다. 특히 영유아기가 수학적 기초 능력을 형성하는 결정적 시기임을 생각한다면(NCTM, 2000), 영유아기부터 수학교육은 중요하게 다루어져야 할 것이다. 세계적으로 그 중요성이 강조되고 있는 영유아 수학교육의 최근 동향을 살펴보면 다음과 같다.

첫째, 영유아 수학교육의 내용이 이전에는 수, 측정, 어림셈, 기하, 공간, 자료수집, 분류, 패턴 등 폭넓은 내용을 다루었으나, 최근에는 수, 기하, 측정의 주요 영역과 패턴, 대수와 자료 분석의 부가적 영역만을 제시하고 있다(홍혜경, 2010). 그리고 내용 영역을 좁힌 대신 주요 내용 영역을 깊이 있고 연계성 있게 다룰 것을 제시하고 이들 개념과 깊이 있고 지속적인 상호작용을 통해 추후 학습의 기저를 마련하는데 초점을 두고 있다.

최근 NAEYC와 NCTM(2002)나 NCTM(2000)은 유치원에 들어가기 이전 시기부터 초등학교 2학년까지의 어린이들을 위한 수학교육의 내용으로 수와 연산, 공간과 기하, 측정, 대수, 자료 분석의 5가지 분야를 제시하고 있다. 우리나라의 누리과정에서도 자연탐구영역 중 수학적 탐구 내용으로 수와 연산의 기초개념, 공간과 도형의 기초개념, 기초적인 측정, 규칙성, 기초적인 자료 수집과 결과 나타내기를 제시함으로써 내용 영역을 줄이고 깊이 있는 수학교육이 이루어질 수 있는 바탕을 마련하고 있다.

둘째, 생활 속에서 수학을 적절히 활용할 수 있는 실천적 능력을 지닐 수 있도록 하기 위해서 일상적인 경험을 중심으로 한 수학교육이 강조되고 있다. 수학은 단지 우리의 지적 능력을 키우기 위해 반복하고 암기해야 하는 지식 체계가 아니라 일상생활 능력을 키워 주는 실용적인 학문이다. 따라서 영유아의 생활 속에서 자연스럽게 수학적 경험이 이루어질 수 있는 환경을 만들어 줄 필요가 있으며, 놀이에 의한 자연적인 상황 속에서의 수학교육 뿐 아니라 나아가 주요 개념과 지식 획득을 위해 계획되고 의도된 생활환경을 중심으로 한 수학교육 활동을 구성하고 제공해 줄 필요가 있다.

셋째, 영유아 수학교육의 내용은 발달에 적합한 실제적 내용으로 구성되어야 함과 더불어 각 내용에 대한 통합적 접근이 강조되고 있다. 스탠퍼드 중심 교육과정(Principles and Standards for School Mathematics, 2000)에서는 취학전 영유아를 포함하여 각 학년 대에서 가르쳐야 할 수학교육의 내용 기준을 구체적으로 제시하고 있으며, 이 기준집은 교사가 영유아들이 이 기준을 달성하도록 돕기 위하여 발달적으로 적합한 실제를 활용하는 방법을 제안하고 있다. 또한 영유아의 발달이 통합적으로 이루어지기 때문에 제시되는 수학교육의 내용뿐 아니라 영역 간의 통합이 중요하며, 잠재된 수학 능력을 개발하기 위해서는 다양한 교수-학습 방법의 통합을 통해 개발시킬 필요가 있다.

제2장

수학교육의 이론적 배경

1. 인지적 구성주의
2. 사회문화적 구성주의
3. 다중지능이론

1. 인지적 구성주의

장 피아제

장 피아제(Jean Piaget)는 1896년 스위스에서 태어났으며, 동물학을 전공하고 21세에 박사학위를 받았다. 비네 실험실에서 일하면서 아동의 독특한 사고에 관심을 갖기 시작했고 자신의 세 자녀를 관찰하면서 인지발달이론의 기초를 구축하였다. 피아제는 인지발달이론과 발생적 인식론으로 잘 알려져 있으며, 구성주의 인식론의 위대한 선구자로 평가받고 있다.

〈1896-1980〉

인지적 주체의 능동적인 지식구성 과정을 강조하며 학습자 중심의 교육환경을 강조하는 구성주의는 크게 인지적 구성주의와 사회문화적 구성주의로 분류될 수 있다. 이 두 구성주의의 차이점은 사회적인 요인이 인지적 발달에 어느 정도 영향을 끼치는지에 대한 관점의 차이가 있으며 주관적으로 형성된 지식의 구조와 사회를 매개로 하여 구성된 지식이냐에 따라 각각 인지적 구성주의와 사회적 구성주의로 구분된다.

인지적 구성주의는 지식의 형성과정에서 인간의 개별적인 인지적 작용을 가장 주요한 요인으로 본다. 인지적 구성주의는 주로 Piaget의 발달심리에 그 이론적 근거를 두고 교수-학습 환경에서 실제로 적용할 수 있는 교수-학습 전략이나 원칙에 대해 많은 관심을 두고 있다.

1) 인지구조

Piaget의 발달심리를 이론적 기반으로 하는 인지적 구성주의에 의하면, 지식이란 생물학적으로 이미 결정된 발달과정의 틀 안에서 동화(assimilation)와 조절

(accommodation)이라는 인지적 과정을 통해서 구성된다고 본다.

'동화'는 인간이 세상의 사건이나 문제들에 대한 의미를 구성하기 위해 자신에게만 존재하는 도식을 사용할 때에 발생하는 것으로 우리가 이미 알고 있는 사실에 맞춰서 새로운 것을 이해하려고 노력하는 것을 의미한다.

'조절'은 인간이 새로운 상황을 이해하기 위해 기존의 도식을 변화시켜야 할 때 발생하는 것으로 우리 자신의 사고에 새로운 정보를 적응시키는 대신 우리의 사고를 새로운 정보에 맞게 적응시키는 것이다.

따라서 우리는 기존의 도식을 사용하기도 하고, 새로운 어떤 것이 필요할 때는 도식을 수정하고 첨가함으로써 환경에 적응한다. 이처럼 환경에서 들어온 정보와 인지적 도식간의 정신적 균형을 추구하는 것을 인지적 평형이라고 하며, 도식이 만족스러운 결과를 생산하지 않으면 불평형 상태라고 힌다. 세계를 이해하는 우리의 도식과 세계가 제공하는 자료간의 균형을 유지하기 위해 우리는 기존 도식을 사용하면서 계속적으로 새로운 정보에 동화되고 성공적이지 못한 동화시도가 불평형 상태를 만들 때는 사고를 조절하여 환경에 적응하려 끊임없이 노력한다(김지혜, 2009).

인지적 구성주의의 대표적인 학자인 Piaget는 인간은 본래 가지고 있는 조직화 성향에 의해 반성적 추상과정을 거치면서 계속적으로 인지구조가 변화한다고 하였다. Ausubel과 그 동료들은 인지적 평형화 과정을 계속 일어나게 하려면 인지적 불균형을 일어나게 하는 적절한 교육내용의 구성과 교수자의 역할을 강조하였고, Glaserfeld는 특히 연령이 어린 시기의 물리적 속성에 대한 지식은 의미있는 경험의 추상화를 거쳐야 된다고 하였다. 개인적 인지주의자들은 주로 개개인의 사고과정에 관심을 집중하였기 때문에 사회, 문화와 같은 거시적 맥락을 상대적으로 덜 강조하였지만 그들 역시 언어를 대표적인 사고의 도구로 하여 다른 사회구성원과 상호작용하면서 현재의 경험 범위 내에서 지식이 구성된다고 부연하고 있다(이해은 · 황해익, 2008).

<동화-조절-평형화의 관계>

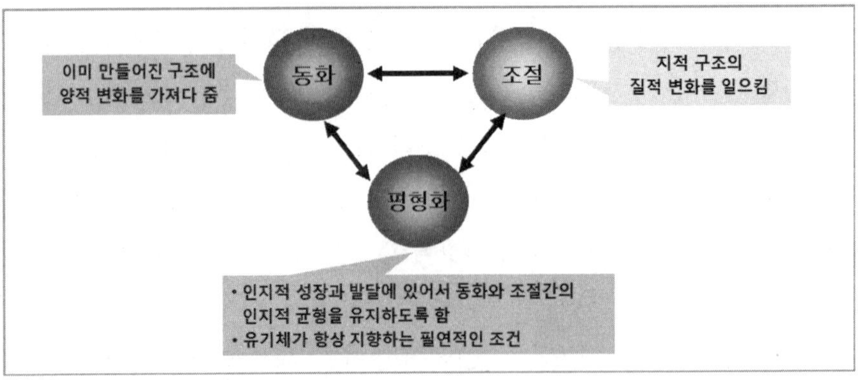

2) 인지발달 단계

Piaget는 인간의 인지를 기억, 문제해결력, 추론, 창의력, 가설 등을 포함하는 정신 기능, 즉 사고로 정의하면서 인지발달의 4단계를 제시하고 있다. 인지발달 단계의 특징을 살펴보면, 인지발달 단계는 건너뛸 수 없는 누구나 다 거치는 단계이나 그 속도에는 개인차가 있으며, 한 단계에서 다른 단계로의 이행은 질적으로 다른 사고방식의 변화를 의미하는 것이다.

(1) 감각운동기(0-2세)

영아가 자신의 신체적 감각과 운동 능력을 사용하여 새로운 정보를 얻고 주변의 환경을 이해하고 적응하는 시기이다. 그 결과 반사활동에서부터 제법 잘 조직된 활동을 할 수 있기까지 간단한 지각능력이나 운동능력이 이 시기에 발달한다. 이 시기의 가장 중요한 특징은 '대상영속성(object permanence)' 개념의 획득이라고 할 수 있는데, 대상영속성이란 어떤 물체가 눈에 보이지 않아도 그 물체가 없어진 것이 아니라 계속 있다는 것을 인식하게 되는 능력을 의미한다. 이 외에도 주변 환경의 탐색을 통해 색깔이나 모양, 크기와 같은 특징을 인식하게 된다.

(2) 전조작기(2-7세)

다양한 언어활동과 신체적 활동을 통한 경험이 개념 형성에 결정적 영향을 미치는 시기이다. 상징을 사용할 수 있으나, 사물의 크기, 모양, 색 등과 같은 눈에 보이는 지각적 특성에 의존하는 직관적 사고를 하기 때문에 논리적이지 못하며, 자기중심적 태도를 보인다. 예를 들어 유아에게 똑같은 높이로 물을 채운 똑같은 컵 2개를 보여주고서, 두 개의 컵에 들어 있는 물의 양이 같은지를 물어 보면 대부분 그렇다고 대답한다. 그러나 다음에 그 중 한 개의 컵에 들어 있는 물을 밑면적은 좁고 높이는 높은 컵에 옮겨 붓고 나서 물의 양이 여전히 같은지를 물어 보면 대부분의 유아는 물의 높이가 높은 컵에 들어 있는 물의 양이 더 많다고 대답한다. 이처럼 이 시기의 유아는 지각적 특성에 의해 수량을 판단히는 직관석 사고에 지배되고 있으므로 수 세기나 일대일 대응, 모양, 공간, 비교와 같은 보존 능력을 기르기 위한 기초 활동과 서열이나 분류활동을 주로 하게 된다.

<자기중심적 사고 및 직관적 사고의 예>

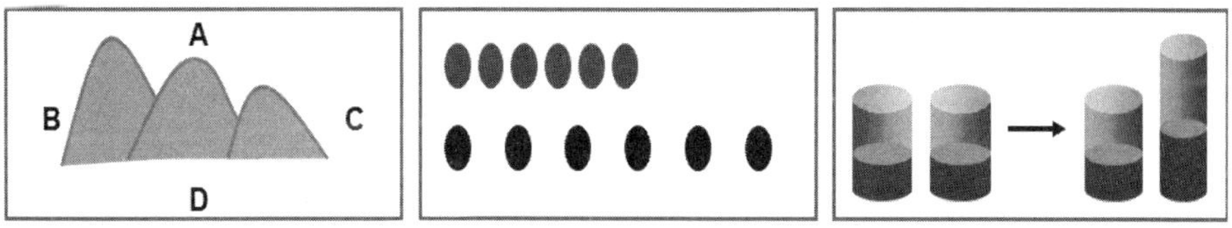

(3) 구체적 조작기(7-12세)

체계적인 논리적 사고가 발달하게 되는 시기이다. 이 시기의 유아는 자기중심적인 사고에서 벗어나 타인의 입장과 감정을 이해할 수 있는 조망수용 능력이 형성되며, 분류능력과 사물들을 순서화할 수 있는 서열화 능력 및 가역적 사고도 발달한다. 특히 보존개념이 발달하기 시작함으로써 물체의 수, 길이, 양, 무게, 부피 및 면적에 대한 순서로 보존개념이 획득된다.

<보존개념>

보존개념			
액체량	두 컵의 물이 양이 같은가 아니면 한쪽이 더 많은가?	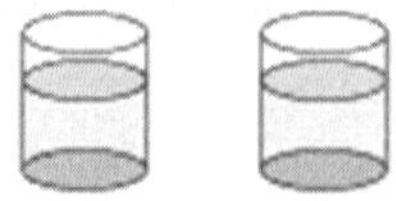	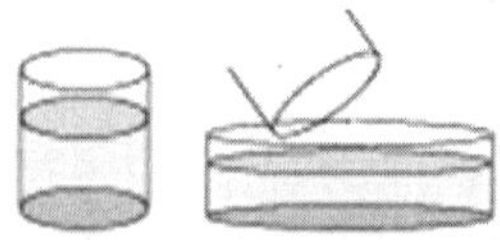
수	각 줄의 동전의 수가 같은가 아니면 한 줄이 더 많은가?		
길이	두 막대의 길이는 같은가 아니면 한쪽이 더 긴가?		
질량	두 공의 진흙의 양은 같은가 아니면 한쪽이 더 많은가?		
면적	두 마리의 소가 먹은 풀의 양은 같은가 아니면 한쪽 소가 더 많이 먹었는가?		

출처 : Berk(2000).

(4) 형식적 조작기(12세 이후)

논리적인 추론을 하고, 자유, 정의, 사랑과 같은 추상적인 원리와 이상들을 이해할 수 있게 되는 시기로서, 가장 대표적인 특징은 추상적, 가설적 사고가 발달한다는데 있다. 이 시기의 아동은 직접적인 경험을 하지 않더라도 추상적 사고를 통해 추리하고, 가설을 세우고, 논리적인 결론을 이끌어 낼 수 있게 된다. 또한 종합적 사고가 가능해짐으로써 어떤 문제에 직면했을 때 가능한 모든 해결책을 논리적으로 모색하면서 문제해결을 하고자 한다.

3) 지식의 종류

Piaget는 인간의 모든 경험은 물리적 지식과 논리 · 수학적 지식, 사회적 지식으로 나누어 설명할 수 있다고 보고, 각각의 지식에 따라 학습방법이 달라야 한다고 하였다.

물리적 지식(physical knowledge)은 영유아들이 감각기관을 통해 느낄 수 있는 물체들에 대한 지식으로 외관상으로 나타나는 사물의 물리적 특성을 의미한다. 따라서 물리적 지식의 근원은 사물이며 영유아들은 스스로 직접적인 신체활동 및 경험을 통해 물체에 대한 지식이나 원리 등을 발견하게 되고 이를 통해 물리적 지식을 습득하게 된다.

논리 · 수학적 지식(logic-mathematical knowledge)은 물체를 다루어 보는 경험을 통해 새롭게 알게 된 것과 이미 알고 있는 지식과의 관계를 통해 스스로 만들어 내는 지식이다. 즉 다양한 물체를 경험하면서 분류 또는 비교, 변별 등의 다양한 방법으로 물체들 간의 관계성을 만들어 가는 구성능력의 형성을 의미한다. 따라서 논리 · 수학적 지식의 근원은 바로 영유아 자신이며 정신적 활동을 통해 습득할 수 있다. 논리 · 수학적 지식을 구성하기 위해서는 분류, 서열화, 수에 관한 지식 구조를 먼저 구성할 필요가 있다.

사회적 지식(social knowledge)은 사회구성원들에 의해 만들어진 규칙 및 약속에 대한 지식이다. 사회적 지식은 물리적 지식과 함께 발달할 수 있는 지식이며 사회생활을 해 나가는데 있어서 반드시 필요한 지식이다. 따라서 사회적 지식의 근원은 성인이라고 할 수 있으며, 주변의 또래나 성인과의 상호작용 또는 성인의 직접적인 가르침에 의해 획득될 수 있다.

위에서 제시한 지식들은 영유아들이 수학활동을 통해 획득하게 되는 지식의 형태로서 각 형태에 따라 교육방법이 달라져야 하며, 영유아의 경험은 이 세 가지 지식간의 긴밀한 관계를 통해 이루어진다.

4) 영유아 수학교육에의 시사점

인지적 구성주의에 따르면 영유아는 환경과의 상호작용을 통해 능동적으로 지식을 구성하는 존재이다. 즉 인식의 주체는 바로 영유아이며, 영유아가 어떻게 인식하느냐에 따라, 그리고 어떻게 지식을 구성하느냐에 따라 습득하는 지식은 달라진다. 따라서 영유아가 능동적으로 참여할 수 있는 활동이나 영유아가 스스로 수학적 관계를 탐색할 수 있는 기회를 제공하는 것이 중요하며, 정답을 찾는 것보다는 추론하는 과정을 더 중요하게 생각해야 한다고 주장한다.

이러한 Piaget의 인지적 구성주의가 영유아 수학교육에 미치는 시사점을 살펴보면 다음과 같다. 첫째, 영유아 수학교육의 내용 측면에서 보면, 인지발달 단계를 중요시한 Piaget는 발달이 교육보다 선행하며, 교육이 발달을 촉진할 수 없다고 보았다. 따라서 영유아들이 학습할 수 있고 학습해야 하는 내용을 결정할 때에는 다른 무엇보다도 영유아의 인지발달 수준을 우선적으로 고려해야 한다고 주장한다. 이는 영유아 수학교육은 '전 수학'의 차원에서 출발해야 함을 나타낸다. 즉, 영유아기는 수 보존능력이나 가역적 사고가 불가능하기 때문에 수 개념에 대한 학습은 무의미하다고 보고 있으며, 오히려 논리적 조작을 향상시킬 수 있는 분류, 서열화, 일대일 대응 등의 수 이전 개념(pre-number concept) 활동이 적합하다고 보는 것이다. 더하기나 빼기 등의 논리적 조작을 요구하는 수학이나 수에 관한 기호, 언어와 같은 상징은 논리적 구조가 발달된 이후에 도입되어야 하며, 이는 결국 인지발달 단계에 적합한 수학교육의 내용을 제공하는 것이 중요함을 시사한다.

둘째, 영유아 수학교육의 활동방법 측면에서 보면, Piaget 이론을 계승한 Kamii는 지식을 물리적 지식, 논리·수학적 지식, 사회적 지식으로 분류하고, 지식의 종류에 따라 학습방법이 달라야 한다고 하였다. 즉, 수학은 영유아 스스로 머릿속에서 구성되어지는 논리·수학적 지식에 해당하므로, 암기에 의한 수세기나 계산의 학습은 무의미하다고 할 수 있다. 이와 더불어 Piaget는 영유아의 수학적 지식을 발달시키기 위해서는 학습지나 지필식 학습 방식은 부적절하고, 구체적 경험을 통한 기초 활동이 중요하며, 특히 논리적 사고의 습득을 위해서도 구체적 조작이나 경험이 가장 바람직하다는 인식에 영향을 주었다.

셋째, 영유아 수학교육을 위한 교사의 역할 측면에서 보면, 영유아가 지식을 구성하는 능동적인 존재로 보고 영유아와 환경의 상호작용을 중요시한 Piaget의 이론은 전통적인 행동주의 이론에 기초한 교수법에 대한 비판을 낳았다. Piaget에 의하면, 영유아는 타고난 과학자에 비유될 만큼 선천적으로 호기심과 탐구욕이 많은 존재로서 학습이 그 자체의 보상이 될 수 있으므로 교사 주도적인 교수법은 적절치 않다. 따라서 교사는 수학적 지식을 설명하거나 시범하는 전달자의 역할에서 벗어나 영유아가 수학활동에 직접 참여하여 지식을 구성해 낼 수 있도록 도와주고 지지적인 환경을 조성하는 안내자 역할과 자원제공자의 역할을 해야 한다는 것이다.

2. 사회문화적 구성주의

레프 비고츠키

레프 비고츠키(Lev Semenovich Vygotsky)는 1896년 러시아의 유태인 가정에서 태어났다. 모스크바대학에서 법학을 전공하였으며, 이후 철학, 심리학, 언어학, 문학 등 다양한 영역을 공부하였다. 교직에 종사하다가 1924년 모스크바에서 본격적인 연구 활동을 개시하였으나, 그의 견해는 스탈린 정부에 의해 부인되었다. 이후 그의 이론이 번역이 되면서 비고츠키의 이론에 대한 관심이 증가하였고 오늘날 아동발달의 중요한 이론으로 자리매김하고 있다.

(1896~1934)

구성주의를 인지적 구성주의와 사회문화적 구성주의로 구분할 때 구분의 준거가 되는 것은 개인의 인지적 발달에 영향을 미치는 사회, 문화, 역사적 요인들이 얼마나 중요시되느냐의 정도에 있다. 인지적 구성주의는 지식의 형성과정에서 개인의 인지적 작용을 가장 중요한 요인으로 간주하는 반면 개인의 인지발달에 있어서 사회적 상호작용을 포함하는 사회문화적 요인들이 수행하는 역할에 대해서는 상대적으로 도외시했다는 평가를 받는다.

그러나 Vygotsky의 발달심리 이론에 근거한 사회문화적 구성주의는 인간의 인지발달을 사회적 상호작용의 내면화라고 설명하고 사회적 상호관계를 개인의 지식을 구성하는 가장 중요한 요소로 본다. 또한 개인이 속한 사회문화적 맥락에서 소통되는 지식과 정보가 사회적 참여 및 사회의 지원을 통해 개인에게 영향을 미침으로써 그의 인지과정의 틀을 제공한다고 본다. 즉 영유아를 능동적으로 지식을 구성하는 과정에서 작용하는 사회, 문화, 역사적 맥락이 주는 영향을 중시한다는 점이 바로 사회문화적 구성주의의 특징이라고 할 수 있다.

1) 학습과 발달

Piaget는 발달이 먼저 이루어져야 학습이 가능하다고 본다. 예를 들어 구체적 조작기에 도달해야만 논리적인 사고가 가능하므로 전조작기 시기의 영유아에게 논리적 사고와 관련된 학습은 의미가 없다고 보는 것이다. 따라서 영유아의 현재 수준보다 높은 수준의 정보는 학습이 가능하지 않다고 본다.

반면 Vygotsky는 학습과 발달의 관계에 대해 기본적으로 학습이 발달을 주도한다는 입장을 가지고 있다. 이러한 입장은 학습과 발달은 동시에 일어나는 것이 아니고, 학습이 발달에 선행하여 발달을 촉진시킨다는 의미를 갖는다. 물론 Vygotsky는 '발달'이라는 우선조건을 아주 인정하지 않는 것은 아니지만 그래도 학습을 통해 발달을 촉진할 수 있다는 것이다. 이처럼 Vygotsky는 학습과 발달 사이의 관계를 끊임없는 변화가 촉진될 가능성이 있다고 보는 역동적인 구조로써 설명한다. 즉 발달의 개념을 학습과의 상호작용적 관계 속에서 조망하는 것이다. 그에 따르면, 발달은 사회적 상호작용에 기인하므로, 학습은 발달에 선행하여 주어져야 한다.

즉 개인의 내적 과정이 변화하기 위해서는 문화를 매개하는 사회적 상호작용인 학습이 먼저 주어져야 한다. 그러므로 Vygotsky의 학습과 발달 사이의 관계는 '발달에 선행한 학습'으로 표현할 수 있다. 지식의 근원은 사회와 문화에 있으며 영유아의 발달 수준에 학습이 의존하는 것이 아니라, 사회 문화적인 의미들이 학습을 통해서 영유아들에게 내면화될 수 있으며 학습은 발달을 촉진하는 역할을 하는 것이다.

학습과 발달의 관계를 설명하는 중요한 개념이라고 할 수 있는 것이 바로 근접발달영역이며, Vygotsky가 말하는 학습과 발달은 주로 타인과의 상호작용을 통해서 이루어진다.

2) 근접발달영역

Vygotsky는 발달수준을 두 가지로 구분하여 설명하고 있는데, 바로 실제적 발달 수준(actual developmental level)과 잠재적 발달 수준(potential developmental level)이다. 전자는 남의 도움 없이 영유아 혼자서 어떤 과제를 수행할 수 있는 능력 수준으로 현재 발달이 완료된 수준을 의미한다. 후자는 혼자서는 할 수 없으나 교사나 더 유능한 다른 또래의 도움을 받으면 과제를 해결할 수 있는 능력 수준을 말한다. 때로 영유아는 성인이나 친구가 도와주면 혼자 할 수 있는 것보다 더 어려운 일도 할 수 있다. 이때 영유아가 혼자서 문제를 해결할 수 있는 실제적인 발달 수준과 성인의 안내나 더 유능한 또래와의 협동 하에서 문제를 해결하는 잠재적 발달 수준 간의 거리를 근접발달영역(zone of proximal development, ZPD)이라고 한다.

근접발달영역에 포함되는 과제수행은 최대한의 지적발달을 촉진한다. 이미 혼자서 할 수 있는 일에서는 별로 학습할 것이 없지만 남의 도움이 있으면 가능한 일, 즉 근접발달영역 안의 과제를 시도하는 데서는 많은 학습을 할 수 있다(Berk & Winsler, 1995).

따라서 교사나 부모 등의 전문가가 힌트를 주고, 격려하며, 시범을 보임으로써 영유아를 돕는 것은 그들로 하여금 과제를 시작할 수 있는 발판 또는 출발점을 제공하는 것이며, 이러한 도움의 제공으로 영유아는 근접발달영역에 속한 과제의 수행을 더 수월하게 할 수 있게 된다.

이러한 원리는 교사의 수업이 바로 근접발달영역에서 이루어져야 한다는 것을 시사하고 있다. 좋은 수업은 근접발달영역을 고려한 수업, 즉 영유아의 실제 발달

수준보다 약간 앞선 수준(잠재적 발달 수준)에서 진행함으로써 영유아의 발달을 촉진하는 방향으로 이루어져야 한다.

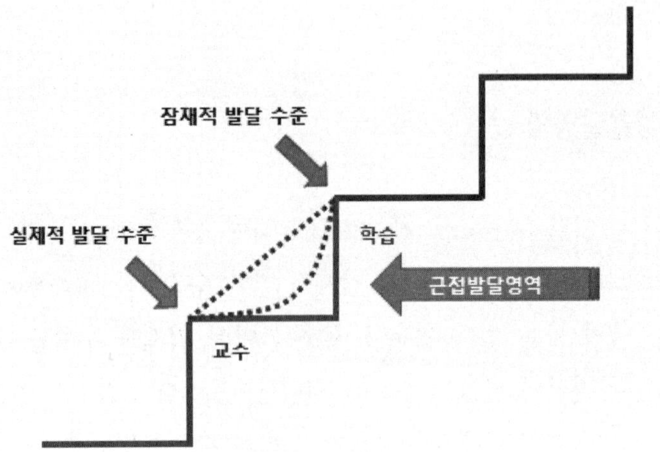

[그림 2-1] 근접발달영역

3) 비계설정

Vygotsky는 근접발달영역 내에서 효과적인 교수-학습방법을 묘사하기 위해서 비계(scaffold)라는 개념을 사용하였다. 비계는 사전적으로 건축이나 공사현장에서 높은 곳에서 일할 수 있도록 건물주변에 세워 놓은 연결 발판을 의미한다. 비고츠키는 영유아를 능동적으로 그 자신을 구성해 가는 하나의 건물로 보며, 사회적 환경은 영유아로 하여금 계속 새로운 능력들을 구축하게 하는데 필수적인 비계 또는 지원체계라고 주장한다.

즉 비계설정이란 영유아로 하여금 실제적 발달 수준에서 잠재적 발달 수준으로 올라가도록 돕기 위한 하나의 교육방법이라고 할 수 있다. 이때 비계설정이란 영유아의 인지기능의 발달을 극대화하기 위해 성인과 유아간의 대화 형식으로 나타나는 성인의 상호작용적 지지이다. 또한 어떤 작업을 수행하는 학습자들을 도와주는 단순한 역할이 아니라 학습자 스스로 할 수 없는 작업을 수행해 내도록 도와주거나, 학습자 스스로 어떤 작업을 완성시킬 수 있도록 이끌어 주는 것이다. 그런 의미에서 단순한 도움과는 차이가 있다.

비계설정이라는 용어는 비고츠키에 의해서 처음 사용된 개념은 아니다. 교육적인 상황 내에서 비계설정을 처음으로 연구한 우드(Wood)는 이를 근접발달영역에서 특정한 교사 행동을 표현하는 은유로서 연구하였으며, 비계설정을 영유아가 문제를 해결하도록 어떠한 지지를 제공하는 일련의 과정으로 설명한다. 다시 말해 ZDP 내에서 주어진 과제에 대해 처음에는 교사나 성인이 적극적으로 개입하고 많은 양의 비계를 설정하지만 학습이 진행될수록 과제에 대한 영유아의 지배력이 커지게 되면 교사는 그 통제의 지원을 점차 줄여 나가는 것이 바로 비계설정이다.

비계설정이 잘 이루어지기 위해서는 교사와 영유아가 같은 목적을 가지고 공동으로 협력히여 문제를 해결해야 하며, 상호주관성을 높여야 한다. 더불어 따뜻하고 반응적인 분위기가 필요하며, 효과적인 비계설정이 이루어지면 영유아의 능력은 잠재적 발달 수준까지 향상하게 되며, 자기조절력을 증진시킬 수 있다.

4) 영유아 수학교육에의 시사점

비고츠키 이론은 성인이나 또래와의 상호작용을 유아의 지식 발달을 위한 교수원리의 중요한 요소로 제안하고 있는데, 유아들은 또래와의 놀이나 교사의 계획된 활동에 참여함으로써 수학적 이해의 과정을 경험하게 되며, 수학적 지식과 기술을 연습할 수 있는 환경을 제공받음으로써 수학적 인지학습이 발달하게 된다.

이러한 비고츠키의 사회적 구성주의가 영유아 수학교육에 미치는 시사점을 살펴보면 다음과 같다.

첫째, 영유아 수학교육의 내용 측면에서 보면, 비고츠키는 학습을 설명하기 위해 근접발달영역의 개념을 도입하였다. 이 개념의 기본은 '발달은 가능성을 창출하고, 교육은 그 가능성을 실현시킨다'는 것이다. 다시 말해, 학습이 발달에 선행하여 발달을 촉진시킨다는 의미라고 할 수 있다. 이러한 견해는 수학에 대한 학습능력, 즉 실제적 발달 수준이나 잠재적 발달 수준은 영유아의 연령이나 개인차, 사회적 환경에 따라 모두 다르며, 수학교육은 영유아의 실제적 발달 수준이 아닌 잠재적 발달 수준을 기준으로 이루어져야 함을 시사한다.

둘째, 영유아 수학교육의 활동방법 측면에서 보면, 또래학습과 협동학습의 중요성을 강조하였다. 비고츠키의 주장처럼 근접발달영역을 고려한, 비계설정을 통한 학습이 이루어지기 위해서는 성인이나 능력 있는 또래와의 협동학습이 필요하다. 영유아들은 보다 능력 있는 또래와의 놀이나 성인이나 교사의 계획된 활동에 참여함으로써 수학적 이해와 지식, 기술을 습득하게 된다. 또한 성인과 영유아가 공동으로 문제를 해결하는 협동학습을 통해 점차 영유아는 독립적으로 문제를 해결할 수 있게 되고, 이에 따라 성인의 지지는 줄어들게 된다. 이러한 또래학습과 협동학습은 영유아의 잠재적 발달 수준을 끌어올리는데 커다란 영향을 미치므로 수학교육을 지도하는 방법에 대한 새로운 방향을 제시하고 있다.

셋째, 영유아 수학교육을 위한 교사의 역할 측면에서 보면, 우선 수학교육에 앞서 교사는 영유아와 함께 상호주관성을 형성해야 한다. 즉, 상호주관성을 형성하고 촉진하기 위해 영유아가 기본적으로 가지고 있는 수학적 생각이나 개념 및 경험을 조사하여 이를 활용해야 하며, 수학학습을 위한 근접발달영역의 최저수준과 최고수준을 가늠하고 이에 맞는 비계설정을 제공해야 한다. 나아가 교사 자체가 영유아에게 훌륭한 인지적 모델이 되어야 한다. 교사는 수학의 문제해결방법을 영유아에게 모델링해 줌으로써 고차원적 정신 기능을 배우도록 도움을 줄 수 있다. 예를 들어 문제를 해결할 때, 교사의 사고과정을 영유아가 알 수 있도록 '큰 소리로 말하면서' 수학적 과정을 모두 보여주는 것이다. 이러한 교사의 적극적 역할과 개입은 영유아의 수학교육에 긍정적일 수 있음을 시사한다.

3. 다중지능이론

하워드 가드너

하워드 가드너(Howard Gardner)는 1943년 미국에서 태어났으며, 어렸을 때부터 피아노를 즐겨 치고 이를 통해 많은 기쁨을 얻었다고 한다. 하버드대학에서 발달심리학을 전공하였으며, 두뇌손상을 입은 사람들에게서 나타나는 인지적 문제들을 연구하게 되면서 다중지능이론을 정립하였다. 현재 하버드대학교 대학원 교수이자, 하버드대학교 심리학과 겸임교수, 보스톤대학교 약학대학 신경학과 겸임교수를 맡고 있다.

〈1943~ 〉

일반적으로 '지능'의 개념은 사회문화적 요구에 따라 변화되어진다. 기존의 산업사회에서는 언어와 수리에 관련된 인지적 능력을 지능으로서 중시하였다. 그러나 사회의 변화에 따라 인지적 측면에 국한되어 있던 지능의 개념은 새롭게 조명되고 있으며, 보다 포괄적인 개념으로 이해되고 있다. 새로운 시도의 대표적인 이론이 바로 가드너의 다중지능이론이다.

1) 다중지능이론의 특징

비네가 처음 지능검사를 만든 이후 약 80여 년이 지난 1983년에, 하버드대학교의 가드너 교수는 그의 저서 『정신의 구조: 다중지능이론』(Frames of Mind: The Theory of Multiple Intelligences)이라는 책을 통하여 지능에 대한 새로운 접근을 시도하였다. 그는 기존의 문화가 지능을 너무 좁게 해석하고 있다고 전제하고, 인간의 지능은 단순히 한 가지로 이루어져 있는 것이 아니라 다양한 종류의 지능으로 이루어져 있다고 주장하였다. 즉 다수의 능력이 인간의 지능을 구성하고 있으며, 각각의 능력은 동일하게 중요하다고 가정하였다. 가드너는 지능을 "문화 속에서 가치가 부여된 문제를 해결하거나 결과물을 창출하는 능력"(Gardner, 1983/1993)으로 정의하고 있는데, 이러한 정의는 학교 내에서 특별한 가치가 부여된 지식이나 기능에 초점을 맞춘 전통적 IQ 개념보다 훨씬 넓은 범위에 걸쳐 있다.

다중지능이론에서는 인간의 지능을 언어적 지능(linguistic intelligence), 논리 · 수학적 지능(logical-mathematical intelligence), 공간적 지능(spatial intelligence), 신체 · 운동적 지능(bodily-kinesthetic intelligence), 음악적 지능(musical intelligence), 대인관계 지능(interpersonal intelligence), 자기이해 지능(intrapersonal intelligence), 자연탐구 지능(naturalist intelligence)의 8가지 지능을 제시하고 있다[1]). 최근 실존적 지능(existential intelligence)이 새롭게 추가되어 제시되고 있으나, 실존적 지능의 경우 뇌에 해당하는 부위가 없으며, 아동기에는 거의 나타나지 않기 때문에 가드너는 다른 8가지 지능과는 달리 반쪽 지능으로 간주하였다(정종진, 2004). 이 이론은 이렇게 다양한 지능을 인간이라면 누구나 가지고 있고 이 중 최소한 하나의 우수한 지능을 가지고 있다는 가정에서 출발한다.

다중지능이론의 특성을 정리해 보면(Armstrong, 1994), 첫째, 모든 개개인은 앞에 제시한 9가지의 지능을 모두 가지고 있다. 이 이론은 어떤 사람에게 맞는 한 가지 지능을 결정하기 위하여 제시된 이론이 아니다. 모든 개개인은 물론 정도의 차이는 있겠지만 이 9가지 지능을 모두 가지고 있으며, 9가지 지능이 합해져서 독특한 방식을 가진 한 사람을 형성한다는 것이다.

둘째, 모든 사람은 각각의 지능을 적절한 어떤 수준까지 개발시킬 수 있다. 가드너는 적절한 여건(용기, 좋은 내용, 좋은 교육)이 주어진다면 사실상 모든 사람들이 비교적 높은 수준의 성취를 할 수 있다고 주장한다.

셋째, 여덟 가지 지능들은 여러 가지 복잡한 방식으로 함께 작용한다. 지능들은 한번에 한 가지 지능만 작용하는 것이 아니라 항상 서로 교류하면서 작용한다. 예를 들어, 요리를 할 때에도 요리법을 읽고, 요리순서를 분석하고, 먹는 사람의 취향을 고려하는 등의 과정이 필요하며 이러한 과정에는 언어적 지능, 논리 · 수학

1) 다중지능이론 : 처음에는 8가지 지능을 제시하였으나, 최근 실존적 지능이 추가되었으며 실존적 지능 이외에도 2-3가지 지능영역이 추가되고 있다.

적 지능, 대인관계 지능이 함께 작용하는 것이다.

넷째, 각 지능 영역 내에서도 그 지능을 향상시킬 수 있는 많은 방법들이 있다. 어떤 지능 영역에 있어서 지능적이라고 간주되어질 수 있는 한 가지 표준화된 특성은 없다. 언어적 지능이 뛰어나다고 해서 언어와 관련된 모든 영역에서 뛰어난 것은 아니다. 즉 어떤 사람을 굉장히 말은 잘 하지만 글로 쓰는 것은 어려워하는 경우도 있으며, 읽기는 잘 하지만 어휘가 부족할 수도 있다. 따라서 각 지능의 영역 안에서도 개인이 가지고 있는 독특한 지능을 발휘할 수 있도록 다양한 방법을 추구해야 한다.

2) 다중지능의 내용

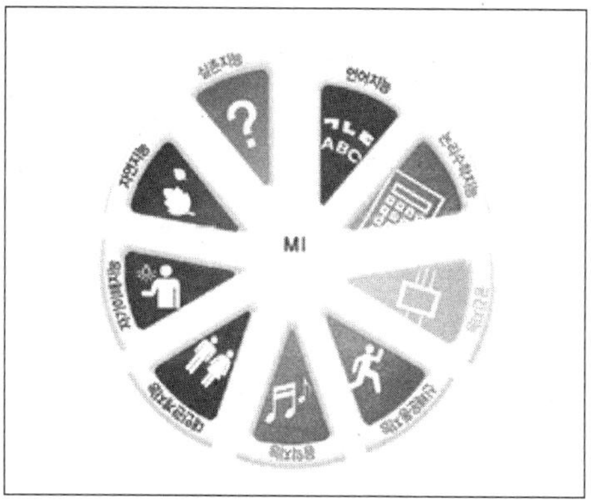

[그림 2-2] 다중지능의 영역
* 이미지 출처 : 한국다중지능교육학회

(1) 언어적 지능

언어적 지능(Linguistic Intelligence)은 언어를 효과적으로 사용하는 능력으로 언어의 구조, 소리, 리듬, 의미 등을 적절하게 다루고 언어의 실제적인 기능을 잘 조작하는 능력을 말한다. 즉 기억력, 유머감각, 가르치고 배우는 능력, 단어 및 구문 등을 이해하고 무언가를 확신시키는 능력 등을 모두 포함한다.

언어적 지능이 높은 사람은 같은 내용을 표현한다 하더라도 다양한 단어를 상황에 맞게 적절하게 활용함으로써 더 효과적인 결과를 얻어 낼 수 있으며, 토론 학습 시간에 두각을 나타내며, 유머나 말 잇기 게임, 낱말 맞추기 등을 잘한다.

(2) 논리 · 수학적 지능

논리 · 수학적 지능(Logical-Mathematical Intelligence)은 숫자에 감각을 가지고 숫자를 효과적으로 이용하는 수리능력과 연역 및 귀납적 사고를 잘하는 능력, 사물간의 논리성을 과학적으로 구성하는 추리능력, 추상적인 패턴과 관계들에 대한 인식능력 등을 말한다.

논리 · 수학적 지능이 높은 사람은 어떤 문제 상황에 처했을 때 문제를 체계적이고 과학적으로 해결하며, 그 속도도 일반 사람들보다 더 빠르다. 또한 사건과 사물의 의미나 관계를 해석하는데 있어서 논리와 추론을 잘 이끌어 내며, 숫자에 강하고, 차량번호나 전화번호 등도 남들에 비해 잘 기억하는 경우가 많다.

(3) 공간적 지능

공간적 지능(Spatial Intelligence)은 세계를 시각적 · 공간적으로 정확하게 지각하고 그러한 지각을 바탕으로 사물에 대한 이미지를 조작하거나 변형, 수정하고 적합한 물리적 자극 없이도 지각한 것을 재창조해 내는 능력을 말한다. 이 지능은 색깔, 선, 모양, 형태, 공간, 그리고 이 요소들의 관계에 대한 민감성을 포함하며, 핵심능력으로 3차원의 영상을 구조화할 수 있는 능력과 이를 이동하고 회전하는 능력을 포함한다.

공간적 지능이 높은 사람은 밤하늘의 별을 보고 방향을 잘 찾아내며, 처음 방문한 곳도 다시 찾아가는 데 별 어려움을 느끼지 않고 잘 찾아간다. 또, 시공간적 아이디어들을 도표, 지도, 그림 등으로 잘 나타내고, 시각적으로 표현하는 디자인, 그림 그리기, 만들기 등을 좋아한다.

(4) 신체 · 운동적 지능

신체 · 운동적 지능(Bodily-Kinesthetic Intelligence)은 춤, 운동, 표정연기 기법, 악기 연주법 등의 상징체계를 쉽게 익히고 창조하는 능력을 말한다. 즉 자신의 몸을 잘 가누고 신체나 운동상의 문제를 잘 해결할 수 있는 능력이다.

신체 · 운동적 지능이 높은 사람은 생각이나 느낌을 글이나 그림보다는 몸동작을 통해 표현하는 능력이 뛰어나다. 가수들의 춤을 쉽게 따라할 수 있으며, 손으로 다루는 능력이 뛰어나 손재주가 있다는 소리를 자주 듣는다. 자동차 운전이나 스케이트, 자전거를 다른 사람보다 쉽게 배우는 등 몸의 균형 감각과 촉각이 다른 사람들에 비해 발달되어 있다.

(5) 음악적 지능

음악적 지능(musical intelligence)은 소리가 갖고 있는 다양한 특질인 음의 높낮이, 리듬, 멜로디, 음색을 이해하고 그것을 민감하게 반응하며 자신의 감정을 음악적으로 잘 표현할 수 있는 능력을 말한다.

음악적 지능이 뛰어난 사람은 소리, 리듬, 진동과 같은 음의 세계에 민감하고, 사람의 목소리와 같은 언어적인 형태의 소리뿐만 아니라 비언어적 소리에도 예민하다. 또한 음악의 형태를 잘 감지하고, 음악적 유형을 잘 구별할 뿐만 아니라 다른 음악 형태로 변형시키기도 한다.

(6) 대인관계지능

대인관계지능(Interpersonal Intelligence)은 다른 사람의 기분, 의도, 동기, 감정을 잘 지각하고 구분할 수 있는 능력으로, 다른 사람의 관점에서 사물을 판단하고 다른 사람과 조화롭게 살아가며 언어적 또는 비언어적으로 의사소통하는 능력을 의미한다. 또한 대인관계지능은 개인의 정체감 유지에도 중요한 역할을 한다.

대인관계지능이 우수한 사람은 다른 사람들의 기분, 의도, 감정, 동기, 느낌

등을 잘 인식하여 효율적으로 대처하고 의사소통하는 능력을 지니고 있다.

(7) 자기이해지능

자기이해지능(Intrapersonal Intelligence)은 자기 자신에 대해 객관적으로 이해하고 자신의 사고를 평가하며 이를 근거로 하여 잘 행동할 수 있는 능력을 말한다. 대인관계지능과 유사한 특성을 지녔으며, 자기 자신을 이해하고 느낄 수 있는 인지적 능력을 포함한다. 자기이해는 자아훈련, 자아이해, 자아존중을 포함하며 복합적이고 고도로 분화된 여러 가지 감정을 상징화하는 능력을 의미한다.

(8) 자연탐구지능

자연탐구지능(Naturalist Intelligence)은 다중지능이론의 목록에서 최근에 제시된 능력으로, 식물이나 동물에 대한 과학적인 연구를 포함하여 자연세계를 이해할 수 있는 능력으로 자연 현상에 대한 유형을 규정하고 분류하는 능력을 말한다.

자연탐구지능이 높은 사람은 일반 사람들에 비해 보다 자연 친화적이고, 동물이나 식물 채집을 좋아하며, 이를 구별하고 분류하는 능력이 뛰어나다.

(9) 실존적 지능

실존적 지능(Existential Intelligence)은 가드너가 처음에 발표한 다중지능이론에는 포함되지 않았으나 이후 새롭게 추가된 지능으로, '영적 지능'이라고 표현하기도 한다. 실존적 지능이란 인간존재에 대한 근본적 질문을 제기하는 것으로 자신의 존재의미와 삶의 실존적 의미, 그리고 인생의 참된 가치가 무엇이며 그것을 어떻게 발견하고 그러한 가치를 구현하기 위해서 어떤 인생을 살아야 할 것인가를 깨닫는 능력을 의미한다.

기존의 8가지 다중지능은 특정 환경에 적응하면서 개발되어지는 적응능력이라면, 실존적 지능은 인생의 길을 의미 있게 평가하는 지능으로서 그것은 삶의 가치와 방향의 전환을 가져다 주는 창조적 능력이라고 할 수 있다.

3) 영유아 수학교육에의 시사점

다중지능이론의 많은 부분은 최근의 두뇌 연구에 기초하고 있다. 다중지능이론의 기본 관점은 인간의 지능은 단순히 한 가지로 이루어져 있지 않고 여러 가지 많은 종류의 지능으로 이루어져 있다는 것이다. 따라서 가드너는 어떤 경험을 하느냐에 따라 그에 상응하는 지능이 발달하며, 지능은 통합적인 형식으로 발달하고, 사회적이고 협력적인 활동은 지능발달에 기여한다고 주장한다.

이러한 가드너의 다중지능이론이 영유아 수학교육에 미치는 시사점을 살펴보면 다음과 같다. 첫째, 영유아 수학교육의 내용 측면에서 보면, 다중지능이론은 스펙트럼 프로젝트[2])를 통해 영유아 개개인은 사회적 또는 문화적 생활 맥락에 따라 각각 다른 지능을 가졌음을 강조한다. 이는 곧 모든 영유아들은 나름대로의 강점을 지니고 있으며, 모두 각기 다른 방법으로 배운다는 것을 시사한다. 따라서 각각의 영유아들의 수학능력은 모두 다르므로 개인차를 고려한 수학교육, 다양한 교수매체와 교수방법을 활용한 수학교육의 접근이 필요함을 알 수 있다.

둘째, 영유아 수학교육의 활용방법 측면에서 보면, 다중지능이론이 실제 현장에서 활용되는 가장 큰 이유는 학습자의 개별적 특성에 적합한 학습형태를 구성하는 데 있다. 이것은 수학학습에서도 동일하게 적용될 수 있다. 스펙트럼 프로젝트의 작업양식을 관찰한 결과, 영유아들은 자신이 강한 영역에서 쉽게 참여하고 자신감을 가지며, 높은 집중도를 나타냈다. 이는 논리 · 수학적 지능이 낮다고 하더라도 자신의 강한 영역과 관련된 활동을 통해 충분히 수학학습 능력을 향상시킬 수 있음을 시사한다. 예를 들어 시 · 공간지능이 높은 영유아들은 그림이나, 도표 등을 활용한 수업을 전개시키고, 음악적 지능이 높은 영유아들은 패턴을 중심으로

2) 스펙트럼 프로젝트 : 어린아이의 지능 프로파일을 밝혀 내기 위한 혁신적인 시도로서, 터프츠대학교의 데이비드 펠드먼을 비롯하여 프로젝트 제로에 참여한 몇몇 연구자들에 의해 개발된 프로젝트이다.

한 활동이나 반복적 수세기와 관련된 더하기, 빼기 활동을 수학교육에 적용할 수 있다. 요컨대, 가드너의 다중지능이론은 수학을 싫어하는 영유아라 할지라도 그 영유아가 높은 지능을 보이는 영역을 통해 수학에 대해 접근한다면 좀 더 효율적 · 효과적인 결과를 얻을 수 있음을 시사하고 있다.

셋째, 영유아 수학교육을 위한 교사의 역할 측면에서 보면, 교사는 자신의 강점 및 영유아들의 강점에 초점을 맞추어 수업을 설계해야 한다. 수학교육에 있어서 교사의 역할은 특정한 방식이 정해져 있는 것이 아니라 영유아의 수학 잠재력이 충분히 증진될 수 있도록 각 영유아들의 강점을 살릴 수 있는 다양한 활동을 제공해야 함을 시사한다.

제3장

수학교육의 내용

1. 유아의 수학적 사고와 지식
2. 수학교육의 목표 및 내용

유아를 위한 현대의 수학교육은 다양한 문제 상황에서 탐색과 구체적 조작활동을 통해 유아 스스로 창의적인 문제해결 방법을 찾고, 추론하고, 나아가 새로운 개념과 지식을 획득하는 능력을 키워 주는 방향으로 전개되고 있다. 그렇기에 수학교육이 효율적으로 이루어지기 위해서는 유아에게 발달적으로 적합한 교육 내용이 제공되어야 한다. 따라서 현대 수학교육은 유아들이 일상생활에서 경험하는 여러 가지 사물과 사건을 직접 분류해 보고, 비교해 보고, 관계를 찾아보는 등의 구체적인 조작활동을 통하여 수학적인 기초 능력과 태도를 기르게 하는 것에서 출발한다고 볼 수 있다(김숙령, 2000).

유아는 성장하면서 주변의 세계와 사물을 인식하고 수와 양, 그 관계를 깨닫게 되며, 점차 수학의 기본개념을 인식하게 된다(박홍자, 2002). 유아는 주변 환경과 상호작용을 하면서 그 곳에서 수학적 발견을 해 나가는 것이다. 따라서 유아 시기의 수학교육은 유아가 주변세계와의 상호작용 속에서 수학적 발견을 해 나가도록 해야 한다. 이러한 수학적 발견은 유아가 놀이 속에서 수 이전의 개념 또는 수와 관련된 개념을 먼저 습득한 후 기본적인 수 개념 및 수를 포함한 개념으로 발달할 수 있도록 이루어져야 할 것이다.

이에 본 장에서는 유아의 수학적 사고와 지식의 특성을 살펴보고, 유아가 일상생활의 경험 속에서 수학적인 기초 능력과 태도를 기를 수 있게 하는데 목적이 있는 우리나라 표준보육과정 및 누리과정에서 제시하는 영유아 수학교육의 목표 및 내용을 살펴보기로 하겠다.

1. 유아의 수학적 사고와 지식

유아의 사고특징
: 부분적인 논리
또는
준논리

→

1. 중심화
2. 비가역성
3. 한 장면에의 집중
4. 변환적 추론
5. 자기중심적 사고

수학은 사물에 내해 생각하고 경험을 조직하는 방식으로, 유아의 수학능력은 수학적 순서와 패턴을 알아내는 과정으로 볼 수 있다(이경우 외 3인, 1997). 이러한 유아의 수학적 사고는 유아의 발달적 특징에 따라 영향을 받게 된다. 유아는 자신의 주변에 대해 나름대로 논리적인 사고를 한다고 하지만 이 때의 논리적인 사고는 부분적인 논리(partial logic), 혹은 준논리(semilogic)이다(Flavell, 1977; 김숙령, 2000 재인용). 이렇게 유아들이 보이는 부분적인 논리 혹은 준논리는 다음과 같이 유아의 수학적인 사고에 그대로 반영된다(김숙령, 2000).

첫째, 전조작기 유아들은 '중심화(centration)'의 경향이 있어 어떤 상황의 한 면에 초점을 맞추면 다른 면들은 무시하여 비논리적인 추리를 하게 된다.

중심화

→

높이가 낮고 폭이 넓은 모양의 컵의 물의 양과 높이가 높고 폭이 좁은 모양의 컵의 물의 양이 같을 경우라고 하더라도 유아들은 높이가 높고 폭이 좁은 컵의 물이 많다고 대답하죠…

둘째, 유아들의 사고는 '비가역성(irreversibility)'에 의해 제한을 받는다. 가역성이란 양이나 수를 연속적으로 조작하여 처음의 상태로 되돌려 놓는 것을 말하며 전조작기의 유아는 정신적인 조작 능력이 부족하기 때문에 가역적인 사고를 하기가 힘들다고 할 수 있다.

비가역성 → 물을 원래의 컵으로 다시 부으면 원래대로 돌아갈 수 있다는 생각을 못해요!

셋째, 전조작기의 유아들은 하나하나의 장면에만 집중하고, 한 장면이 다른 장면으로 전환되는 것을 이해하지 못한다.

한 장면에 집중: 장면전환에 대한 이해 불가 → 떨어지는 막대기의 다양한 위치를 재생하지 못해요!

넷째, 유아들은 변환적인(transductive) 추론을 한다. 논리적인 추론에는 두 가지의 기본적인 유형, 연역법과 귀납법이 있다. 연역법은 일반적인 것에서 구체적인 것을 끌어 내는 방법이고, 귀납적 추론은 구체적인 것에서 일반적인 것을 이끌어 내는 것이다. 그러나 전조작기 유아들은 이러한 방법으로 생각하지 않고 구체적인 것에서 구체적인 것을 이끌어 내게 된다.

변환적 추론 → 내가 동생에 대해 나쁜 생각을 했다. 내 동생이 아팠다.
그러므로 내가 동생을 아프게 했다.

아무런 관련 없는 두 개의 사건을 연결시킨 답니다!

다섯째, 자기중심적인 사고(egocentrism)를 하는 것이 전조작기 유아들의 사고의 특성이다. 이는 세상의 모든 현상에 대해 자기중심적으로 생각하는 것으로 타인의 입장을 고려하지 못하는 이유가 이 때문이다.

자기중심적 사고 → 입체 모양을 보여주고 설명할 때 모든 유아들은 자신의 위치에서 보이는 모양만 설명하죠.
상황에 따르는 여러 가지 측면을 동시에 고려하지 못해요!

2. 수학교육의 목표 및 내용

1) 영유아 수학교육의 목표

현대의 수학은 단순히 유아들에게 수학적 사실과 기술을 습득하는데 중점을 두기보다는 수학에 대한 지적 구조의 구성과 수학적 소양을 갖추게 하는데 초점을 두고 있다.

자연탐구영역은 호기심을 가지고 주변 세계를 탐구하며, 일상생활에서 수학적 · 과학적으로 생각하는 능력과 태도를 기르는 데 그 목표를 두고 있다. 즉, 자연탐구영역의 목표는 첫째, 유아가 주변의 사물이나 자연 현상에 대해 호기심을 가지고 탐구하는 태도를 기르는 데 있으며, 둘째, 유아가 생활 속에서 부딪히는 문제를 논리적 · 수학적으로 해결하고, 관심 있는 사물과 생명체 및 자연현상에 대해 탐구하면서 기초적인 수학적 · 과학적 사고 능력과 태도를 기르는 데 있다.

생활 속의 여러 상황과 문제를 논리 · 수학적으로 이해하고 해결하기 위한 기초 능력을 기른다. 수학적 능력은 논리적이며 합리적인 문제해결 능력의 기초가 되며, 지식 정보화 사회에서 개인 및 국가의 경쟁력 강화를 위한 필수적인 능력이다. 수학적 능력은 직관이나 구체적인 경험을 통한 통찰로부터 시작하여 추상적인 수학적 관계나 형식, 원리의 이해로 발달한다. 유아기는 이러한 수학적 능력의 토대를 구축하는 시기이므로 유아가 생활 속에서 다양한 수학적 경험을 하는 것이 중요하다. 따라서 유아가 놀이, 게임, 생활 속의 문제해결과 같은 구체적 경험을 통해 수량관계, 공간과 도형, 측정, 규칙성, 자료수집과 정리 등에 관한 기초 지식을 구성하고 논리적 · 수학적으로 사고하는 능력을 기르도록 한다.

2013년 개정된 표준보육과정의 자연탐구영역 중 수학적 탐구영역에서는 0-1세의 목표로 '주변에서 일어나는 수학적 상황을 지각한다'와 2세의 목표 '주변에서 경험하는 수학적 상황을 인식한다'로 되어 있으며, 2013년 개정된 3-5세의 누리과정의 자연탐구영역 중 수학적 탐구영역에서는 '유아가 생활 속에서 부딪히는 문제를 논리적 · 수학적으로 해결하고, 관심 있는 사물과 생명체 및 자연현상에 대해 탐구하면서 기초적인 수학적 · 과학적 사고 능력과 태도를 기르는 데 있다'를 목표로 하고 있다.

2) 유아 수학교육의 내용

유아 수학교육의 목표를 달성하기 위해 무엇보다 중요한 것이 유아의 발달에 적절한 교육내용을 선정하는 것이라 할 수 있다.

NCTM(1989)에서는 수학기초 능력으로 문제해결 능력을 발달시켜야 한다고 하고 있다. 그렇기에 유아 수학교육 내용은 산술적인 내용뿐만 아니라 어림하기, 측정, 공간과 도형, 통계와 확률, 패턴 등을 포함하도록 확대해야 한다고 제안하고 있다(Payne, 1990; 고현주, 2001, 재인용).

유아 수학교육의 내용에 관한 학자들의 견해를 살펴보면, Mulle(1985)는 유아 수학교육의 발달적 모델을 제시하여 사물의 특징 열거, 분류, 비교, 서열, 등치성 등의 수가 포함되지 않는 활동은 수 개념화를 확립하는 기초가 되므로 수 활동에 선행한다고 하였다(권영례, 1998에서 재인용). Spodek(1985)은 그룹짓기, 수세기, 수체계, 더하기, 빼기, 곱하기, 나누기와 수조작, 기하학, 길이, 무게, 부피, 시간의 측정, 그래프, 돈에 대한 학습과 수학적 어휘의 사용이 수학교육 내용에 포함되어야 한다고 했다.

NCTM(1989)의 '수학교육 과정 및 평가기준'에서는 유아의 수 개념 발달을 위해 단순한 수세기가 아니라 수들 사이의 다양한 이해, 수를 다양한 방법으로 표현하기, 수의 효과적인 조작, 실생활에서 수를 사용하고 해석하기 등을 포함하고 있다. 또한 실생활에서 K-4학년을 위한 수학교육 내용으로 수 감각과 수 개념, 연산과 계산, 기하와 공간개념, 확률과 통계, 규칙성과 관계, 분수와 소수, 어림셈을 제시하고 문제해결, 의사소통, 추론, 수학적 연결성을 전학년에 걸쳐 강조하며 컴퓨터와 계산기의 사용을 제안하고 있다. 이를 근거로 Rechardson과 Salkeld(1995)는 유아가 다룰 수 있는 수학교육 내용으로 수 감각, 큰 수, 어림하기, 수 개념, 측정, 패턴과 관계, 통계와 확률, 공간과 도형을 제시하고 있다. 또한 NCTM(2000)에서는 수학교육 내용을 수와 조작, 방정식, 기하학, 측정, 자료 분석과 확률로 제시하고, 그 과정으로는 문제해결, 추론과 증명, 의사소통, 연계, 표상, 과학기술의 이용을 제시하고 있는데, 이 중 수와 기하를 유아수학의 핵심적인 내용으로 보고 있다.

국내에서는 이경우, 홍혜경, 신은수, 진명희(1997)는 분류, 순서짓기, 수와 수의 활용, 부분과 전체, 측정, 공간관계와 기하학, 패턴, 통계, 컴퓨터를 제시하였다. 권영례 등(1998)은 수 개념, 부분과 전체, 패턴, 공간과 도형, 측정, 자료의 조직

등으로 유아 수학교육의 내용을 제시하고 있다.

이상으로 살펴볼 때, 유아 수학교육의 내용으로 수 개념, 측정, 기하, 통계, 공간, 분류, 서열을 공통적으로 포함하고 있으며, 이외에도 자릿값, 문제해결, 확률, 어림셈과 큰 수의 이해, 수 감각과 패턴, 컴퓨터, 추론, 연결, 표상 등도 첨가되고 있다.

우리나라 표준보육과정과 누리과정에서 유아 수학교육의 내용은 자연탐구영역의 '수학적 탐구'에 제시되어 있으며, 그 내용으로는 분류하기와 순서짓기, 수의 기초개념 이해하기, 기초적인 측정과 관련된 경험하기, 시간에 대한 기초개념 알기, 공간과 도형의 기초개념 알기, 기초적인 통계와 관련된 경험하기로 되어 있다.

(1) 영유아기 수학 관련 중점 활동

유아기는 주변에 대한 호기심으로 끊임없이 질문을 제기하며 알고자 하는 욕구가 강한 시기이다. 유아기의 이러한 지적 호기심과 탐구심은 사고력 발달의 토대가 된다. 또한 과학과 공학이 급속도로 발전하는 현대사회에서 수학적 · 과학적 사고 능력과 태도를 유아기부터 형성하기 시작하는 것은 양질의 삶을 위해 필수적이다.

자연탐구영역은 유아가 자신을 둘러싸고 있는 주변 세계에 대해 호기심을 가지고 궁금한 것을 해소하기 위해 탐구하며, 일상생활에서 부딪치는 현상이나 문제해결을 통해 수학적 · 과학적으로 생각하는 기초 능력과 태도를 기르기 위한 영역이다. 유아가 놀이와 일상경험을 기반으로 생활 속 구체적인 문제를 해결하는 과정에서 기초적인 수학적 개념과 기능을 학습하고 사용하는 것에 중점을 두어야 하면, 자신의 수학적 생각을 다양한 방법으로 나타내고 다른 사람들과 의사소통을 하는데 주안점을 둔다(교육부, 누리과정 해설서, 2013). 자연탐구영역은 탐구하는 태도 기르기, 수학적 탐구하기, 과학적 탐구하기의 세 가지 내용 범주로 구성되며, 수학적 탐구하기의 수학 관련 중점 활동은 다음과 같다.

(0-1세)

- 영아가 있고 없는 상황을 알게 되면서 '있다'와 '없다'를 구별하고, '한 개'와 '여러 개'의 수량을 지각하게 되는데 중점을 둔다.
- 영아가 교사의 도움을 받아 보육실, 보육실 창 밖, 실외공간을 살펴보며 익숙한 물건의 위치, 장소, 모양을 탐색하도록 하는데 중점을 둔다.
- 영아가 주변의 익숙한 물건의 색, 모양, 질감, 크기, 길이의 차이를 감각적으로 느낄 수 있도록 하는데 중점을 둔다.
- 영아에게 규칙적으로 반복되는 하루일과를 제공하고 반복되는 소리, 리듬이 들어가는 노래, 말놀이, 동작을 제공하여 간단한 규칙성을 경험하는데 중점을 둔다.

(2세)

- 영아가 많고 적음을 구별하게 되면서 세 개 가량의 구체물을 말하며 세어 보고, 일대일 대응해 보면서 수량을 인식하게 되는 데에 중점을 둔다.
- 영아에게 자신을 중심으로 물건의 위치, 거리를 경험해 보도록 함과 동시에 환경 속에서의 자신의 위치를 탐색해 보도록 하며 다양한 사물과 놀잇감으로 놀이하면서 모양을 지각하도록 한다.
- 영아가 두 물체의 크기, 길이, 무게를 비교해 보고 관련 어휘를 경험해 보도록 하는데 중점을 둔다.
- 영아가 주변 환경에서 반복되는 무늬, 색, 모양, 소리 등을 살펴보고 규칙성에 관심을 갖도록 한다.
- 영아가 자기 나름의 기준을 통해 물건을 나누고 자신 소유의 물건과 타인 소유의 물건을 구분하도록 하는데 중점을 둔다.

(3세)

- 자신의 나이를 말하거나 주변에서 볼 수 있는 수를 세어 보면서 수에 흥미를 갖도록 한다.

- 사물의 차이를 살펴보고, 서로 짝짓기 또는 분류할 수 있는 구체물을 제공한다.
- 수세기는 다섯까지 셀 수 있는 구체물 등을 제공한다.

(4세)
- 수를 포함하지 않은 또는 포함한 비교, 분류, 순서짓기 활동을 위하여 구체물과 그림자료를 제공한다.
- 유아의 발자국이나 손, 끈, 깡통, 컵 등을 사용하여 측정해 보는 경험을 가지도록 한다.
- 수세기는 열까지 셀 수 있는 구체물 등을 제공한다.

(5세)
- 자, 체중계, 저울 등 표준 단위 측정 도구를 비치하여 놓는다.
- 사물을 측정한 다음 실제 물건이나 그림으로 그래프를 만든 때에 필요한 자료를 준비한다.
- 그룹 게임용 판이나 동화책을 이용한 토의 활동을 통하여 일상생활 속에서 수학 활동이 이루어지도록 한다.
- 수세기는 스물까지 셀 수 있는 구체물 등을 제공한다.
- 유아들이 경험할 수 있고 이해 가능한 방법으로 큰 수를 제공한다.

(2) 자연탐구영역의 강조점

유아의 수학적 능력은 논리적이며 합리적인 문제해결 능력의 기초가 되며, 지식정보화 사회에서 개인 및 국가의 경쟁력 강화를 위한 필수적인 능력이다. 또한 수학적 능력은 직관이나 구체적인 경험을 통한 통찰로부터 시작하여 추상적인 수학적 관계나 형식, 원리의 이해로 발달한다. 유아기는 이러한 수학적 능력의 토대를 구축하는 시기이므로 유아가 생활 속에서 다양한 수학적 경험을 하는 것이 중요하다.

자연탐구영역의 강조점은 다음과 같다. 첫째, 탐구하는 태도 형성을 위해서는 유아의 관심을 확장시켜 주고 궁금한 것을 해소하기 위한 탐구활동을 지원함으로써 유아가 탐구하는 과정을 즐기도록 한다. 둘째, 유아에게 수학적 · 과학적 지식을 전달하는 것이 아니라 탐구과정 속에서 자신의 지적 활동을 통해 수학적 · 과학적 지식을 구성하고 이를 토대로 일상의 문제를 해결하는 능력을 기르는 데 중점을 둔다.

(3) 연령별 자연탐구영역 목표

0-1세 표준보육과정에서 자연탐구영역의 목표는 '보고, 듣고, 만지면서 주변 환경에 관심을 가진다'이며, 세부목표는 다음과 같다. 첫째, 주변 사물에 대한 탐색을 시도한다. 둘째, 주변에서 일어나는 수학적 상황을 지각한다. 셋째, 감각과 조작을 통하여 주변 사물과 자연환경에 대해 지각한다.

2세 표준보육과정에서 자연탐구영역의 목표는 '주변 환경에 호기심을 갖고 탐색하기를 즐긴다'이며, 세부목표는 다음과 같다. 첫째, 호기심을 가지고 주변 세계에 대해 다양하게 탐색한다. 둘째, 주변에서 경험하는 수학적 상황을 인식한다. 셋째, 다양한 탐색을 통하여 주변 사물과 자연환경을 인식한다.

3-5세 누리과정에서 자연탐구영역의 목표는 유아가 주변의 사물이나 자연 현상에 대해 호기심을 가지고 탐구하는 태도를 기르는 데 있다. 또한 유아가 생활 속에서 부딪히는 문제를 논리적 · 수학적으로 해결하고, 관심 있는 사물과 생명체 및 자연현상에 대해 탐구하면서 기초적인 수학적 · 과학적 사고 능력과 태도를 기르는 데 있다. 특히 수학적 탐구하기의 목표는 유아가 놀이, 게임, 생활 속의 문제해결과 같은 구체적 경험을 통해 수량관계, 공간과 도형, 측정, 규칙성, 자료 수집과 정리 등에 관한 기초 지식을 구성하고 논리적 · 수학적으로 사고하는 능력을 기르도록 하는 것이다.

(4) 교수 · 학습 방법

누리과정에서 지향하는 교수 · 학습 방법은 유아 수학교육에서도 동일하게 적용되며, 내용은 다음과 같다.

① 주도적인 놀이를 중심으로 교수 · 학습 활동이 이루어지도록 한다.

② 흥미를 중심으로 활동을 선택하고 지속할 수 있도록 한다.

③ 생활 속 경험을 소재로 하여 지식, 기술, 바람직한 태도를 기르도록 한다.

④ 교사와 신뢰감을 형성하고 개별적인 활동이 이루어지도록 한다.

⑤ 교사, 환경, 또래와 능동적인 상호작용이 이루어지도록 한다.

⑥ 주제를 중심으로 여러 활동이 통합적으로 이루어지도록 한다.

⑦ 만 0-1세아, 만 2세는 일상생활 및 개별활동, 휴식 등이 균형 있게 이루어지도록 한다.

⑧ 만 3-5세는 실내 · 실외활동, 정적 · 동적활동, 대 · 소집단활동 및 개별활동, 일상생활 및 휴식 등이 균형 있게 이루어지도록 한다.

(5) 0-2세 표준보육과정의 세부내용 및 활동지침

'수학적 탐구하기'는 유아가 일상생활에서 접하는 문제를 수학적 사고와 추론에 의해 논리적으로 해결하는 능력을 기르는 데 중점을 두는 내용이다. 이를 위해 수와 연산의 기초 개념 알아보기, 공간과 도형의 기초 개념 알아보기, 기초적인 측정하기, 규칙성 이해하기, 기초적인 자료 수집과 결과 나타내기의 다섯 가지 내용으로 구성된다.

표 3-1 **자연탐구영역-(내용 범주) 수학적 탐구하기**

내용	세부내용				내용	세부내용	
	0–1세					2세	
	1수준	2수준	3수준	4수준		1수준	2수준
수량 지각 하기					수량 인식하기	많고 적음을 구별한다.	
		있고 없는 상황을 지각한다.	'있다'와 '없다'를 구별한다.	'한 개'와 '여러 개'를 구별한다.		두 개 가량의 수 이름을 말해 본다.	세 개 가량의 구체물을 말하며 세어 본다.
						구체물을 일대일로 대응해 본다.	
		친근한 대상인 교사가 얼굴을 부채로 가렸다가 나타났다 하거나 영아의 얼굴을 가렸다 나타났다 하게 해 보아 영아가 '있다, 없다'를 경험할 수 있도록 돕는다.	여러 가지 놀잇감이 들어 있는 박스에서 교사가 말하는 놀잇감을 구별하며 찾아본다.	보육실에서 매트나 스카프 아래에 숨겨진 한 개 또는 여러 개의 놀잇감을 찾아보며 자연스럽게 수량을 경험할 수 있도록 한다.		숟가락으로 열매를 송류별로 옮겨 보고 그릇에 담아 보면서 많고 적음을 구별해 본다.	구슬의 모양에 따라 구슬을 분류해 보고, 세 개 가량의 구슬을 숫자로 세어 본다.
주변 공간 탐색 하기		도움을 받아 주변의 공간을 탐색한다.			공간과 도형에 관심 가지기	나를 중심으로 익숙한 위치, 장소를 인식한다.	
	주변 사물의 모양을 지각한다.					주변 사물의 모양에 관심을 가진다.	
	아기침대 위에 걸쳐진 모빌걸이에 매달린 다양한 모양의 놀잇감을 누워서 만져 보거나 흔들어 보며 탐색할 수 있도록 한다.	다양한 위치에 매달린 여러 가지 모양의 놀잇감을 살펴보고, 놀잇감을 앉아서 또는 서서 잡아 보거나 당겨 볼 수 있도록 한다.	영아가 일상생활에서 보았던 음식봉지로 제공된 한 조각 꼭지 퍼즐의 모양을 보면서 해당하는 꼭지 퍼즐을 맞추어 본다.	음식 봉지를 이용하여 만들어 제공된 두 조각 퍼즐의 잘려진 조각의 모양을 보고 퍼즐을 맞추어 하나의 모양을 완성해 본다.		종이벽돌 블록을 넓게 늘어뜨리고 그 위에 다시 한 번 쌓아 식탁 모양을 구성해 본다.	벽돌블록을 세워 네모난 폐쇄공간을 만들어 아기 침대를 구성해 본다.

<table>
<tr><td rowspan="2">차이를 지각 하기</td><td rowspan="2"></td><td colspan="2">주변 사물의 차이를 지각한다.</td><td rowspan="2">차이에 관심 가지기</td><td colspan="2">주변 사물의 크기(속성의 차이)에 관심을 가진다.</td></tr>
<tr><td>다양한 크기의 스펀지 블록을 제공하여 2~3개 늘어뜨리거나 쌓아 보고 쓰러뜨려 볼 수 있도록 한다.</td><td>크기가 큰 원통블록에 작은 원통블록, 을 넣어 보기도 하고 크기가 동일한 원통블록을 늘어뜨리거나 높게 쌓아 보며 크기의 차이를 느낄 수 있도록 한다.</td><td>길게 잘라진 종이를 이어 붙여 보면서 종이 길이의 길고 짧음을 살펴본다.</td><td>공과 원통의 크기, 길이를 비교해 보고 원통형에 공을 굴러가게 해 본다.</td></tr>
<tr><td rowspan="2">간단한 규칙성 지각 하기</td><td rowspan="2"></td><td colspan="2">일상과 놀이에서 간단한 규칙성을 경험한다.</td><td rowspan="2">단순한 규칙성에 관심 가지기</td><td colspan="2">주변에서 단순하게 반복되는 규칙성에 관심을 가진다.</td></tr>
<tr><td>교사와 손을 잡고 보육실을 걸어 다니며 교사가 불러주는 "어디까지 왔니?"에 손짓으로 반응해 볼 수 있도록 한다.</td><td>아기 인형 재워주기 놀이를 하며 교사가 불러 주는 반복되는 자장가 노래의 리듬에 맞추어 아기 인형을 토닥여 보는 것을 격려한다.</td><td>교사가 친구 이름을 넣어 불러 주는 반복적인 음률과 리듬의 노래에 반응하면서 친구를 가리키는 동작을 규칙적으로 해 본다.</td><td>친구와 함께 반복적인 음률, 리듬, 문장의 노래를 부르며 규칙 있는 동작과 역할을 경험한다.</td></tr>
<tr><td rowspan="2">–</td><td rowspan="2">–</td><td colspan="2" rowspan="2">–</td><td rowspan="2">구분하기</td><td colspan="2">주변 사물의 같고 다름에 따라 구분한다.</td></tr>
<tr><td>보육실에 배치되어 있는 놀잇감의 사진을 보고 실물 놀잇감을 찾아 같은 놀잇감인지 구분해 본다.</td><td>친구들의 낮잠 이불을 비슷한 것끼리 모아 보고 친구 사진과 낮잠 이불 사진을 연결해 본다.</td></tr>
</table>

(6) 3-5세 누리과정의 세부내용 및 활동지침

표 3-2 자연탐구영역-(내용 범주) 수학적 탐구하기

내용	세부내용		
	3세	4세	5세
수와 연산의 기초개념 알아보기	생활 속에서 수에 관심을 갖는다.	생활 속에서 사용되는 수의 여러 가지 의미를 안다.	
	〈3〉 간식이나 블록의 수 세어 보기 등 일상에서 수량을 나타내기 위해 수가 사용되는 여러 상황을 경험해 본다.	〈4〉 블록이 모두 몇 개인지 세어 보고, 블록을 아래에서부터 위로 쌓아 가며 첫 번째 블록은 무슨 색인지, 다섯 번째 블록은 무슨 색인지 이야기해 본다.	〈5〉 아래에서부터 길게 쌓아 놓은 블록을 보며 아래에서부터 세 번째 블록, 위에서부터 네 번째 블록 등으로 기준점을 달리하여 세어 본다. 유아들이 직접 문제를 내며 서로 맞추어 볼 수 있도록 한다.
	구체물 수량의 많고 적음을 비교한다.	구체물 수량에서 '같다', '더 많다', '더 적다'의 관계를 안다.	구체물 수량의 부분과 전체 관계를 알아본다.
	〈3〉 눈으로 봐서 쉽게 알 수 있을 만큼 수량 차이가 크게 나는 두 물체의 수량을 비교하여 어느 것이 더 많은지/더 적은지 알아본다.	〈4〉 유아에게 10개 이하의 물체를 제시하고 다른 물체로 같은 수량을 만들어 보도록 한다. 동일한 수량의 두 집합 중 한쪽에만 1~2개의 수량을 추가하고 어느 집합이 더 많은지/더 적은지 비교해 본다.	〈5〉 제시된 10개 가량의 구체물을 여러 방법으로 나누어 보거나(파란 구슬 6개, 빨간 구슬 4개/파란 구슬 3개, 빨간 구슬 2개, 노란구슬 5개) 또는 여러 방법으로 특정 수량을 만들어 본다(예: '5만들기' 게임).
	다섯 개 가량의 구체물을 세어 보고 수량에 관심을 갖는다.	열 개 가량의 구체물을 세어 보고 수량을 알아본다.	스무 개 가량의 구체물을 세어 보고 수량을 알아본다.
	〈3〉 5 이하의 셀 수 있는 물체를 준비하여 숫자를 하나씩 대응시키며 세어 본다.	〈4〉 10 이하의 셀 수 있는 작은 물체를 준비하여 수를 센다. 전체 개수 중 일정 개수만큼 물체를 센 다음(하나, 둘, 셋, 넷) 이미 센 부분은 손바닥이나 종이로 가리고 그 다음부터 이어 세어 본다(다섯, 여섯, 일곱).	〈5〉 20 이하의 셀 수 있는 작은 물체를 준비하여 10을 기준으로 묶음을 만들어 '10개와 4개', '10개와 6개'와 같이 묶음과 낱개로 나누어 세어 보도록 한다.
			구체물을 가지고 더하고 빼는 경험을 해 본다.

			⟨5⟩ 주사위 2개를 동시에 던져서 나온 두 수를 합한 만큼 말을 움직이는 판 게임을 한다.
공간과 도형의 기초개념 알아보기	나를 중심으로 앞, 뒤, 옆, 위, 아래를 알아본다.	위치와 방향을 여러 가지 방법으로 나타내 본다.	
	⟨3⟩ '내 머리 위/ 내 발 아래, 손을 쭉 뻗어서 위로/옆으로' 등과 같이 위치와 방향을 표현하는 지시어에 따라 몸을 움직여 본다.	⟨4⟩ 교실 문에서부터 흥미영역으로 이동하는 경로를 말하면서 블록으로 각 흥미영역의 위치를 표시하는 활동을 해 본다.	⟨5⟩ 교실이나 바깥놀이터의 지도를 만든 후 교사와 유아가 함께 물체를 숨길 공간을 지도상에서 미리 정하여 숨기고, 유아가 그 위치를 찾아보는 활동을 해 본다.
			여러 방향에서 물체를 보고 그 차이점을 비교해 본다.
			⟨5⟩ 유아가 블록으로 만든 구성물을 여러 각도에서 살펴보며 사진을 찍는다. 사진을 보며 여러 방향에서 본 구성물의 모양에 대해 비교하며 이야기해 본다.
	물체의 모양에 관심을 갖는다.	기본 도형의 특성을 인식한다.	기본 도형의 공통점과 차이점을 알아본다.
	⟨3⟩ 일상에서 접하는 여러 물건을 보고 같은 모양끼리 짝짓기를 한다.	⟨4⟩ 제시된 물체의 모양을 보고 비밀주머니에서 여러 가지 모양의 물체를 손으로 만져 본 후 같은 모양의 물체를 찾는다.	⟨5⟩ 교사가 도형의 형태를 설명하거나 도형의 이름을 말하면 유아가 교사의 설명에 따라 도형을 만들어 보는 활동을 한다.
		기본 도형을 사용하여 여러 가지 모양을 구성해 본다.	
		⟨4⟩ 탱그램으로 여러 모양을 만드는 활동을 해 본다.	⟨5⟩ 패턴블록과 여러 가지 모양 틀을 도형으로 채우고 다른 유아와 모양 틀을 채운 방법 또는 사용한 도형에 대해 비교하는 활동을 해 본다.
기초적인 측정하기	두 물체의 길이, 크기를 비교해 본다.	일상생활에서 길이, 크기, 무게 등을 비교해 본다.	일상생활에서 길이, 크기, 무게, 들이 등의 속성을 비교하고, 순서를 지어 본다.
	⟨3⟩ 서로 다른 길이의 리본 테이프를 비교하고 어느 것이 더	⟨4⟩ 교실 안에서 짧은 것과 긴 것에는 어떤 것이 있는지 이야	⟨5⟩ 길이를 비교할 수 있는 기준(예: 리듬막대, 자석 등)

기초적인 측정하기	길고 짧은 지를 말해 본다.	기 나누고 '지우개보다 긴 것', '색연필보다 짧은 것' 등 기준을 정하여 직접 찾아본다.	을 정하여 더 긴 것, 더 짧은 것을 교실이나 바깥놀이터에서 찾아본다. 찾은 것을 종이에 표시해서 게시한 후 길이에 따라 순서지어 본다.
			임의 측정 단위를 사용하여 길이, 면적, 들이, 무게 등을 재 본다.
			〈5〉 교사와 유아가 함께 책상의 길이를 손뼘을 사용하여 반복 측정하면서 길이를 재는 사람이나 방법에 따라 측정 결과가 다름을 경험해 보도록 한다.
규칙성 이해하기	생활주변에서 반복되는 규칙성에 관심을 갖는다.	생활주변에서 반복되는 규칙성을 알아본다.	생활주변에서 반복되는 규칙성을 알고 다음에 올 것을 예측해 본다.
	〈3〉 그림책, 주변 사물, 자연물, 하루일과 등에서 규칙성을 찾아본다.	〈4〉 띠 벽지의 무늬를 보며 '흰색 동그라미-빨간색 막대-흰색 동그라미-빨간색 막대'와 같이 유아가 발견한 규칙성을 말로 설명하거나 그대로 따라해 본다.	〈5〉 반복되는 무늬나 동작, 소리에 빈칸을 만든 카드를 보며 다음에 무엇이 올지 예측해 본다.
		반복되는 규칙성을 인식하고 모방한다.	스스로 규칙성을 만들어 본다.
		〈4〉 교사가 스카프를 '위-아래-아래-위-아래-아래'로 반복하여 흔드는 것을 보고 유아가 동일한 규칙을 그대로 모방하여 스카프를 흔들어 본다.	〈5〉 기본패턴을 인식하고 다른 유형의 패턴으로 바꾸어 만들어 본다.
기초적인 자료 수집과 결과 나타내기		필요한 정보나 자료를 수집한다.	
		〈4〉 가을에 떨어지는 나뭇잎을 알아보기 위해 바깥 놀이터에서 떨어진 나뭇잎을 모아서 관찰한다.	〈5〉 가을에 떨어지는 나뭇잎을 알아보기 위한 방법을 논의한다. 유아용 사전이나 인터넷 검색, 바깥놀이터에서 떨어진 나뭇잎을 관찰하여 모아오기 등의 방법을 이야기하고 원하는 방법을 선택하여 조사한다.

기초적인 자료 수집과 결과 나타내기	같은 것 끼리 짝을 짓는다.	한 가지 기준으로 자료를 분류해 본다.	한 가지 기준으로 분류한 자료를 다른 기준으로 재분류해 본다.
	〈3〉 크기가 큰 동그라미와 작은 동그라미, 큰 세모와 작은 세모, 큰 네모와 작은 네모 등으로 준비하여 같은 모양끼리 짝지어 본다.	〈4〉 여러 모양과 크기의 기하도형을 모양(크기/색)에 따라 분류하여 바구니에 담아 본다.	〈5〉 여러 모양과 크기의 기하도형을 같은 것(모양)끼리 분류한 후에 어떤 준거에 따라 분류한 것인지 이야기해 본다. 모양에 따라 분류한 기하도형을 또 다른 기준(예: 색)을 사용하여 분류할 수 있는지를 생각해 보고 다시 분류해 본다.
			그림, 사진, 기호나 숫자를 사용해 그래프로 나타내 본다.
			〈5〉 수집한 자료를 그림, 사진, 기호, 숫자를 사용해 그래프로 나타내 본다. 〈5〉 유아가 표현한 그래프를 보고 어떤 내용을 알 수 있는지 이야기해 보도록 한다.

*음영이 들어간 셀의 내용은 3-5세 연령별 누리과정 교사용지침서(2013)의 연령별 지침 내용을 발췌한 것임. 〈 〉안의 숫자는 연령을 의미함.

(7) 영유아기 수학교육 내용

영유아기 수학교육의 내용을 국가수준의 교육과정인 표준보육과정(2013) 지침서와 누리과정(2013) 지침서에서는 다음과 같이 제시하고 있다.

1 0–1세 수학교육 내용

① 수량 지각하기

'수량 지각하기'는 0-1세 영아가 사물이 있고 없는 상황을 지각하고, 알아차리고 구별하며, 한 개와 여러 개를 구별하는 내용이다. 구체적으로 '수량 지각하기'는 '있고 없는 상황을 지각하는 것', '있고 없는 것을 구별하는 것', '한 개와 여러

개를 구별하는 것'으로 구성되어 있다. 이를 통해 영아는 사물의 수량을 지각하게 되면서 수학적 탐구의 기초를 마련할 수 있다.

〈지도지침 및 유의점〉

- 교사는 영아가 있고 없는 상황을 지각할 수 있도록 물건을 숨기고 찾는 놀이, 까꿍놀이 등을 하면서 언어적으로 지원해 주고, 영아가 이러한 상황을 자주 경험하도록 해 준다.

【예】

- "(교사 얼굴을 부채로 가리면서) 선생님이 어디 갔지?"
- "(부채를 치우며) 선생님이 여기 있었네."
- "(영아 얼굴을 부채로 가리며) ○○가 어디 갔지?"
- "(부채를 치우며) ○○가 여기 있었네."

- 일상생활에서 눈앞에서 물건이 있다가 없어지는 경험을 통해 있고 없는 상황을 지각하게 된 영아에게 교사가 사물의 위치에 변화를 주거나 영아가 보는 앞에서 숨기고 찾는 놀이를 하면서 없어진 물건을 찾아보도록 격려하여 영아가 자연스럽게 '있다'와 '없다'를 구별할 수 있도록 돕는다.

【예】

- "(블록 위에 스카프를 덮으면서) 블록 없다! 블록이 어디로 갔을까? 와! 스카프 밑에 숨어 있었네."

- '있다'와 '없다'를 구별하게 된 영아가 많고 적음에 관심을 가지며 '하나', '많다' 등의 수량 관련 어휘를 알아듣고 구별하는 것을 돕기 위해 교사는 일상생활에서 수량에 관련된 어휘를 사용하여 영아가 자연스럽게 어휘를 듣고 익힐 수 있도록 한다.

【예】

- "(바구니에 담긴 블록을 보며) 바구니에 블록이 많이 있네. ○○가 블록을 하나 꺼냈구나!"

- 벽면에 영아의 사진이나 친숙한 그림을 이용한 까꿍놀이판을 눈높이에 맞게

게시해 주고, 영아에게 친숙한 놀잇감을 한쪽 바구니에는 한 개, 다른 쪽 바구니에는 여러 개 제시하면서 영아들이 자연스럽게 수량을 경험할 수 있도록 한다.

- 놀이 중이나 일상생활 중 자연스러운 상황에서 수량에 관련된 어휘를 사용하여 경험할 수 있도록 하고, 지시적이거나 인위적인 상황을 만들어 수를 세거나 숫자에 관련된 어휘를 사용하지 않도록 유의한다.

② 주변 공간 탐색하기

'주변 공간 탐색하기'는 0-1세 영아가 교사의 도움을 받아 다양한 위치에서 주변 공간과 공간에 놓여 있는 사물을 살펴보고 자신과 가까이 또는 멀리 있는 사물과의 관계를 인식하도록 하는 내용이다. 구체적으로 '주변 공간 탐색하기'는 '도움을 받아 주변의 공간을 탐색하는 것', '주변 사물의 모양을 지각하는 것'으로 구성되어 있다. 이를 통해 영아의 공간과 주변 사물의 모양에 대한 지각 능력을 증진할 수 있다.

〈지도지침 및 유의점〉

- 교사는 영아가 자신을 둘러싼 공간과 공간에 놓여 있는 사물에 관심을 갖도록 도움을 주며 상호작용한다.

【예】

- "(영아 옆에 놓여 있는 곰 인형을 앞뒤로 움직이며) 어? 곰 인형이 있네. 곰 인형에게 기어가 볼까?"
- "(영아의 두 손을 잡고) 선생님과 손을 잡고 문 앞으로 가 보자~ 무엇이 보이나?"
- "(보육실을 스스로 걸어 다니는 영아에게) ○○야, 책이 어디 있지? 책을 가져와 보자."

- 영아가 매일 접하는 사물을 가지고 놀 때, 모양과 관련된 어휘에 친숙해지도록 상호작용한다.

【예】

- "(영아의 눈앞에 교사의 얼굴을 보이며) ○○ 앞에 동그란 선생님 얼굴이 있네."

- "(여러 가지 모양을 누르면 불빛이 들어오는 놀잇감으로 놀이하고 있는 영아에게) ○○가 네모난 단추를 눌렀네. 불빛이 보이네."
- "○○야, 데굴데굴 공이 굴러가네. 동그란 공을 따라 가 보자!"
- "(구멍에 모양 넣기 놀이를 하는 영아에게) 이 구멍에는 어떤 것을 넣어 볼까? 동그란 모양을 넣었네."

- 이동 능력이 발달되지 않은 영아는 영아 가까이에 영아가 흥미를 보이는 사물을 놓아 주거나 교사가 영아를 안고 영아가 공간에 관심을 갖도록 돕는다.
- 도움을 받아 서는 단계의 영아는 교사가 잡고 설 수 있도록 도움을 주어 공간을 탐색하는 범위를 넓혀 준다. 또한 교사가 누워서 발로 비행기 놀이를 해 주거나 말타기 놀이를 해 주어 영아가 공간을 다양한 위치에서 탐색하도록 한다.
- 영아에게 변화가 많은 환경보다는 친숙하고 익숙한 환경이 영아가 공간을 탐색하는데 효과적이다.
- 영아의 시각 능력이 성인과 다름을 알고 성인의 시각에서 활동을 계획하지 않도록 유의한다.

③ 차이를 지각하기

'차이를 지각하기'는 1세 영아가 일상생활 속에서 접하는 사물의 색, 크기, 길이 등의 차이를 감각적으로 지각하도록 하는 내용이다. 구체적으로 '차이를 지각하기'는 '주변 사물의 차이를 지각하는 것'으로 구성되어 있다. 이를 통해 1세 영아의 사물에 대한 호기심과 흥미를 불러일으키고 사물의 속성에 대한 지각 능력을 증진할 수 있다.

〈지도지침 및 유의점〉

- 교사는 영아가 사물로 놀이할 때, 사물의 속성을 지각하도록 색, 크기, 길이, 무게 관련 어휘를 자연스럽게 사용한다.

【예】

- "(여러 가지 색의 블록을 가지고 놀이하는 영아에게) ○○가 빨간 블록을 가지고 있네. 옆에 초록 블록도 있구나. 초록 블록을 빨간 블록 옆에 놓아 볼까?"
- "(여러 가지 크기의 스펀지 블록을 2-3개 쌓고 있는 영아에게) ○○가 블록을 쌓고 있네. 큰 블록을 놓았네. 그 위에 작은 블록을 놓았네."

• 영아가 충분히 사물을 살펴보기 전에 서둘러 영아와 상호작용하기보다는 영아가 사물을 충분하게 살펴보는 모습을 지켜보다가, 영아가 흥미를 보이는 사물의 속성과 관련된 어휘를 사용하여 상호작용한다.

【예】

- "(여러 가지 색과 크기, 길이의 블록을 살펴보다가 색이 다른 두 개의 블록을 양 손에 쥐는 영아를 보며) ○○가 블록을 들었네. 한 손에는 빨간 블록을 들고 다른 한 손에는 초록 블록을 들었구나!"
- "(여러 가지 색, 크기, 길이의 블록을 살펴보다가 크기가 서로 다른 두 개의 블록을 쌓는 영아를 보며) ○○가 블록을 쌓았네. 작은 블록이 아래에 있네."

• 영아가 사물의 속성을 충분히 살펴볼 수 있는 시간과 분위기를 조성해야 한다.
• 영아가 색, 크기, 길이의 차이를 자연스럽게 느낄 수 있도록 다양한 색, 크기, 길이, 무게의 놀잇감을 배치한다.
• 영아는 놀잇감을 손으로 만지거나 입에 넣는 등 오감을 이용해서 다양하게 살펴보므로 안전에 문제가 없는 놀잇감을 제공하도록 세심히 점검한다.

④ 간단한 규칙성 지각하기

'간단한 규칙성 지각하기'는 1세 영아가 일상에서 반복적인 하루일과 흐름을 느끼고 일상생활과 사물에서 나타나는 규칙 있는 색, 모양, 소리, 동작을 지각하는 내용이다. 구체적으로 '간단한 규칙성 지각하기'는 '일상과 놀이에서 간단한 규칙성을 경험하는 것'으로 구성되어 있다. 이를 통해 영아의 일상생활과 놀이에서 나타나는 간단한 규칙에 대한 지각 능력을 증진할 수 있다.

〈지도지침 및 유의점〉

- 교사는 하루일과와 관련된 어휘를 자연스럽게 반복 사용하여 영아가 일과 흐름의 규칙성을 자연스럽게 이해하도록 한다.

【예】

- "(영아가 이유식을 먹도록 도움을 주며) 간식 다 먹고 나면 바깥놀이 나가는 시간이지?"
- "(영아가 낮잠을 자도록 토닥여 주며) 낮잠 자고 나서 맛있는 간식 먹자. 간식 먹고 놀이하고 있으면 엄마가 데리러 오실 거야."

- 규칙성이 있는 노래와 말놀이에 맞추어 간단한 동작을 반복적으로 제시함으로서 청각 또는 동작을 통한 규칙성을 경험하도록 한다.

【예】

- "(짝짜꿍 짝짜꿍을 말과 동작으로 표현하며) ○○야, 짝짜꿍! 짝짜꿍!"
- "(눈은 어디 있나 노래를 해당 신체를 짚는 동작과 함께하며) 눈은 어디 있나? 여기! 코는 어디 있나? 여기! 입은 어디 있나? 여기!"

- 영아가 하루일과 흐름의 규칙성을 인식할 수 있도록 반복적이고 안정적인 하루일과를 계획하고 실행한다.
- 놀이활동과 전이활동, 일상생활 활동을 시작하거나 진행할 때 어휘, 리듬, 음률이 반복되는 노래를 일정하게 사용하여 영아가 다음 일과를 예측할 수 있도록 한다.
- 반복되는 부분을 영아에게 직접 알려주거나 강조하기보다는 자연스럽게 인식할 수 있도록 돕는다.

[2] 2세 수학교육 내용

① 수량 인식하기

'수량 인식하기'는 2세 영아가 생활 장면에서 익숙한 사물의 수량을 인식하게 되는 내용이다. 구체적으로 '수량 인식하기'는 '많고 적음을 구별하는 것', '두 개 가량의 수 이름을 말해 보는 것', '세 개 가량의 구체물을 말하며 세어 보는 것', '구체물을 일대일로 대응해 보는 것'으로 구성되어 있다. 이를 통해 영아가 수학적 탐구의 기초를 확립할 수 있다.

〈지도지침 및 유의점〉

• 교사는 일상생활에서 자연스럽게 '많다', '적다' 등의 수량을 비교하는 어휘를 사용하여 영아가 많고 적음에 대한 언어적 표현과 수량에 대한 개념을 자주 경험하고 익힐 수 있도록 한다.

【예】

- "밤은 그릇에 가득 차 있고 호두는 그릇에 반만 들어 있네. 밤이 호두보다 더 많구나!"
- "세모 모양 구슬은 몇 개 있을까? (구슬을 영아와 손으로 하나씩 가리키며) 한 개, 두 개, 두 개 있구나."
- "세모 모양 구슬이 동그라미 모양 구슬보다 더 많이 있네."

• 물건을 나누어 줄 때나 간식을 먹을 때 등 일상적인 상황에서 교사가 보여주거나 영아가 직접 참여하면서 일대일 대응을 경험할 수 있도록 한다.

【예】

- "(간식 접시를 나누어 주면서) ○○이 접시, □□이 접시, △△이 접시 모두 하나씩 접시를 가졌네. 이제 포크도 하나씩 나누어 가져 볼까요?"

• 보육실에 모양구슬이나 열매, 같은 모양의 블록 여러 개 등 영아가 수량을 경험하고 비교할 수 있는 놀잇감을 제공한다.

• 일상생활에서 수에 관련된 어휘를 사용하거나 수 세어 보기, 일대일로 대응하는 모습을 보여주어 영아가 자연스럽게 참여하도록 하고, 모든 놀이상황에서 수를 세어 보거나 숫자에 대한 질문을 하면서 영아가 세어 보게 하지 않도록 유의한다.

② 공간과 도형에 관심 가지기

'공간과 도형에 관심 가지기'는 2세 영아가 자신을 중심으로 사물의 위치, 장소,

거리를 인식하는 것과 주변에서 매일 접하는 사물의 모양을 탐색하도록 하는 내용이다. 구체적으로 '공간과 도형에 관심 가지기'는 '나를 중심으로 익숙한 위치, 장소를 인식하는 것'과 '주변 사물의 모양에 관심을 가지는 것'으로 구성되어 있다. 이를 통해 영아가 자신의 움직임을 통한 사물의 위치, 장소, 방향의 변화에 관심을 갖고 자신과 사물, 사물과 사물의 방향, 거리를 지각하며 사물의 모양을 인식하는 능력을 증진할 수 있다.

〈지도지침 및 유의점〉

- 영아가 자신의 몸을 움직이거나 스스로 사물을 움직여 자신과 사물, 사물과 사물의 위치, 방향, 거리를 경험하고 익숙한 공간에서 자신이 어디에 있는지 인식하도록 상호작용한다.

【예】

- "(영아가 미끄럼틀 앞으로 다가가면) ○○가 미끄럼틀 옆으로 왔네. 어디에 있다가 미끄럼틀 옆으로 왔니?"
- "(영아 가까이에 곰 인형을 놓으며) 곰 인형이 ○○와 가까워졌네. (곰 인형을 영아와 떨어뜨려 놓으며) 곰 인형이 ○○와 멀어졌네. ○○야, 곰 인형을 더 멀리 떨어뜨려 볼까?"

- 도형의 이름을 인식하고 자주 접하는 사물의 모양을 도형으로 표현하도록 상호작용한다.

【예】

- "(구슬끼우기를 하는 영아에게) 동그란 구슬을 끈에 쏙 끼웠네. 다음에는 어떤 모양의 구슬을 끼울까?"
- "(간식 시간에 빵을 보며) ○○야, 빵은 어떤 모양일까? 그렇구나! 네모난 모양이구나!"

- 영아 스스로의 힘으로 이동 가능한 사물을 배치하고 영아가 익숙한 환경에서 사물을 원하는 위치와 방향으로 옮기도록 허용한다.
- 여러 가지 모양의 자연물을 씻고, 말리고, 안전하게 다듬어 놀잇감으로 활용

한다.

- 영아가 언어로 표현한 공간과 도형에 대한 내용이 교사가 인식한 내용과 다르다 할지라도 수정해 주려하기 보다는 "ㅇㅇ는 그렇게 생각했구나!"라고 표현하여 영아가 공간과 모양에 대한 표현을 할 수 있도록 돕는다.

③ 차이에 관심 가지기

'차이에 관심 가지기'는 2세 영아가 일상생활 속에서 주변 사물에 관심을 갖고 사물의 크기, 길이, 무게 등의 차이를 탐색하도록 하는 내용이다. 구체적으로 '차이에 관심 가지기'는 '주변 사물의 크기(속성의 차이)에 관심을 가지는 것'으로 구성되어 있다. 이를 통해 영아가 두 가지 사물의 속성을 분명히 인식하고 비교하고 순서를 인식할 수 있는 능력을 증진할 수 있다.

〈지도지침 및 유의점〉

- 영아가 사물을 충분히 탐색하여 사물의 속성을 분명히 인식한 후, 비교하기, 순서 인식하기와 관련된 상호작용을 시도한다.

【예】

- "(실외놀이터를 나가기 위해 신발을 꺼내어 살펴보는 영아에게) ㅇㅇ는 운동화를 신고 왔구나! ㅁㅁ도 운동화를 신고 왔구나! 누구의 운동화가 얼마나 큰지 대볼까?"
- "쌓기 컵이 있네. 쌓기 컵을 늘어 놓아 보았구나! 컵 속에 작은 컵을 넣어도 보았네. 그 다음에는 어떤 컵을 넣어 볼까?"

- 영아가 실내·외 놀이 활동에서 접하는 다양한 사물의 크기, 길이, 무게를 비교해 보고 순서짓도록 상호작용한다.

【예】

- "(두 개의 서로 다른 크기의 블록을 보고 있는 영아에게) 어떤 블록이 더 크니? 어떤 블록이 더 작니?"
- "(두 장의 서로 다른 크기의 나뭇잎을 보고 있는 영아에게) 나뭇잎을 가지고 있네. 어떤 나뭇잎

이 더 크니? 어떤 나뭇잎이 더 작니? 지금 가지고 있는 나뭇잎보다 더 큰 나뭇잎을 찾아볼까?

- 영아가 놀이 활동 속에서 물체를 비교해 볼 수 있도록 다양한 크기와 길이, 무게의 쌓기 컵, 블록, 자연물, 인형 등을 제시한다.
- 영아가 산책 나가기 위한 준비를 하거나 간식을 준비하고 먹을 때 등의 다양한 실외활동과 일상생활에서 사물의 속성을 비교할 수 있도록 한다.
- 영아가 자신의 물건, 신체를 친구와 비교해 볼 때 크거나 작은 것은 특징이며 크거나 작은 것이 좋고 나쁜 것과 연관되지 않음을 이야기한다. 또한 아직 두 가지 정도의 사물을 비교해 보는 것이 적절한 연령인 영아에게 지나치게 많은 수량의 물건을 비교하고 순서지어 보도록 하지 않도록 유의한다.

④ 단순한 규칙성에 관심 가지기

'단순한 규칙성에 관심 가지기'는 2세 영아가 벽지, 옷, 포장지, 그림 등에서 단순하게 반복되는 무늬, 색을 경험하고 동화, 동시, 노래, 율동에서 반복되는 어휘와 문장, 리듬, 동작을 인식하는 등 주변 생활용품이나 환경, 동화, 노래, 율동에서 단순한 규칙성을 경험하는 내용이다. 구체적으로 '단순한 규칙성에 관심 가지기'는 '주변에서 단순하게 반복되는 규칙성에 관심을 가지는 것'으로 구성되어 있다. 이를 통해 영아가 주변 환경의 단순한 규칙성에 관심을 갖고 이를 다양한 방법으로 표현해 보는 능력을 증진할 수 있다.

〈지도지침 및 유의점〉

- 영아가 그림책에서 반복적으로 나타나는 인물의 특정 동작이나 단어(의성어, 의태어 등), 문장을 탐색하도록 상호작용한다.

【예】

- "'두드려 보아요.' 그림책을 보고 있구나! 선생님과 함께 볼까?(두드려 보아요가 나오면 함께 두드리는 동작을 하며) 두드려 보아요!"
- "고슴도치가 여기서 무엇이라고 말할까? 그래, '누가 내 머리에 똥 쌌어?'라고

하지!"

• 영아가 일상생활에서 자주 접하는 음악에서 반복되는 리듬, 멜로디, 노랫말에 관심을 갖도록 상호작용한다.

【예】

- "(노래 '겨울바람'을 '손이 시려워 꽁! 부터 겨울바람 때문에까지' 반복해서 불러 보며 꽁! 부분에 한 손을 치켜 들고) 손이 시려워! 꽁! 발이 시려워! 꽁!"
- "(엄지 어디 있어 노래를 부르며) 다음 손가락은 어떤 손가락으로 할까?"

• 보육실에 색, 모양이 반복적인 포인트 벽지, 벽면 구성 등을 배치하여 영아가 간단한 규칙성을 자연스럽게 느낄 수 있도록 한다.
• 실외놀이를 하거나 산책을 나갈 때 보도블록의 모양, 색에서 간단한 규칙성을 느낄 수 있도록 계획한다.
• 영아에게 규칙이 있는 부분을 알려주기 위하여 그림책, 음악의 반복되는 부분만을 별도로 들려주거나 반복되는 부분을 교사가 직접 알려주기보다는 영아가 자연스럽게 일상생활과 놀이를 하면서 스스로 알아가도록 활동을 계획한다.

⑤ 구분하기

'구분하기'는 2세 영아가 관심 있는 놀잇감이나 사물의 차이점을 인식하고 영아 나름의 한 가지 기준을 만들어 같고, 다른 것을 모으는 경험을 하는 내용이다.

구체적으로 '구분하기'는 '주변 사물의 같고 다름에 따라 구분하는 것'으로 구성되어 있다. 이를 통해 영아가 한 가지 속성을 기준으로 사물을 비교하고 순서 짓는 능력을 증진할 수 있다.

〈지도지침 및 유의점〉

• 영아가 오감각을 다양하게 활용하여 놀잇감, 생활용품을 구분해 보도록 격려한다.

【예】

- “(토끼 먹여 주기 놀이를 하는 영아에게) 토끼에게 먹이를 주고 있구나! 어, 이쪽 토끼는 노랑 당근을 가지고 있네. 노랑 당근을 주어 볼까?”
- “(천의 촉감과 동물인형의 촉감을 연결시키는 놀이를 하는 영아에게) 토끼를 만져 보았구나! 토끼를 만져 보니 어떤 느낌이 드니? 토끼를 만졌을 때와 느낌이 비슷한 천을 찾아볼까?”

• 영아가 때에 따라 기준을 달리하는 것을 수용하고 새로운 기준을 만들도록 격려한다.

【예】

- “자동차를 바구니별로 모았네? 이쪽 바구니에 있는 자동차는 어떤 자동차야?”
- “어? 이쪽 바구니에도 파란 자동차와 빨강 자동차가 함께 모여 있고 저쪽 바구니에도 파란 자동차와 빨강 자동차가 함께 모여 있네. (영아의 이야기를 들은 후) 어머나! 창문이 있는 것과 없는 것으로 자동차를 모아 놓았구나! 재미있는 생각을 하였네.”

• 영아가 일상생활에서 간단한 구분하기를 시도해 볼 수 있도록 교구장과 놀잇감 정리 바구니에 자리표시를 하여 놀잇감을 구별하여 정리할 수 있도록 한다.
• 영아가 교사의 도움을 받아 자신의 개인 사물함에 양말, 모자 등을 넣음으로써 자신의 것과 나른 사람의 것을 구별하도록 한다.
• 영아가 자기 나름의 기준을 만들어 구분하도록 충분히 배려하고 교사가 기준을 지시적으로 제시하지 않도록 유의한다.

3 3-5세 수학교육 내용

① 수와 연산의 기초개념 알아보기

‘수와 연산의 기초개념 알아보기’는 유아가 생활 속에서 다양하게 수를 경험하면서 수에 대한 이해를 발달시키고, 기초적인 수와 연산의 개념을 형성하는 내용이다. 유아는 생활 속에서 수가 여러 가지 의미로 사용된다는 것을 알게 되고, 물체 세기를 통해 수량을 인식한다. 또한 구체물을 사용하여 수들 간의 관계를 알아보며, 더하고 빼는 경험을 하면서 수와 연산에 대한 기초개념을 형성한다.

〈지도 지침 및 유의점〉

• 수가 사용되는 다양한 상황을 경험함으로써 직관적으로 수의 여러 가지 의미, 즉 수량을 나타내는 집합수, 순서를 나타내는 순서수, 명칭으로 사용되는 이름수를 이해하도록 한다.

【예】

- "오늘 생일인 친구의 나이만큼 초를 꽂아 보자."(집합수)
- "우리 게임하는 순서를 정해 보자. 누가 먼저 하면 좋을까?"(순서수)
- "우리 유치원 전화번호를 알아보자."(이름수)

• 일상생활에서 수량의 차이가 확실한 두 집합을 비교하는 활동을 통해 유아가 수량의 많고 적음을 감각적으로 이해하는 데 중점을 둔다. 만 3세 유아는 두 집단 간 차이가 큰 경우를 중심으로 '더 많고/더 적음'을 탐색하고, 만 4세부터는 점차적으로 차이가 적은 두 집합의 크기를 비교하게 한다. 만 5세는 10개 정도의 물체를 사용하여 특정 수량을 여러 방법으로 나누거나 모아 보도록 한다.
• 집합의 크기를 비교할 때에는 1대1 대응을 사용하거나 수 세기를 활용하도록 격려한다.
• 수 세기가 요구되는 놀이나 게임, 숫자 노래, 일상경험 등 수 세기를 할 수 있는 기회를 많이 제공한다. 만 4, 5세 유아는 특정수부터 이어 세기, 거꾸로 세기, 띄어 세기 등 수 세기의 여러 방법을 경험하게 한다.
• 유아가 물체를 셀 때 한 개씩 손가락으로 가리키며 세어 보거나 헤아린 물체를 한쪽으로 놓는 등 효과적으로 수를 세는 방법을 안내한다. 또한 마지막에 센 수 단어를 강조하여 수량을 세어 보도록 한다.
• 더하기나 빼기가 요구되는 일상의 구체적인 상황이나 조작할 수 있는 구체물

을 가지고 더하거나 빼는 경험을 해 보도록 한다. 유아가 자신이 사용한 문제 해결 전략을 설명해 보도록 한다.

- 구체물이 아닌 숫자와 기호를 사용하여 덧셈과 뺄셈을 반복하는 형식적인 활동이 되지 않도록 주의한다.

수 개념이란 사물에 대한 수량, 부피, 크기에 대하여 순차적으로 조직하고 사고하는 방법으로 유아는 수 개념을 알기 전에 먼저 수 관련 단어를 획득하게 되며 수세기 전에는 1 : 1 대응에 대한 인식이 선행되어야 한다. Copeland(1974)는 수세기에는 기계적인 수세기와 합리적인 수세기가 있는데 기계적인 수세기란 유아가 수의 이름과 세는 사물을 연결하지 못하고 기계적인 암기 하에 의해 숫자의 이름을 순서대로 말하는 것이며, 합리적인 수세기란 사물과 수 단어를 1 : 1 대응시켜 가며 세는 것이라고 하였다.

이외에 유아들이 습득해야 할 수 개념으로 숫자인식이 있다. 숫자인식이란 수를 분별하여 시각적으로 지각하고 인식하는 것이다. 수 개념에는 숫자의 순서와 숫자와 수량과의 관계 인식하기, 숫자를 쓸 수 있는 것까지도 포함한다. 이후에 유아들은 일상생활에서 수량을 더해 보거나 빼내 보는 구체적인 경험을 통해 수의 더하기, 빼기 관계를 이해하는 데 기초를 형성하게 된다. 따라서 유치원에서는 숫자를 사용한 더하기, 빼기의 연습이 아니라 구체적인 상황이나 조작적 물체를 사용하여 더하고 덜해 보는 경험을 제공해야 한다(이경우 외, 1997).

마지막으로는 부분과 전체를 들 수 있는데 이는 전체가 여러 부분들로 나누어질 수 있으며, 또한 부분이 모여 전체를 구성할 수 있음을 이해하는 것이다(Payne, 1990). 부분과 전체는 자릿값, 수·조작 분수개념과 연결되는 중요한 개념이다(권영례 외, 1998).

② 공간과 도형의 기초개념 알아보기

'공간과 도형의 기초개념 알아보기'는 공간 안에서 위치와 방향을 인식하고 주변 물체들의 형태를 변별하면서 도형에 대한 초보적인 이해를 발달시키는 내용이다. 유아는 자신이나 물체의 위치와 방향을 인식하고 보는 위치에 따른 공간적 차이를 알아간다. 또한 시각적 · 촉각적 탐색을 통해 기본 평면도형 및 입체도형의 특징을 알아보고, 도형을 나누거나 합하여 여러 가지 모양을 구성할 수 있다.

〈지도 지침 및 유의점〉

- 유아가 자신에서 시작하여 점차 주변의 특정 지형지물을 기준으로 물체의 위치와 방향을 인식하고 이를 표현할 수 있는 기회를 제공한다.

【예】

- "너의 앞/뒤/옆/위/아래에는 무엇이 있니?"
- "언어영역과 역할놀이영역 사이에 의자를 놓아 주렴."

- 유아가 공간에 대한 심적 지도를 형성할 수 있도록 주요한 지형지물을 사용하여 경로를 설명하고 만 5세경에는 간단한 지도 만들기 경험을 제공한다.
- 여러 방향에서 본 물체의 형태를 표현하거나 비교하는 활동을 제공한다.

【예】

- "이 블록을 위에서 보면 어떤 모양일까? 옆에서 보면 어떤 모양일까?"
- "옆에서 보았을 때와 앞에서 보았을 때 모양이 같을까?"

- 촉감을 이용한 감각 운동적 경험을 통해 기본 도형에 대한 이미지와 감각을 형성하도록 한다. 도형의 둘레를 손가락으로 따라가기, 비밀주머니 속의 도형들 중에서 만져 보고 같은 것 찾기, 물체를 만져 보고 어떤 모양인지 설명하기, 도형 그리기, 도형 색칠하기, 지오보드 위에 도형 만들기 등의 경험을 제공한다.
- 주변 여러 물체들의 모양을 살펴보고 모양에 따른 특성을 인식할 수 있는 기회를 제공한다. 초기에는 '굴러가는 것과 굴러가지 않는 것', '쌓을 수 있는 것과 쌓을 수 없는 것' 등으로 물체의 기본적인 특성에 기초하여 탐색하게 한다. 점차 주변 사물 중 기본 도형 모양인 것을 찾아보면서 각 도형의 형태와 이름에 익숙해지도록 하며, 만 5세에는 각 도형별로 다양한 크기를 제시하거나 도형을 놓는 방향을 다르게 하는 등으로 여러 예를 접하게 하여 도형의

속성을 비교해 보게 한다.

- 도형을 나누고 합해 보는 경험을 하도록 한다. 만 4세 유아는 여러 도형을 사용하여 새로운 형태를 구성하는 경험 자체에 중점을 두고, 만 5세 유아는 하나의 도형이 여러 다른 도형으로 만들어질 수 있음을 보면서 도형 나누기와 합하기에 관심을 갖도록 한다.

【예】

- "이 모양 틀 안에는 어떤 모양의 조각들이 들어 갈 수 있을까?"
- "패턴블록에 네모가 더 이상 없네. 네모 대신에 어떤 모양의 패턴블록을 사용해서 네모를 만들 수 있을까?"

- 교사는 유아가 공, 둥근기둥, 상자모양의 기본 입체도형과 동그라미, 세모, 네모의 기본 평면도형을 모두 경험할 수 있도록 유의한다.

공간관계는 주변 세계에 있는 물체의 공간적 감각(spatial)과 모양간의 관계(geometry)를 다루는 것으로 우리가 살고 있는 실제세계와 수학적 관계를 연결짓는 기회를 제공하는 것이다(Bruni & Seidenstein, 1990).

1960년대까지만 해도 기하에 대한 내용은 유아단계에서는 찾아볼 수 없었으나, 1960년도 후반기에 '새 수학'이라는 내용 아래 교육자들은 유아들에게 기하학의 기초를 소개하여야 한다는 데 의견이 일치하였다. 그리고 어떤 내용을 첨가해야 할지에 대해서는 합의를 보지 못했다. 그러한 의견은 현대에 이르기까지 계속되어 어떤 내용을 유치원과 초등학교 저학년에서 가르쳐야 할지 의견이 분분한 상태이다. 그러나 일반적으로 공통적인 것은 유아는 세모 · 네모 · 원 · 마름모 모양과 같은 일반적 모양을 인식하도록 학습하여야 하며, 또한 모양의 일반적 특성을 이해해야 한다는 것에 의견을 모으고 있다.

모양을 처음 소개할 때에는 한 가지 모양만을 식별하는 것에서 출발한다. 초기에는 원 모양, 다음에는 네모 모양을 소개하고 점차 다른 모양을 소개한다. 이러한 모양을 소개할 때에는 주변 환경에서 여러 가지 모양을 찾아보거나 모양 오리기나 모양 찍기 또는 핑거페인팅을 이용한 모양 만들기와 같은 구체적인 활동을 충분히 경험할 수 있도록 배려해야 한다.

유아는 환경 속의 사물의 모양에 흥미를 가지고 있고, 자신의 신체 모양, 신체로 만들 수 있는 모양, 기하학적인 모양에 관심을 갖는다. 교사는 일반적으로 기하학적 모양인 원, 삼각형, 직사각형의 모양 외에 다른 모양들도 포함하여 매일의 활동시 다양한 방법으로 모양을 직접 경험할 수 있도록 배려해야 한다. 그리고 모양에 대한 어휘를 소개하고 모양을 정의하는 말을 자주 사용하도록 하고, '저기', 그것과 같은 지시적인 용어보다는 구체적인 용어를 사용하도록 해야 한다. 즉, "이것은 저기에 두자" 대신에 "이 시계를 녹색 네모난 책상에 두자"라고 말한다.

③ 기초적인 측정하기

'기초적인 측정하기'는 유아가 일상생활에서 측정 가능한 속성에 따라 사물이나 상황을 비교하고, 순서를 지어 보며, 임의 측정 단위를 사용할 수 있도록 하는 내용이다. 측정은 길이, 크기, 무게, 들이 등의 속성을 비교하고 순서짓는 것에서 시작하여 더 나아가 사물이 지닌 속성의 크기를 기준량(단위)을 정하여 수치로 나타내는 것이다. 이러한 기초적인 측정하기를 통해 유아는 스스로 탐색한 환경에 순서와 질서를 세워 간다.

〈지도 지침 및 유의점〉

- 놀이 및 일상에서 유아가 길이, 크기, 무게, 들이 등의 속성을 인식하고 비교하거나 순서지어 볼 수 있도록 한다. 초기에는 두 물체의 길이나 크기가 두드러지게 차이나는 것을 가지고 '~보다 크다', '~보다 작다', '~와 같다' 등의 용어를 사용하며 비교해 보는 경험을 제공한다. 점차 각 속성을 비교하기에 효과적인 전략을 생각하며 비교하고 순서지어 보게 한다.
- 유아가 측정을 위해 손뼘, 발길이, 블록, 연필과 같은 임의 단위를 사용하도록 한다. 손뼘이나 발길이와 같은 신체 단위는 사람에 따라 다르므로 측정 결과가 달라진다는 점을 인식할 수 있도록 한다.
- 유아가 측정 과정에서 나타나는 문제점을 경험하고 해결하는 과정에서 측정

할 속성에 적합한 단위를 선정하고, 동일한 단위를 반복하여 측정할 때 필요한 기술을 인식할 수 있도록 지도한다. 예를 들어, 단위를 반복할 때 사이가 벌어지지 않게 정확하게 연결하거나 물체들의 한쪽 끝을 맞추어 배열하는 것과 같은 측정기술이 필요함을 인식하게 한다.

- 측정은 실생활에서 실제 많이 접하는 경험이므로 교사는 유아가 필요에 의해 직접 측정을 하는 허용적인 분위기를 조성한다.

【예】

- "누구 신발이 더 큰 지 알아보자. 어떻게 하면 될까?"
- "내 손을 재어 보자. 무엇으로 재어 볼 수 있을까?"

측정은 단위를 사용하여 물체의 연속적인 양을 정하는 과정으로(교육부, 1998), 유아들에게 능동적인 학습이 일어나도록 할 수 있는 많은 잠재성을 지닌 주제이다.

유아기의 측정활동은 길이, 크기, 무게와 같은 물체의 속성을 탐색하고 이것을 준거로 두 개의 물체를 직접적으로 비교하는 것으로부터 시작되며, 이 후에 적절한 측정용어를 사용해 보고, 실제로 측정을 해보게 된다. 측정을 할 때 처음에는 일상생활에서 접할 수 있는 발, 손, 뼘과 같은 신체단위를 사용하다가 제한점(교사와 유아의 발 크기가 다름)을 깨달은 후에, 블록과 같은 작은 물체를 이용해서 재는 비표준화 단위를 사용하게 된다. 비표준화 단위를 사용하면서 상황에 따른 부정확성을 알게 되며, 표준화 단위의 필요성을 알고 사용하게 된다(이경우 외, 1997).

④ 규칙성 이해하기

'규칙성 이해하기'는 유아가 생활 주변에서 사물이나 사건의 양상이 일정한 순서로 반복 배열되는 것을 이해하도록 하는 내용이다. 유아는 타일이나 벽지의 무늬, 포장지의 그림 등에서 반복되는 규칙을 발견하고, 밤과 낮, 요일, 사계절, 유치원의 하루 일과 같은 변화에서도 규칙성을 인식한다. 유아는 규칙성을 이해함으로써 사물의 관계를 파악하고 숨은 질서와 규칙을 발견하여 그 다음 상황을 예측할 수 있게 된다.

〈지도 지침 및 유의점〉

- 유아가 사물이나 일상적 상황에 나타난 규칙성을 발견하도록 한다. 점차 유아가 인식한 규칙성에 따라 다음에 올 것을 예측해 보는 기회를 제공한다.

【예】

- "책상 위에 씌운 테이블보에 재미있는 무늬가 있어. 어떤 무늬들이 있는지 살펴보자."
- "코끼리-생쥐-고양이-코끼리-생쥐-고양이 그림을 순서대로 붙였어. 고양이 다음에는 무엇이 와야 할까?"

유아가 청각적 패턴, 시각적 패턴, 운동적 패턴과 같은 다양한 패턴이 있음을 인식하고 한 가지 유형의 규칙성을 다른 유형으로 재구성해 보도록 지도한다.

교사는 유아가 '빨강-파랑-빨강-파랑'과 같이 반복되는 규칙성을 보고 다음에 이어지는 것이 무엇인지에 초점을 맞추기보다는 규칙성의 핵심요소인 A-B를 파악하는데 주의를 기울이도록 한다. 예를 들어, "빨강 다음에 파랑이 오고, 그 다음에 빨강, 그 다음엔 파랑…"과 같이 말하는 것보다는 "빨강과 파랑이 계속 이어지고 있어.", "빨강과 파랑이 계속 반복되고 있구나."와 같이 말해 준다.

시간은 구체적으로 보이거나 만질 수 없는 추상적인 것이므로, 유아에게는 어려운 개념이다. 따라서 유아들이 시간에 대해서 이해하는 것은 단순히 시각을 말할 수 있는 능력을 의미하는 것이 아니라 일생생활 속에서 시간의 흐름을 경험하고 시간적인 관계를 인식하도록 하는 것이다(이경우 외, 1997).

⑤ 기초적인 자료수집과 결과 나타내기

'기초적인 자료수집과 결과 나타내기'는 일상생활에서 탐구하고자 하는 문제를 해결하기 위해 필요한 자료를 모으고, 정리하고, 결과를 나타내고, 해석하는 여러 과정을 포함한다. 이는 유아 수준의 기초 통계와 관련된 부분으로 초등학교 교육과정의 '확률과 통계'와 연계된다. 유아는 탐구하려는 문제를 위해 자료를 수집하고 수집한 자료의 결과에 기초하여 특성과 경향성을 파악하게 된다.

〈지도 지침 및 유의점〉

- 자료를 수집하기 전에 유아와 자료수집 방법에 대해 이야기 나누며 모으고자 하는 자료의 기준을 고려하여 수집하게 한다.

【예】

- "우리 반 친구들이 좋아하는 놀이를 알아보려면 어떻게 해야 할까? 무엇을 가장 먼저 하면 좋을까?"

- 다양한 사물의 같은 점과 다른 점을 구별하고 같은 것끼리 짝지어 보는 기회를 제공한다. 점차 색, 모양, 크기, 재질 등 유아에게 익숙한 사물의 한 가지 속성에 기초하여 사물을 분류해 보고 분류의 준거를 말해 보게 한다. 만 5세 유아는 사물의 한 가지 속성에 기초하여 분류한 것을 또 다른 속성을 생각해 보고 이에 따라 다시 분류할 수 있도록 지도한다.
- 유아가 수집한 자료들을 구체물이나 실물을 사용하여 직접 비교해 보도록 하거나 그림이나 사진, 기호를 사용한 그래프나 표로 만들어 보도록 도와준다.
- 유아들이 그래프로 나타낸 자료를 분석하고 해석하도록 도와 준다.

【예】

- "이 그래프(그림)에서 무엇을 알 수 있을까?"
- "이 그래프를 보고 생각한 것을 말해 보자."

Lubinski(1994)는 교사의 신념이 학습환경과 수학적 지식의 습득에 큰 영향을 미치며, 교사가 유아들의 능력을 신뢰할 때 수학적인 개념과 사고의 확장이 이루어진다고 하였다. 이에 유아를 위한 수학교육에서의 교사의 역할을 6가지로 제시하고 있는데 다음과 같다.

① 유아의 흥미와 욕구에 맞는 수학내용을 선정한다.

② 내용에 맞는 교수-학습 방법을 계획하고 실시한다.

③ 유아가 감각적(조작적) 자료를 풍부하게 경험할 수 있도록 선택하고 제공한다.

④ 풍부한 수학적 사고와 개념을 습득하도록 수학적 언어를 통해 상호작용한다.

⑤ 유아들에게 수학학습이 가능하다고 믿을 수 있는 신뢰감을 형성하도록 한다.

⑥ 다양한 수학적 사고를 통한 문제해결력과 창의성을 기를 수 있도록 한다.

무엇보다 유아를 위한 수학활동은 유아와 밀접하게 연관되어 있는 사물로부터, 그리고 생활과 연결된 활동들로부터 시작되어야 한다.

제 4 장

수학교육의 방법

1. 일상생활에서의 수학교육
2. 언어활동을 통한 수학교육
3. 집단게임을 통한 수학교육
4. 그룹게임을 통한 수학교육
5. 역할놀이를 통한 수학교육

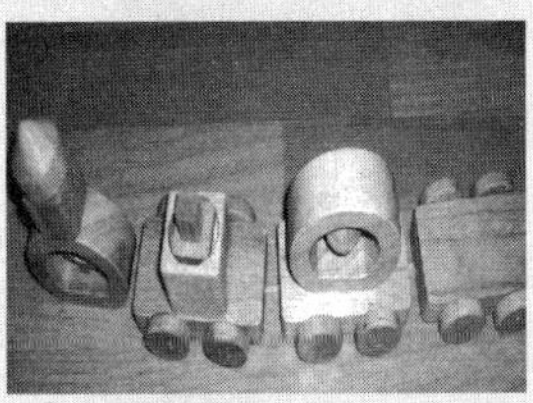

1. 일상생활에서의 수학교육

표준보육과정 및 누리과정에서 '수학적 탐구하기'는 유아들이 일상생활에서 경험하는 여러 가지 사물과 사건을 직접 분류해 보고, 비교해 보고, 관계를 찾아보는 등의 구체적인 조사활동을 통하여 수학적인 기초 능력과 태도를 기르기 위한 것이다.'라고 밝히고 있다. 유아를 위한 수학활동은 일상생활 속에서 자연스럽게 이루어지는 과정이 중요하며 인위적이고 단계적인 수학교육은 영유아들의 수학에 대한 관심과 흥미를 위축할 수 있다.

유아들은 주위에 있는 다양한 사물들을 직접 보고, 만지고, 듣고, 냄새 맡고, 맛을 보면서 수학을 접하게 된다. 그러므로 유아들이 다양한 감각과 근육 운동을 할 수 있는 환경을 제공해 주어야 하며, 또한 흥미를 잃지 않도록 유도하고 격려해 주며, 유아가 새롭게 발견하고 말하는 것에 대해 칭찬해 주는 것이 필요하다.

다음은 일상생활 속에서의 수학활동의 예들이다.

활동 1. 우리 집은 A아파트 8층!(수세기)

상호작용 예 (유치원에서 집으로 귀가하는 중에…)	· "민성아! 민성이 집은 몇 층이지?" · 선생님하고 세어 볼까?(함께 전광판을 보면서…) · 2층, 3층, 4층… 8층! 땡! 벌써 다 왔네!… "(초인종…)민성이, 유치원 다녀왔습니다!"

활동 2. bb네 집의 차 번호판은?(숫자 명명하기)

상호작용 예 (유치원에서 집으로 귀가하는 중에…)	· "민성이네 자동차 번호는 뭐예요?" "그렇구나!" · "민성아! 무엇이 있지?" · "그래, 자동차가 있지? 그럼 민성이네 자동차 번호와 똑같은 번호를 가진 자동차는 어디에 있어요?" · "그래, 민성이네 자동차와 똑같은 번호판을 가졌구나!"

활동 3. 자, 테디베어를 순서대로 놓아 보자!(수 개념)

상호작용 예 (유치원의 인형을 보면서…)	"우리 함께 사진 속에 나오는 인형을 세어 볼까?" "그래, 하나, 둘, 셋…!" "그러면 이번엔 인형을 크기 순서대로 놓아보자… 어떤 인형이 가장 크니?"	

활동 4. 누가 가장 작을까? 또는 클까?(길이 측정)

상호작용 예	· 민성이 가족에는 누가 있어요? · 그 중에 가장 큰 사람은 누구예요? 그 다음 사람은? 그 다음 사람은?	

활동 5. 내가 이렇게 컸어요!(측정, 시간) 사진 보며 이야기 나누기

	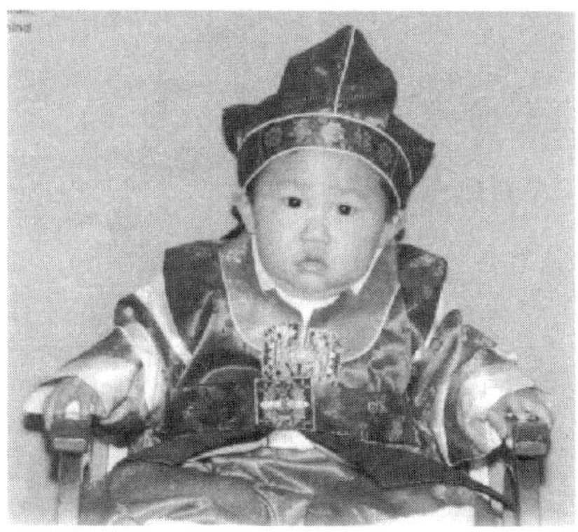
백일사진	돌 사진

5살 때 사진	7살 때 사진

상호작용 예 (민성이의 사진을 보며…)	· "우리 민성이가 이렇게 아기였구나! 근데 이렇게 컸네… 지금은 이렇게 많이 컸구나!"

활동 6. 사진 속에는 몇 명이 있을까요?(수세기)

활동 7. 기차를 만들자, 길게 만들자/얼마나 달리면 도착할까요?(측정)

[환경 1]

① 기관에서 접할 수 있는 수학환경

[환경 2]

② 일상생활에서 접할 수 있는 수학환경

2. 언어활동을 통한 수학교육

가정에서 또는 기관에서 이야기꾸미기, 동요, 동시, 그림책 등 언어활동을 통하여 자연스럽게 수학활동을 전개할 수 있다. 특히, 그림책을 수학교육에 활용하면 실제와 유사한 상황을 자연스럽게 제고할 수 있을 뿐 아니라 유아의 흥미를 유발하고 지속시키기 쉬우며 총체적인 경험으로 활용하기 쉽다는 장점이 있다(홍혜경, 2009). 수학교육을 위해 문학을 사용할 것을 제안한 Tischer는 수학교육 실시를 위한 도서의 분류 범주를 다음과 같이 정하고 있으며(이경우, 1995, 재인용), 다음의 조건을 충족하는 도서는 수학교육의 내용과 관련시켜 활동이나 주제 전개 시 통합할 수 있다.

① 수학 활동의 맥락을 제공하는 것

② (이야기에 있는 것에만 의존하기보다) 다양한 방법으로 사용될 수 있는 활용 방법을 소개하는 것

③ 유아로 하여금 창의적인 수학경험을 촉진시킬 수 있는 것

④ 흥미 있는 주제가 이야기 안에 있는 것

⑤ 수학적 개념이나 수학적 기술을 위한 준비가 포함된 것

⑥ 수학적 개념이나 수학적 기술을 재점검하도록 하는 것

활동 1. 이야기꾸미기 : 숫자이야기 꾸미기 활동

활동 2. 동요를 통한 수 활동

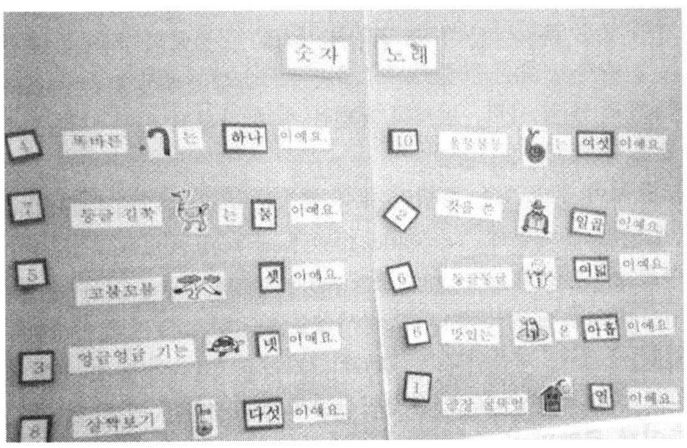

활동 3, 그림책: '요셉의 작고 낡은 오버코트가…?' 그림책을 통한 수 활동

1) 잃어버린 단추를 찾아라(공간과 도형)

· "bb야, 여기 있는 것이 무엇이지?" "그럼, 같은 단추를 찾아줄 수 있겠니?" "정말, 잘 찾는구나!"

2) 옷을 완성해 주세요!(규칙성)

활동 4. 그림책: '기쁨 찾은 금빛 동전' 그림책을 통한 수 활동

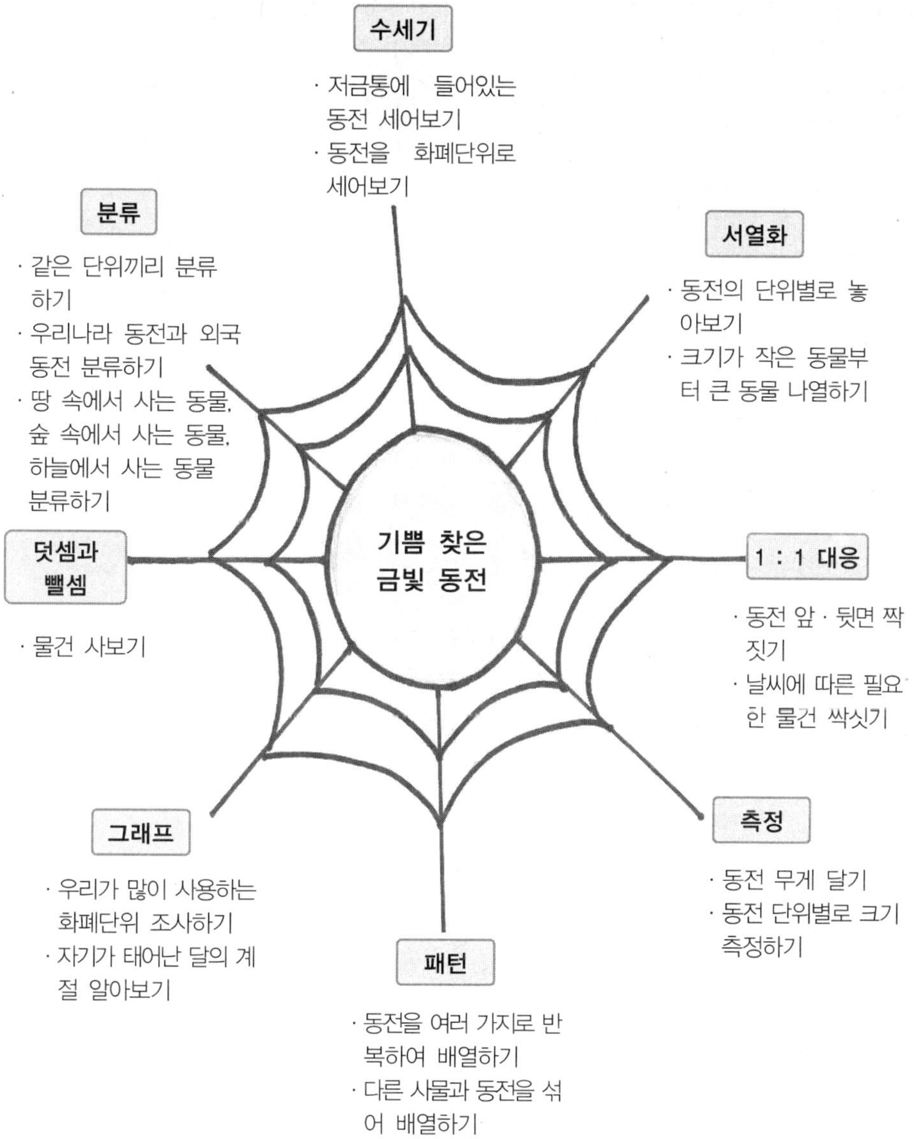

※ 이야기책 『기쁨 찾은 금빛동전』을 기초로 한 유아교육과정의 조직망에서의 수학개념 학습을 위한 교육활동

1) 저는 이 돈을 가장 많이 봤어요! (자료분석)	2) 내 짝꿍을 찾아 주세요! (1 : 1대응)
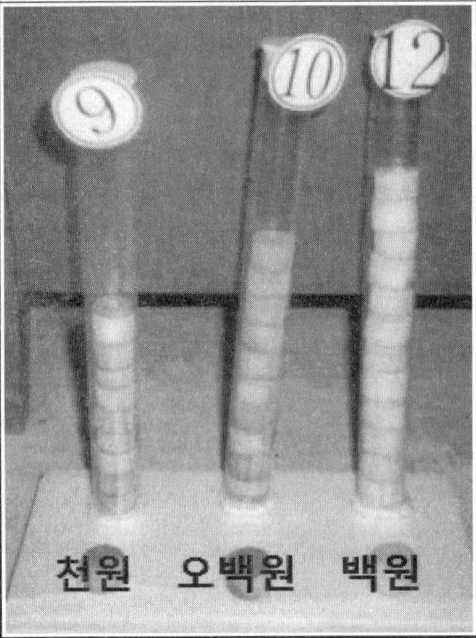	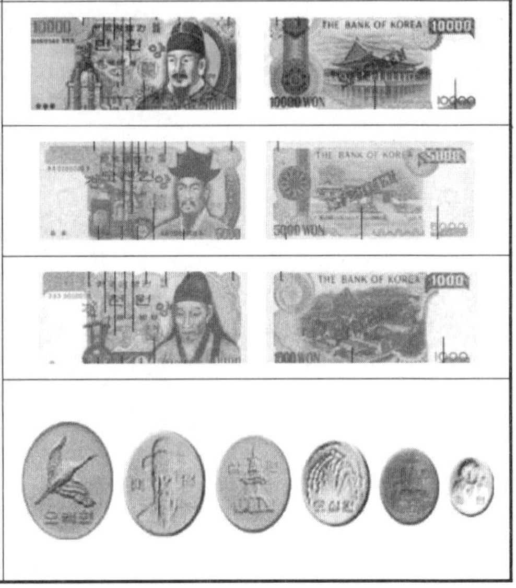

활동 5. 그림책: '아름다운 모양나라' 그림책을 통한 수 활동

수세기

1. 좋아하는 도형 조사 후 각각 몇 개 인지 수 세어보기
2. 도형을 크기별로 분류한 후 세어보기
3. 그림 안에 도형이 몇 개가 있는지 세어보기

분류

1. 같은 도형끼리 짝짓기
2. 같은 색의 도형끼리 분류하기
3. 여러 모양의 단추, 그릇 분류하기

1 : 1 대응

1. 도형의 모양과 같은 사물을 대응시키기
2. 같은 모양 짝짓기
3. 모양의 이름 찾아 연결하기

그래프

1. 좋아하는 모양 조사하기(활동: 도형 그래프 만들기)

더하기 빼기

1. 그림에 도형이 몇 개 있는지 더하여 보기
2. 그래프 활동에서 어떤 모양이 가장 많고 적은지를 알아보기

패턴

1. 모양이 다른 도형을 반복하여 배열하기
2. 여러 가지 도형 맞추기
3. 몸으로 모양을 만들어서 반복하여 배열해 보기

서열화

1. 도형 크기 순서대로 나열하기
2. 높이에 따라 나열하기

※ 이야기책『아름다운 모양나라』를 기초로 한 유아교육과정의 조직망에서의 수학개념 학습을 위한 교육활동

1) 내 자리를 찾아 주세요!(규칙성)

2) 내 짝꿍 찾기(공간과 도형)

▶ 유아수학교육에 적절한 그림책의 예들

※ 그림책에 나타난 수학교육의 내용

출판사항 및 수학교육내용 체계 / 그림책 제목	출판사항		수학교육 내용 체계				
	출판사	출판 연도	수 개념	공간과 도형	측정	규칙성	자료 분석
10까지 셀 줄 아는 아기염소	한림출판사	1999	○				
가을 수와 계산	걸음동무	2014	○	○			
강낭콩 한 알이 또르르	한솔교육	2001			○	○	
개구리 학교의 즐거운 수학시간	초록개구리	2004	○				
거꾸로 팬티	푸른날개	2011		○			
검정과 하양	프뢰벨	1990		○			
고양이는 나만 따라 해	창비	2005		○			
곰 세 마리	보림	2003					○
공이 데굴데굴	블루래빗	2013	○				
구구단 왕자	북뱅크	2013	○				
까꿍, 내가 누구게?	징검다리	2006	○				
까치와 소담이의 수수께끼놀이	사계절	2000			○		
꼬끼오네 병아리들	비룡사	2009	○				
꼬마외계인 수알레레	삐아제어린이	1991	○			○	
꿈틀꿈틀 자벌레	파랑새	2003		○			
나 하나로는 부족해	비룡소	2007	○				
나나와 비키의 다섯 바구니	한국슈타이너	2012	○				
나의 원피스	더큰	2007				○	
날아라 숫자 0	봄나무	2013	○				
노란우산	재미마주	2001		○			
논리수학	한림 출판사	1994	○	○	○		
누가 가장 잘 변신할까?	한국헤밍웨이	2015		○			
단추가 몇 개	한국어린이육영회	2003	○				

딸기 한 포기	천둥거인	2005	○				
떡 호랑이 떡 먹던 시절에	아람출판	2008	○				
똑같이 나누어요.	아이세움	2002	○				
맥스가 병아리를 세요	웅진다책	2008	○				
모두 더해서 얼마일까?	한스미디어	2005	○				
모자 사세요!	시공주니어	1999				○	
무늬가 살아나요	천둥거인	2002				○	
빨간 사과 하나	미래아이	2011			○		
뿌따뿌따 별에서 온 푸푸	한국헤밍웨이	2015		○			
사과 하나	중앙출판사	2006	○				
생각만 해도 깜짝 벌레는 정말 잘 놀라	재미마주	2001				○	
섬 수리 부엉이의 호수	창비	2008				○	
세 시의 핫케이크	푸름이닷컴	2010			○		
세상에서 가장 큰 아이	비룡소	1999			○		
세상에서 가장 큰 집	마루벌	2003			○		
세상에서 제일 좋은 우리 집	중앙출판사	2009		○			
세상에서 제일 힘센 수탉	재미마주	1997	○				
소풍은 정말 즐거워	주니어랜덤	2008		○			
숫자 0의 마술	소금창고	2012	○				
숫자 one two three	시공주니어	2012	○				
숫자 나라에 가면	여원미디어	2013	○				
숫자로 보는 놀라운 동물의 세계	키즈엠	2014	○		○	○	
아기오리는 어디로 갔을까요?	비룡소	1999		○			
양말이 쭉쭉	키득키득	2009		○			
엄마, 난 이 옷이 좋아요	재미마주	1998				○	
여행을 떠나요	대교	2009				○	
열 꼬마 도깨비	여원미디어	2008	○				
열두 마리 아기고양이	한국슈타이너	1995					○
용돈주세요	길벗어린이	2007	○				
원숭이의 덧셈놀이	삼성 출판사	2009	○				

위층 할머니, 아래층 할머니	비룡소	2003		○			
이상한 화요일	비룡소	2002			○		
자꾸자꾸 시계가 많아지네.	보물창고	2007			○	○	
작은 조각	분도출판사	1078		○			
채소가 최고야	천개의 바람	2011		○			
커다란 순무	시공주니어	1996	○				
크다~커! 작다~작아!	천재교육	2008			○		
크리스마스 대작전	한국슈타이너	2012	○				
큰 개 작은 개	보물창고	2008			○		
큰 건 내거야!	엔이키즈				○		
한 해 열두 달	마루벌	2005			○		
호박에는 씨가 몇 개나 들어 있을까?	봄니무	2010			○		
혼자서도 신나 벌레는 정말 신났어!	재미마주	2002				○	
후안이 빚은 도자기	은나팔	2008				○	

* 그림책 목록은 가나다순으로 제시함.
* 그림책에 나타난 수학교육 내용을 O으로 표시함.

3. 집단게임을 통한 수학교육

유아들은 집단게임을 통해 다양한 수 경험을 하게 된다. 두 팀으로 나누어 게임할 때 두 집단의 수가 같은지 확인하는 것을 시작으로, 누가 빠르고 느린지, 몇 개의 풍선을 터뜨렸는지, 어느 팀이 몇 개 더 많이 남았는지 등 수와 관련된 사고 활동을 하게 된다. 집단게임을 하면서 유아들은 여러 가지 수학적 개념을 기를 뿐만 아니라, 수학적 문제해결력과 수학적 언어사용 능력을 신장하는 기회를 갖게 된다.

활동 1. 쓰레기 분리 수거(수 개념)

활동 2. 누가 먼저 운반하나?(수 개념)

활동 3. 함께 협동해서 달려요!(공간과 도형)

활동 4. 낙하산을 만들자!(공간과 도형)

4. 그룹게임을 통한 수학교육

유아들은 그룹게임을 통해 여러 가지 수학적 개념을 접근해 갈 수 있다. 쓰러뜨린 볼링핀을 세거나, 카드는 몇 장을 가졌는지, 누구보다 몇 장이 더 적은지 등 여러 가지 수학적 상황을 경험하게 된다. 그룹게임은 더하기, 빼기, 모양, 비교급과 최상급에 관련된 어휘 등 여러 가지 수학적 개념을 습득하고 적용해 봄으로써 논리 · 수학적 지식을 발달시키는 효과가 있다.

게임을 지도할 때 첫째, 너무 쉽거나 어렵지 않은 도전적인 게임을 고른다. 처음에는 단순한 게임에서 시작하여 점차 어려운 개념을 넣은 게임을 제시하는 것이 바람직하다. 게임 자료는 게임별로 비닐백, 상자나 바구니에 담아 종류별로 함께 넣어 두는 것이 좋다. 둘째, 게임마다 다양한 소개방법과 규칙들을 적용할 수 있도록 한다. 셋째, 유아들에게 생각할 시간을 충분하게 주고, 시범 보이는 시간이나 시범 보이는 아동을 통해서 게임방법을 이해하였는지 살펴본 후 진행한다. 넷째, 유아가 게임에서 잘못된 대답을 할 때나 낮은 수준의 놀이를 할 때 직접적으로 정정하는 대신 간접적으로 중재한다. 다섯째, 게임이 진행될 때 다른 친구와의 상호작용을 격려해 주고, 게임을 끝낼 때는 지나친 경쟁을 강조하지 않도록 한다. 무엇보다 게임을 진행하면서 약속한 규칙과 방법들을 잘 준수하고 있는지 평가에 적용한다.

활동 1. 제자리에 널어 주세요!(규칙성)

활동 2. 빙빙 돌려라(수 개념)

활동 3. 내 키를 재 주세요!(측정) : 길이

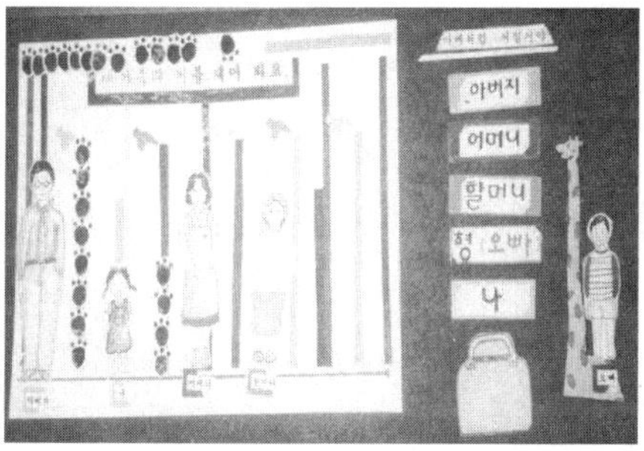

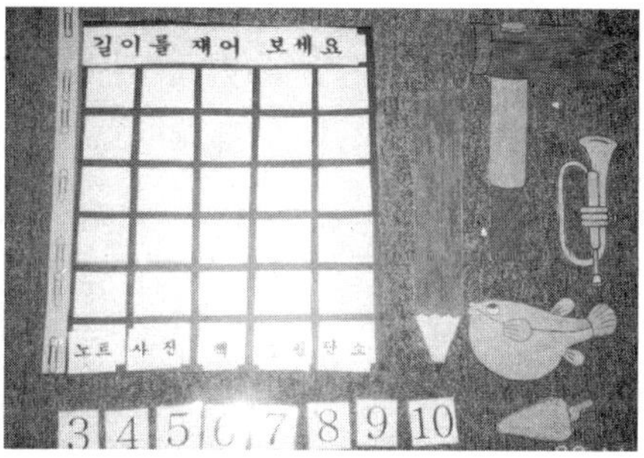

활동 4. 지금 몇 시죠?(측정) : 시간

5. 역할놀이를 통한 수학교육

유아는 역할놀이를 해 나가면서 여러 상황에서 많은 사람들과 직접적이거나 간접적으로 경험한 것을 이용하게 된다(Smilansky, 1968). 즉 유아들은 극놀이를 하면서 그들의 경험의 세계를 표현하게 되는데 Wolf와 Grollmas(1982) 등도 유아가 가장놀이를 하는 동안 그들의 개인적 경험과 그들의 문화를 나타낸다고 하고 있다(장영미, 1998).

이렇게 역할놀이를 해 나가면서 유아는 그들의 경험의 세계를 경험하면서 지식이 확장되는데 이때 유아 수학교육에도 중요한 역할을 해 나가게 된다. 유아는 시장놀이, 병원놀이, 우체국놀이, 미장원놀이 등의 다양한 역할놀이를 통해 여러 가지 수학적 개념을 습득하게 되는 것이다.

이러한 역할놀이와 관련된 활동을 소개하면 다음과 같다.

활동 예 : 시장잔치

- **사전활동**

- 이야기 나누기

사장은 어떤 곳일까?

시장에서 어떤 물건들을 살 수 있을까?

시장에 가 본 적 있니? 무엇을 했었니?

- 주제망 구성 : 이야기 나누기를 통해 시장에서 할 수 있는 일들이나 살 수 있는 물건 등을 주제망으로 구성
- 조별 구성 및 토의

- **실행활동**

시장놀이, 작품 만들어 팔기, 폐품 수집, 구두닦이, 요리활동, 공연 등의 실행

- 활동의 이해를 위한 이야기 나누기
- 광고하기
- 규칙과 역할분담
- 수입금 계산

- **마무리활동**

- 사진찍기
- 그림 등 표현활동하기
- 정리하기
- 보관하기

- **평가활동**

- 각자 자신의 아쉬웠거나 자랑스러웠던 점에 대하여 이야기 나누기
- 친구들의 잘한 점과 잘못한 점에 대하여 이야기 나누기
- 자료들에 대한 평가
- 각자의 역할 수행에 대한 평가
- 어려웠던 점과 쉬웠던 점에 대한 평가
- 다음에는 어떤 활동을 할 수 있을까? 어떤 방법으로 할 수 있을까?

제5장

수학교육의 운영

1. 교수·학습의 원리
2. 교사의 역할
3. 수학학습의 유형

영유아의 수학적 능력의 향상을 위해서 유아교육기관은 수학교육을 효과적으로 운영해야 한다. 교육의 질 차이를 가져오는 가장 큰 변인은 역시 교사라 할 수 있다. 영유아는 유아교육기관에 들어오기 이전에 이미 수학에 대한 비형식적 지식을 가지고 있다. 교사의 역할은 영유아의 비형식적 수학 능력과 좀 더 형식적인 수학을 이해하는 능력을 연계해 주는 것이다. 그리고 이를 위해서는 전문적 교수 기능이 필요하다. 본 장에서는 영유아 수학교육의 운영을 위한 교수 · 학습 운영의 원리, 수학학습의 유형과 효과적인 교육 수행을 위한 교사의 전문적 역할을 알아보고자 한다.

1. 교수 · 학습의 원리

영유아 교육을 위한 일반적 교수 · 학습의 원리와 현대 수학교육의 전개 방향을 통합하여 수학교육의 교수 · 학습 원리를 설명하고자 한다.

1) 영유아는 능동적으로 학습

영유아는 외부에서 지식을 받아들이는 존재가 아니라 스스로 지식을 구성하는 존재이다. 이러한 구성주의적 입장은 누리과정과 표준보육과정에도 반영되어 있다. 수학학습에 있어서도 영유아는 능동적인 수학자로 지적 호기심과 탐구심을 가지고 스스로 관찰하고 실험하면서 새로운 것들을 알아나간다.

영유아는 아주 어린시절부터 자기 생활의 필요에 의해 자연적으로 수학을 경험하고 수학적 개념을 이해하여 왔다. 영유아는 일상생활에서 밥의 양을 어림짐작해 보고 반찬 속 당근과 호박을 분류해 보았다. 놀이를 하면서 오른쪽 왼쪽 다리 기둥의 높이를 맞췄으며 도형을 움직여 해당 자리에 맞는 블록을 끼우며 도형의 형태를 변환시켜 보았다.

유아교육기관에서의 수학교육은 영유아의 이러한 일상생활 속 수학적 경험을 의미있는 학습 기회로 확장시켜 주는 것이 되어야 한다. 교사가 아무리 체계적으로 계획하여 시행한다고 해도 영유아가 자발성을 가지고 능동적으로 학습할 수 없도록 구성되어 있으면 지식간의 관계를 학습하여 개념을 내면화하는데 효과적이지 않다. 교사가 일방적으로 주도하는 수학 활동이라든지 영유아의 맥락과 상관없는 학습지의 문제풀이 활동이 아니라 유아가 학습의 주체자가 되어야 한다. 미국유아교육협회(NAEYC)와 미국수학교사협회(NCTM)는 만 3-6세 유아에게 질 높은 수학교육을 제공하기 위한 구체적인 기준을 공표하면서 유아의 수학적 사고 증진을 위해 "유아의 문제해결하기, 추론하기 과정뿐 아니라, 수학적 아이디어를 표상하기, 의사소통하기, 및 연계히기를 강조하는 교육과정과 실제"(NAEYC & NCTM, 2002, p. 5)를 제공해야 한다고 하였다. 즉, 유아가 단순히 수학적 내용에 대한 지식을 쌓아 가는 것만으로는 충분치 않으며, 수학적 내용을 깊이 있게 탐구할 수 있는 탐구적인 수학적 태도와 과정기술이 필요함을 보여 준다(정혜영, 2014).[1)]

따라서 유아교육기관에서의 수학 활동은 유아가 스스로 선택하고 자발적으로 활동할 수 있도록 동기유발되어야 한다. 또한 수학적 사고를 가능케 하는 문제해결 상황이나 놀이 상황을 제시하고 유아의 해결방법을 존중함으로써 능동적 학습이 이루어질 수 있도록 한다.

2) 구체적 조작을 통해 학습

영유아 시기는 발달 특성상 구체적 물체의 조작이나 실제 활동을 통해 학습이 가능하다. 영유아는 상징적 사고를 힘들어 하므로 학습지나 숫자카드만으로 수학을 익힌다면 수학적 개념을 획득할 수 없을 뿐만 아니라 수학에 대한 흥미를 잃을 수 있다.

영유아 시기의 수학적 지식은 직접적 감각과 운동을 통한 탐색활동으로 얻어진

1) 정혜영(2014). 수학적 토론활동에서 나타난 유아교사의 융통성과 한계. 유아교육연구, 34(2), 5-27.

다. 숫자 10에 대한 개념은 10만큼의 구슬이나 막대와 같은 구체물을 눈으로 보고 만짐으로써 1과 비교할 때 얻게 되는 것이다. 도형의 개념 역시 사각형의 모서리를 만져 보고 눈으로 세어 보면서 다른 도형과 비교하면서 특징을 알 수 있게 된다. 이러한 개념의 획득은 구체적 물체의 조작만으로 이루어질 수는 없으므로 구체적 물체를 조작할 때 정신적 조작활동이 수반될 수 있게 지원해야 한다.

3) 개별적으로 지식을 학습

영유아가 가지고 있는 비형식적 수학의 개념이나 수준, 사전경험은 개별적으로 다르다. 수학을 대하는 태도나 흥미에도 차이가 있다. 유아교육기관에서는 수학교육을 하는데 있어서 영유아의 개별적 지식을 관찰하고 개별 태도를 고려하여 개별 교육이 이루어질 수 있도록 배려해야 한다. 같은 내용을 학습하더라도 영유아들이 경험하는 내용이나 구성하게 되는 지식은 서로 다를 수 있음을 이해하고 영유아가 자신의 수준과 동기에 맞게 수학적 문제해결을 할 수 있도록 한다. 또한 개별 수학 수준을 면밀히 관찰하여 후속 활동을 제안하도록 한다.

4) 자신의 생각을 표현하면서 학습

영유아는 자신의 수학적 아이디어와 문제해결의 전략을 언어적 · 비언어적으로 표현하면서 더 잘 이해할 수 있게 된다. 교사는 유아가 일단 언어적으로 충분히 자신의 생각을 표현할 수 있도록 발문하고 격려하며 기회를 제공한다. 비고츠키의 사회문화적 구성주의에 따르면 말을 하면서 생각하는 것은 활동의 힘을 증진시킨다. 또한 언어는 단지 막연하게 생각했던 것을 구체적 아이디어로 만들기도 한다. 따라서 교사는 유아의 수학적 아이디어를 스스로 표현할 수 있는 기회를 주며 유아의 생각을 앞질러 말하지 말고 유아가 충분히 생각하면서 말할 수 있도록 인내하며 기다려 준다. 또한 언어적 표현이 원활하지 않은 발달 특성상 언어적 표현뿐 아니라 비언어적 방법을 사용해서 그림, 도표, 글쓰기 등으로 표상할 수 있는 기회를 주는 것이 바람직하다.

5) 또래나 교사와 상호작용하면서 학습

영유아는 또래나 교사와의 상호작용을 통해 수학의 과정을 즐기고, 수학적 아이디어를 주고받고 자신의 생각을 수정하거나 확장할 수 있다. 학습에 있어 또래나 교사와의 상호작용을 강조하는 것은 우리나라 국가수준 교육과정인 누리과정에서도 살펴볼 수 있다. 누리과정에서 유아는 교사나 또래와 개별이나 집단으로 상호작용하면서 학습해 나간다고 하였다. 그리고 상호작용의 핵심은 일방적인 것이 아니라 쌍방적인 것이라고 강조한다. 유아와 교사, 유아와 유아가 서로 생각을 나누면서 함께 학습할 수 있도록 하는 배움의 공동체를 이룰 수 있도록 하고 있다(교육부, 2013)[2].

NCTM(2000) 역시 "의사소통은 수학과 수학교육에 있어서 필수적인 부분"(NCTM, 2000, p. 60)이라 하여 수학적 생각에 대해 또래 및 교사와 의사소통하는 것의 중요성을 강조하였다.[3]

수학교육에 있어서 상호작용은 유아로 하여금 탐구과정을 더 즐길 수 있도록 한다. 또한 또래와 수학적 의사소통을 하면서 말이나 그림으로 수학적 사고를 표상하여 생각을 정리하고 수학적 전략을 공유할 수 있게 된다. 자신의 생각과 타인의 전략을 실험해 보면서 자기의 생각을 객관적으로 바라보고 증거를 수집하는 수학적 과정기술도 경험한다. 이것은 유아가 스스로 학습을 할 수 있는 주요한 방법이 된다.

그러므로 유아의 사고를 자극하고 격려하는 또래나 교사의 말이나 질문이 수학활동의 중요한 부분이 된다. 교사는 다양한 발문을 통해 유아의 시도를 격려하고 촉진한다. 유아는 이를 통해 자신의 수학적 생각을 평가해 볼 수 있으며 수학적 개념을 발견할 수 있게 된다.

2) 교육과학기술부 · 보건복지부(2013). 3-5세 연령별 누리과정 해설서.
3) Kirova, A., & Bhargaba, A.(2002). Learning to guide preschool children's mathematical understanding: A teacher's professional growth. Early Childhood Research, 4(1), 1-19.

6) 결과보다 과정을 통해 학습

수학활동의 결과보다는 과정 속에서 영유아들은 수학적 개념을 학습하게 된다. 정답을 강요하거나 경쟁적인 답 맞추기를 한다면 영유아들은 답을 암기하여 일시적으로 쉽게 답을 얻는 방법을 택하게 될 수도 있으며 또는 수학을 지루하고 힘든 것으로 인식하게 될 수 있다. 수학과 관련된 활동을 하면서 영유아들은 수학적 기술들을 사용하게 되고 충분한 과정을 통해 답을 찾았을 때 만족과 이해도도 더 깊게 된다. 교사 역시 수학활동의 결과인 답에 초점을 맞추지 말고 과정 속에서 유아가 겪는 시행착오적 행동, 잘못된 반응이나 설명에 관심을 가질 수 있도록 한다.

2. 교사의 역할

영유아 수학교육의 교수·학습 원리에 의한 교육적 활동은 교사를 통해 실행된다. 따라서 효과적 교육 수행을 위해 현장의 교사는 많은 역할을 담당해야 한다. 교사는 국가수준 교육과정에 기초하여 영유아들이 배워야 할 내용과 범위를 결정한다. 그 다음 어떠한 순서로 교육내용을 다룰 것인지의 계열성을 고려하여 교육내용을 조직하고 구성하게 된다. 또한 영유아의 경험을 실제적으로 관찰하며 지식들을 관련시키고 영유아 개개인의 수준에 맞게 교육 경험을 제공하고 이를 평가하여야 한다. 이러한 교사의 역할을 세분화하면 다음과 같다.

1) 수학교육 과정의 계획 및 운영자

영유아를 위한 교사는 교과서가 없는 상태에서 교육내용의 구체적 내용과 범위를 해당 학급 유아의 능력에 적합하게 조직하고 구성할 임무를 가진다. 주제 중심의 통합교육과정을 구성하는 중에도 교사는 수학 교과의 구조 및 영유아의 개별 요구가 다양한 학습 경험에 반영될 수 있도록 해야 한다. 월간 및 주간 교육계획안을 작성할 때 교사는 수학적 개념을 학습할 수 있는 환경 구성과 필요한 교재·교구의 제공, 구체적인 활동을 선정하여 계획하고 영유아의 요구에 맞게 운영할 수 있어야 한다. 특히 수학적 활동의 목표와 내용, 집단 크기, 활동과정 등을 계획하여 의미있는 수학적 경험이 될 수 있도록 한다.

단, 교육과정을 계획하고 운영하는 것은 교사 혼자의 역할이 아니며 영유아와 함께 해야 한다. 계획한 교육과정의 내용이나 활동과정, 수준 등을 융통성 있게 조절하면서 해당 활동을 운영하며 후속 활동을 계획하여야 한다.

2) 촉진자 및 지원자

교사가 계획자의 역할을 한다 하여 영유아가 수동적으로 학습하는 것이 아니다. 교사는 자신이 계획한 활동을 주입식으로 진행하거나 발달에 선행하여 압박하는 것이 아니라 유아가 능동적으로 선택하여 학습해 나갈 수 있게 돕는다. 이때 교사는 최소한으로 개입하여 영유아가 수학활동에 흥미를 느끼도록 동기유발하거나 분위기를 조성한다. 또한 활동을 지속할 수 있도록 수준을 조절하고 필요한 도움을 제공한다. 이를 통해 영유아는 수학활동을 선택하고 흥미와 동기를 지속하면서 자신의 수학적 능력을 스스로 개발해 나갈 수 있다. 예를 들어 송편의 수를 세보는 활동을 제공할 때 교사는 스스로 영유아가 활동을 선택할 수 있도록 관련된 이야기로 관심과 흥미를 유발할 수 있다. 색과 형태가 서로 다른 모양종이를 분류해 볼 때 분류 준거의 수가 너무 적거나 많으면 영유아의 수준에 맞지 않아 영유아가 흥미를 지속할 수 없다. 이때 교사는 영유아의 수준에 맞게 분류 준거의 수를 줄이거나 늘려 영유아가 지속적으로 수학활동을 진행할 수 있도록 지원한다.

3) 발문자 및 상호작용자

교사는 영유아가 수학활동을 하는 동안 함께 참여하여 의미있는 발문으로 영유아의 사고를 안내할 수 있다. 발문은 학습을 위해 학습자의 사고를 자극하고 동기를 유발하며 사고를 확장시키기 위한 문제제기의 역할을 하는 것이다. 발문은 교사가 영유아의 사고 활동 전반에 걸쳐 작용하는 자극으로 수학교육에 있어서 중요한 학습 도구이며 좋은 수학 수업을 위해 교사가 개발해야 하는 부분이다. 또한 발문은 수학활동시 영유아로 하여금 수학적 사고를 표현하는 수학적 용어를 사용하게 만든다. 따라서 교사는 수학활동을 할 때 발문을 통해 수학적 사고를 안내하고 상호작용을 통해 수학적 용어의 표현이 활발해질 수 있게 할 필요가 있다. Kibanoff, Levin, Hedges와 Vasilyeva(2006)는 수학과 관련된 교사의 개입과 대화의 양이 많을수록 영유아의 수학적 지식이나 능력이 성장한다고 하였다.

이러한 수학적 발문과 관련하여 학자들에 따라 다양한 분류의 기준을 제시하고 있다. NCTM(2000)의 경우 수학교육의 교수 · 학습 개선을 위해 효과적인 발문의 사용을 제안하면서, 수학적 의사소통을 위한 발문, 수학적 근거를 가지고 추론하게 하는 발문, 추정이나 발견 또는 문제해결을 요구하는 발문, 수학적인 아이디어나 응용과 관련된 발문 등으로 구분하였다.

표 5-1 NCTM(2000)의 발문 분류

구분	설명	구체적 예
수학적인 의사교환이 일어나도록 하는 발문	글이나 그래프, 그림, 말하기를 통해서 수학적 생각을 표상해 보도록 안내하는 발문으로 비형식적 수학을 형식적 수학의 영역으로 연계시키는 발문	– OO의 생각에 대해 어떻게 생각하는가? – 그것을 다르게 나타낼 방법은 없겠는가? – 한눈에 볼 수 있게 만드는 방법은 없을까? – 그 의미를 설명해 줄 수 있겠니?

수학적인 근거를 가지고 추론하고 타당성을 검증하게 하는 발문	옳다는 것을 보여줄 능력이 길러지게 하는 발문 조리있게 설명하는 능력이 길러지게 하는 발문	- 어떻게 그런 결과가 나왔니? - 언제나 그렇게 된다고 생각하니? - 그렇지 않은 경우는 없니?
추정이나 발견 또는 문제해결을 요구하는 발문	답을 주거나 기계적으로 찾게 하는 것이 아니라 발견할 수 있게 하는 발문	- 만약 ~라면 어떻게 될 것 같니? - 어떤 규칙이 있니? - 어떤 점이 같고 어떤 점이 다르니?
수학적 아이디어나 응용과 관련된 발문	주어진 정보를 가지고 수학적 아이디어를 확장시킬 수 있는 발문	- 이런 규칙을 가진 것이 또 있을까? - 어떤 방법으로 해결할 수 있을까?

Blosser(1987)는 발문을 폐쇄적 발문과 개방적 발문으로 분류하였다. 폐쇄적 발문은 반응이나 정답이 제한되어 있는 발문이며 개방적 발문은 받아들일 만한 반응이나 정답의 범위가 넓고 수가 많은 발문이다. 두 가지 모두 정신적 활동을 자극하는 발문이 된다. 폐쇄적 발문에는 어떤 사실이나 아이디어를 기억하게 하는 발문, 들었던 것을 반복하게 하는 발문, 사실들을 연결시킬 때 이전에 알고 있던 정보를 사용하여 설명하게 하는 발문, 예시를 요구하는 발문이 포함된다. 개방적 발문에는 학생 수준에 맞게 창의적인 답을 요구하는 발문, 자유롭게 추론하게 하는 발문, 왜 그런 생각을 했는지 영유아의 판단에 대한 이유를 묻는 발문이 대표적이다.[4] Blosser의 분류에 따라 수학 교사의 발문 예시를 제시하면 다음과 같다(백소영 · 김도현 · 이경언, 2014).[5]

4) Blosser, P. E.(1987). 효율적인 교사의 발문기법(송용희 역). 서울: 배영사(원저 1973년 출판)
5) 백소영 · 김도현 · 이경언(2014). 수업시연에 나타나는 예비 수학교사의 발문 유형과 특성. 교사교육연구(2014), 53(3), 400-415.

표 5-2 **Blosser(1987)의 발문 분류**

발문유형		발문의 특성
폐쇄적 발문	인지기억적 발문	– 기억: 반복, 복사, 기억된 정의 포함 – 변별 또는 명명 관찰
	수렴적 발문	– 연결, 구성, 분류 – 재구성 – 적용: 전에 습득한 정보를 새롭거나 다른 문제 해결에 적용 – 종합 – 폐쇄적 예측: 조건 또는 증거에 대해서 한계가 주어져 있음 – 비판적 판단: 학생들에게 일반적으로 알려진 기준의 사용
확산적 발문	확산적 발문	– 의견 제시 – 개연적 예측 반응을 제한하는데 증거가 불충분 – 추론 또는 시사
	평가적 발문	– 정당화: 행위, 행동의 계획, 입장 선택 – 계획: 새로운 방법, 가설의 구성, 결론 – 판단: 가치의 문제, 정의적 행동과 연결, 인지적 행동과 연결

표 5-3 **Blosser(1987)의 분류체계를 바탕으로 백소영 외(2014)가 구성한 발문 분류 기준과 예시**

발문유형			분류준거	발문예시
폐쇄적 발문	인지기억적 발문	재생적 발문	– 단순히 학습한 내용, 어떤 사실이나 공식 또는 아이디어를 재생하도록 요구하는 발문	– 지난 시간에 무엇을 했었지? – 이렇게 생긴 도형을 무엇이라고 불렀지?
		제안적 발문	– 학습자의 참여를 이끌거나 계산활동을 제안하기 위한 발문	– 다음에는 무엇이 와야 할까? – 다같이 말해 볼까.
	수렴적 발문	예상적 발문	– 획득한 자료를 사용하여 제시된 조건이나 증거의 한계 내에서	– 3년 후 너희들의 나이는 몇 살이 될까? – 삼각형 두 개를 가지

발문유형			분류준거	발문예시
			예측하게 하기 위한 발문과 어떠한 사실들을 비교, 대조하도록 하는 발문	고 사각형을 만들 수 있을까?
		적용적 발문	- 알게 된 사실에 대해 다른 문제해결이나 새로운 학습 내용에 대한 적용을 요구하는 발문	- 그러면 빨간 블록에서 아래로 세 번째 있는 블록은 무슨 색 블록일까?
확산적 발문	확산적 발문		- 자료가 부족한 상황에서 자유로운 견해를 유도, 추론하거나 예측하게 하는 발문 또는 종합적인 사고를 하게 하는 발문	- 그렇다면 세모는 어떤 특징을 가진 것일까? - 경찰차와 구급차의 똑같은 점은 무엇일까?
	평가적 발문		- 상황을 비판적으로 분석하게 하려는 의도에 따라 학습자가 제시한 대답에 대해 정당화를 요청하는 발문	- 왜 그런 생각을 했니? - 다른 것은 포함시키지 않은 이유는 무엇이니?

또한 교사는 영유아의 수학적 사고의 향상을 위해 발문시 서두르지 말고 유아의 관심과 표현을 받아 주며 발문 후 원하는 반응이 나오지 않더라도 기다리거나 구체적으로 좀 더 설명해 줄 수 있다. 여러 아이들과 함께 수업하는 경우라면 교사가 원하는 답이 나오더라도 다른 유아에게 기회를 주어 들어 보도록 한다. Jingxia(2009)의 연구에 따르면 교사들은 질문 후 1.4초 기다리고 피드백을 주기 전에는 0.39초를 기다린다고 한다. 발문 후 5~10초 가량 충분히 사고할 기회를 주도록 한다.

4) 학습자 및 교육과정의 평가자

교사는 영유아의 수행 정도나 특정 수업목표 달성 정도를 평가하며 교사 자신의 교수활동과 교육과정을 개선하고 부모와 소통해 나간다. 수학학습에 있어서도 영유아의 수학적 지식과 기술을 평가하여 영유아의 요구에 맞게 교수를 진행할 수 있게 한다. 수학적 지식과 기술뿐 아니라 수학학습을 하는 과정이나 학습 태도를 평가함으로써 수학학습의 가능성과 잠재력까지도 평가할 수 있도록 한다. 이를 위해서 교사는 자신의 수업목표에 맞게 제작한 검사나 면접 그리고 수행을 평가할 수 있는 포트폴리오 평가 등의 대안적 평가방법을 활용하여 다양한 수학적 영역의 정보가 평가될 수 있도록 한다.

3.. 수학학습의 유형

유아들은 다양한 경험을 통해 수학적 사고를 하고 수학적 개념을 학습할 수 있다. 유아들의 수학적 경험은 매일 반복되는 일과 속에 숨겨져 있기도 하고 교사의 계획에 의해 의도되는 형태도 있다. 유아교육기관에서 일어나는 수학의 제시형태는 교사의 의도성과 주도성에 따라 달라지게 되므로 그에 따른 교사의 상호작용과 교수법이 어떠해야 하는지를 알아볼 필요가 있다.

1) 자발적 수학학습

영유아들은 타고난 호기심으로 자신의 신체나 주변의 물건과 놀잇감을 탐색하면서 스스로 학습하게 되는 존재이다. 자신의 신체 부분부터 시작하여 흙이나 나무토막, 돌멩이와 같은 자연물, 인형이나 블록과 같은 인공물을 접하면서 물리적 지식을 습득하게 되고 여러 논리 · 수학적 지식을 익히면서 인지발달을 이루게 된다. 그러므로 영유아들은 유아교육기관에 들어오기 훨씬 이전부터 수학 개념 습득을 위한 자연적 학습을 경험하고 있다. 이러한 자연적 수학학습은 일과 중에,

놀이상황 중에 다양하게 학습될 수 있는데 특히 영유아들의 놀이 상황은 직접적이고 구체적인 경험을 담고 있는 인지적 학습의 장으로서 자발적 수학학습이 많이 이루어지는 곳이다.

① 3세반 아이들이 길가에서 하얀 돌멩이를 주워 와서 모으고 있다. 강지는 옆자리의 소연이가 모은 것을 보고 자기가 모은 것을 보더니 "내가 많다"라고 외친다.

② 3세 정인이는 레고블록 통에서 크기와 색이 똑같은 블록을 4개 꺼낸다. 상단에 8개의 구멍이 만들어져 있는 레고블록이다. 이 4개의 블록을 바탕판의 세로선을 따라 가장자리 울타리를 만든다. 마지막에 끼운 블록의 크기가 커서 바탕판의 바깥쪽으로 튀어나오자 다른 레고블록을 찾기 시작한다. 정인이는 같은 색의 구멍 6개짜리 크기의 블록을 해당 자리에 대보고는 여전히 크기가 안맞자 다시 통 속에 넣는다. 구멍 4개짜리 크기의 블록을 꺼내더니 "맞다"라고 말한다.

③ 4세 정연이는 손을 씻으려 줄을 서 있으면서 자신이 몇 번째인지 세어 본다. "내가 3등이다. 두 명이나 기다려야 되네."

④ 4세 윤정이는 간식책상에서 몇몇 유아들과 함께 간식을 먹고 있다. 자신의 접시와 친구의 접시를 번갈아 보더니 말한다. "나는 한 개 남았어. 내가 더 빠르다."

⑤ 5세 동하는 4명과 소꿉놀이를 하면서 국자를 가지고 솥 안의 내용물을 국그릇에 담고 있다. 3번째 국을 푸면서 너무 많이 푸자 친구인 상원이가 "여기 너무 많다"라고 말하자, "아니 아직 많아 괜찮아"라고 말한다.

교사는 영유아들의 자발적인 수학학습을 위해 유아의 호기심을 자극할 수 있는 풍부한 환경을 제공해 줄 필요가 있다. 교사는 실제 생활에서 쉽게 접할 수 있고, 감각적으로 다룰 수 있는 다양한 실물자료를 제공한다. 모든 놀이영역마다 탐색의 내용들이 다르며 영유아의 흥미 또한 각기 다르므로 교사는 영유아가 한 가지 놀이에 집중하여 참여하되 다양한 놀이를 경험할 수 있도록 안내한다. 이를 위해서 다양한 종류의 놀이 환경을 마련하며 놀잇감 역시 유아의 흥미와 요구에 맞게 적절한 시기에 교체될 수 있도록 한다.

교실 외에도 실외놀이터, 숲 등 다양한 공간에서 일상생활과 놀이가 이루어질 수 있도록 배려한다. 자연체험 속에서 유아들은 나뭇잎 개수를 세고, 꽃의 키나 크기를 비교하면서 자발적 수학학습을 하게 된다.

유아의 경우 자발적인 수학학습은 또래가 어울려서 함께 할 때 더 많이 발생할 수 있으며 의미있는 경험이 이루어질 수 있다. 유아는 또래와 어울려 함께 경험하고 놀이할 때 수학적 아이디어를 표현하고 수학적 용어를 사용할 상황이 훨씬 늘어난다. 따라서 교사는 자연적 수학학습을 위해 놀이를 하는 집단 구성 역시 고려해야 한다. 혼자 하는 놀이보다는 친구와 함께 할 수 있도록 놀잇감을 충분히 준비해 주며 자연체험시에도 또래와의 풍부한 의사소통이 일어날 수 있도록 산책시 짝을 지어 간다든지 집단이 함께 행할 수 있는 놀이를 제공한다.

2) 비형식적 수학학습

비형식적 학습은 자연적 수학학습 상황에 교사가 개입할 때 이루어진다. 교사가 미리 계획하여 구조화시킨 수업 상황은 아니지만 일과 중에 또는 다른 영역의 놀이나 활동 중의 자발적 학습을 교사가 판단하여 수학교육으로 안내한 경우가 된다. 영유아가 질문을 하거나 도움을 요청하는 경우 시작될 수도 있지만 교사가 일과나 활동을 관찰하다가 특별히 개념을 학습할 수 있는 좋은 기회라고 생각되거나 격려나 도움을 제공해야겠다고 생각될 때 시작될 수 있다. 교사는 일상생활 속에서 자발적 수학학습이 많이 일어날 수 있음을 알고 있다가 민감하게 포착하고 개입하여 비형식적 수학학습이 이루어질 수 있도록 한다.

영유아들의 일상생활에서 일어나는 수학적 문제해결 상황을 교사가 포착하여 자연스럽게 수학적 지식과 연결하는 것은 영유아들에게 의미있는 학습경험을 제공하므로 영유아 수학교육에 있어서 적합한 방법이라고 할 수 있다. NCTM의 수학교육 표준에서는 일상생활에서 문제를 해결하는 구체적 경험을 통해 유아의 수학적 사고를 자극하면서 추상적 사고로 연결되는 기회를 충분히 제공해야 한다고 강조하고 있다(NCTM, 2000).[6]

---

6) NCTM(2000). Principles and Stahelm, J. H., & Katz, L. (2001). Young investigators: The

비형식적으로 수학을 학습할 때 영유아들은 지식을 획득할 뿐 아니라 수학이 일상의 문제해결과 밀접한 것으로 생각할 수 있으며 수학을 흥미 있고 지겹지 않은 것으로 인식할 수 있게 된다. 유아교육기관에서 일과와 연계되어 있는 또는 여러 생활 영역의 활동들과 통합되어 있는 교사의 비형식적 수학 활동의 예는 다음과 같다.

(1) 등원 및 인사나누기 시간

등원을 해서 출석 표지판에 출석표시를 붙이는 동안 출석 표지판을 함께 살펴보면 "몇 명이나 왔을까?" "몇 명이 더 와야 할까?" "전체 중에 몇 명이 안온거니?"와 같이 수의 부분과 전체 또는 구체적 물체의 덧셈과 뺄셈 관련 수학적 어휘를 사용해 본다. 또한 인사를 나누며 "어제 집에 가서 무엇을 했니"와 같이 개인적 경험 시간에 대한 의사소통을 할 수 있다.

일과	비형식적 수학학습 상황
등원 및 인사 나누기	- 유아들과 개인장의 가방을 보며 등원한 친구들의 수를 세어 본다. - 출석판을 보며 온 아이와 안온 아이의 수를 세어 본다. - 차량에 탑승한 친구의 수를 세어 보고 몇 명이 더 타야하는지 이야기 나누어 본다. - 등원하면서 어떤 건물을 지나고 어떤 길을 지났는지 이야기 나눈다. - 등원하는 순서대로 자신이 몇 번째인지 알아본다. - 나와 같은 옷 색깔을 입은 친구와 아닌 친구를 찾아보고 나눠 본다. - 버스를 타고 온 아이는 누구이고 걸어온 아이는 누구인지 구분하여 세어 본다. - 우산을 학급별로 구분해서 꽂아 놓는다. - 나와 가장 가까이에 있는 장이 누구의 장이고 가장 멀리 있는 장이 누구의 것인지 알아본다. 약을 가지고 온 친구의 수를 세어 본다. 어제한 일과 오늘 할 일에 대해 이야기를 나누어 본다.

project approach in early childhood education. New York Teachers College Press. Standard for school mathematics. Reston, V.A: Aythor.

(2) 일과 계획 및 놀이 평가 시간

유아의 경우 그림이나 글로 된 일과표를 함께 살펴보면서 그날 하게 될 활동의 순서를 예측해 보거나 자유선택놀이시 자신이 할 놀이의 순서를 정해 본다. 이것을 통해 순차적 시간 개념을 느낄 수 있다. 일과 계획시 시계를 함께 보면서 특정 활동을 시작하거나 끝낼 시간에 대해서 이야기해 볼 수도 있다. 달력을 함께 보면서 달력 속에 나타나는 일정한 수의 규칙에 초점을 맞추어 보도록 질문할 수도 있다. 매일의 날짜를 읽어 보면서 수가 가지는 여러 가지 의미에 대해서 경험해 볼 수도 있다.

놀이 평가 시간에는 유아들과 그 날의 놀이 상황을 시간의 순서대로 회상해 보며 순차적 시간개념을 경험하고 첫째, 둘째 등 서수를 이용한 의사소통도 해 볼 수 있다. 놀이 평가시에는 자유선택활동시 필요한 규칙을 결정해야 하는 경우도 있다. 예를 들어 쌓기놀이하는 곳에 들어가야 할 인원을 제한해야 할 필요가 있음을 제안한다면 토론 후 투표로 정할 수 있다. 투표 후 교사는 유아와 함께 수를 세고 다양한 방법으로 많은 쪽과 적은 쪽을 구분해 본다.

일과	비형식적 수학학습 상황
일과 계획 및 놀이 평가 시간	- 달력을 보면서 이번 달에 생일을 맞은 사람이 몇 명이나 있는지 세어 본다. - 오늘이 몇 월 며칠인지 알아본다. - 원의 행사일까지 며칠이 남았는지 세어 본다. - 시계를 함께 보면서 다시 모일 시간에 대해 이야기 나눈다. - 일과표를 보며 순차적 시간에 대한 이야기를 나눈다.

(3) 자유선택활동 시간

다양한 흥미영역의 활동들을 하는 중에 교사는 수학적인 사고를 할 수 있도록 발문하며 수학적 용어를 사용하여 영유아들과 의사소통한다. 교사는, 유아의 주도권을 인정하면서 놀이 중에 개입하여 놀이 속에서 유아가 사용하는 수나 도형

개념이 정신적 활동으로 이어질 수 있도록 하며 분류하기 비교하기와 같은 수학적 과정들을 경험해 볼 수 있도록 한다. 예를 들어 역할놀이영역에서 놀이할 때 교사는 "두 개 살께요. 그럼 얼마에요?", "엄마는 나보다 몸이 크니까 더 많이 먹어야 할 것 같아요. 10개보다 더 많이 주세요"라고 놀이자로 참여하여 수학적으로 의사소통한다. 교사는 밥그릇, 국그릇을 친구 수대로 달라고 제안할 수 있고, 음식을 나누어 줄 때 누구에게 몇 개가 더 필요한지, 누가 제일 큰 그릇을 사용해야 하는지 발문해 볼 수 있다.

이러한 수학적 의사소통을 통해 교사는 자유선택활동 중 유아의 수 개념에 대해서 관찰하고 평가해 볼 수 있다. 쌓기놀이영역 역시 교사의 개입으로 비형식적 수학교육이 많이 이루어질 수 있는 곳이다. 쌓기놀이시 교사는 "다리의 양쪽 높이를 똑같이 하려면 작은 블록이 몇 개 더 필요할까?", "어떤 블록이 더 길까?", "어떤 블록이 더 클까?", "사람이 제일 많이 들어갈 수 있는 집은 어디일까?", "계단을 만들 때 노랑 빨강 파랑 노랑 빨강 그 다음엔 어떤 색으로 쌓을까?", "같은 크기의 블록이 어떤 것일까", "빨간 벽돌블록에서 위로 다섯 번째 있는 블록을 한번 빼 보자." 등으로 개입하여 유아의 수학적 사고를 촉진한다. 위-아래, 옆-뒤의 방향 용어 사용, 도형의 명명과 변환, 순서짓기 및 측정과 같은 다양한 수학적 개념의 획득을 쌓기놀이에서 확인할 수 있다.

미술영역에서는 유아가 각종 모양 색종이를 가지고 원하는 구성물을 만들 때 교사가 "네모는 어떤 것과 어떤 것을 합쳐서 만들어 볼 수 있을까?", "반으로 접으면 어떤 모양이 될까?" 등으로 발문해 본다. 음률영역에서는 유아들이 악기로 청각적 패턴을 만들 때 유아가 만든 청각적 패턴을 언어화해 주면서 개입할 수 있다. 자유선택활동시 교사가 개입할 때는 유아가 놀이에의 주도권을 잃지 않도록 배려하면서 흥미있는 수학적 상호작용이 될 수 있도록 한다.

일과	비형식적 수학학습 상황
자유선택 활동	- 20개의 블록 중 쌓기놀이를 하는 5명의 친구와 나누어 가지게 되면 각각 몇 개씩 가질 수 있는지 이야기 나눈다.

	- 각 흥미영역별로 몇 명씩 놀이하고 있는지 세어 본다. - 교실에서 같은 모양으로 되어 있는 사물을 찾아보고 이야기 나눈다. - 친구와 키를 막대로 키를 대보고 교사는 누가 얼마나 더 큰지 이야기한다. - 친구와 서로 쌓은 블록의 키를 대본다. - 블록의 키를 갖게 하려면 어떻게 해야 할까 이야기 나눠 본다. - 우리 반 친구들이 가장 좋아하는 놀이영역은 무엇인지 이야기해 본다. - 미술놀이시 합치면 어떤 모양이 될지, 반으로 접으면 어떤 모양이 될지 이야기 나눈다.

(4) 간식, 점심 시간

간식이나 점심을 먹을 때는 간식컵이나 접시, 숟가락, 젓가락 등을 가져오고 정리하면서 일대일 대응의 자연적 경험을 하게 되며 전체 수를 균등하게 나누어 보는 경험, 구체물의 더하기 빼기 경험도 하게 된다. 교사는 "하나씩 나누어 가지자". "너희 탁자에 앉아 있는 아이들이 두 개씩 간식을 먹으려면 몇 개를 가져가야 하니?", "누가 가장 많이 먹었니?"와 같이 수학적 용어를 사용하고 수학적으로 문제해결할 수 있도록 지원한다.

일과	비형식적 수학학습 상황
간식, 점심	- 내가 오늘 사용한 좋아하는 맛의 치약을 몇 명이나 사용했는지 관찰해 본다. - 간식의 숫자를 세어 보고 하나씩 먹으면서 다시 세어 본다. - 모둠별로 1인당 몇 개씩 먹을 수 있는지 나눠 본다. - 간식이 어떤 모양인지 말해 본다. - 간식의 모양과 비슷한 물건을 말해 본다. - 점심시간 급식판에 음식이 어떤 패턴으로 담겨 있는지 알아본다. - 간식시간에 먹지 않은 음식과 먹고 남은 음식을 각각 다른 그릇에 분류한다.

(5) 정리 정돈 및 화장실 다녀오기 시간

자유선택활동시 교사는 곧 놀이를 끝내고 정리 정돈을 할 것임을 유아들에게 미리 알리고 놀이를 마무리할 수 있도록 한다. 이때 교사는 "긴 바늘이 10자에 가면 놀이를 끝낼 것이다"라고 알림으로써 시계의 긴 바늘 움직임을 유아와 함께 살펴볼 수 있다. 정리 정돈 시간은 놀잇감을 분류해 보게 되는 시간이다. 교사는 유목포함 관계를 유아들이 생각해 보거나 비교하고 순서지어 볼 수 있게 상호작용해 볼 수 있다. "어떤 놀잇감들과 같은 것일까?", "어떤 바구니에 넣어야 할까?", "이 블록들은 무엇이 똑같을까?"라고 질문할 수 있다. 정리 정돈 후 놀이 평가시간 등을 이용하여 정리가 안 되어서 불편했던 부분이라든지, 정리가 어려운 놀잇감에 대해 이야기해 보고 그 해결방법이라든지 이렇게 정리하는 이유에 대해 유아들과 평가해 볼 수 있다. 예를 들어 역할놀이영역의 찬장 서랍에 수저통과 요리도구통을 교사가 구분해 놓았으나 제대로 정리되지 않고 있다면 교사는 찬장 서랍에 두 가지 통이 구분되어 들어있는 이유에 대해 유아들과 이야기해 볼 수 있다. 같은 도구이지만 쓰임새가 어떻게 다른지 이야기해 본다. 유아들은 두 가지 기준에 의해 분류하는 것에 대해서 생각해 보게 될 수 있으며, 정리 정돈시 그냥 무의식적으로 하던 분류나 일대일 대응에 대해 정신적 활동을 해 볼 수 있는 기회가 된다.

일과	비형식적 수학학습 상황
정리 정돈 및 화장실 다녀오기	– 정리 정돈 시간에 대해 알림으로써 시계를 사용할 수 있는 상황을 알게 한다. – 역할놀이영역에서 냉장고 안의 음식들을 종류에 따라 구분하여 정리하도록 한다. – 역할놀이영역에서 찬장의 내용물을 종류에 따라 구분하도록 안내한다. – 친구들이 손을 씻을 때 물비누 펌프질을 몇 번하는지 세어 본다. – 남아있는 컵을 세어 보고 누구까지 물을 먹을 수 있는지 뒤에 있는 친구들의 수를 세어 본다. – 몇 번째로 화장실에 들어가게 되는지 이야기해 본다. – 화장실 벽에 있는 타일의 규칙을 찾아본다.

(6) 실외자유선택활동 및 산책 시간

실외자유선택활동 시간이나 산책 시간은 교사가 준비해 놓은 환경 외에도 무수한 자연물을 통해 수학학습이 이루어질 수 있는 시간이다. 교사는 실외놀이나 견학을 통해 일어날 수 있는 상황에 대해 미리 생각하고 있다가 적절히 개입함으로써 학습으로 이끈다.

일과	비형식적 수학학습 상황
실외자유 선택활동 및 산책	– 실외자유선택활동 시간에 놀이터에서 같은 모양으로 되어 있는 것에 대해 찾고 이야기 나눈다. – 비가 온날의 흙과 비가 오지 않은 날의 흙이 어떻게 다른지 말로 이야기해 보고 벤다이어그램으로도 그려 본다. – 산책 중 나무들의 키나 꽃잎들의 수를 비교하고 순서짓게 해 본다. – 산책시 규칙성있게 줄을 서 본다. – 색이나 옷의 무늬 등 공통점을 가진 사람끼리 짝을 지어 본다.

비형식적 수학학습을 안내하기 위해 교사는 유아 수학교육을 위한 명확한 내용 지식을 가질 필요가 있다. 놀이나 일상생활의 맥락 속에 숨어 있는 개념과 기술을 교사가 인식하지 못한다면 적절한 학습으로 이끌 수 없기 때문이다. 교사의 교육 내용 지식은 교사가 교육을 계획할 때 뿐만 아니라 교육적 상황을 포착하여 비계 설정할 때 필요한 부분이다(Charlesworth, 2000)7).

3) 형식적 수학학습

형식적 수학학습은 수학학습을 위해 교사가 사전에 교육내용과 교재 · 교구 등을 계획하여 실행하는 의도되고 계획된 수학학습이다. 수학활동을 하나의 독립된 활동으로 계획하는 것으로서 자유선택활동의 수학 영역에서 개별적으로 이루어지게 하거나 수학 교재 · 교구를 사용하여 집단 수업으로 실시되도록 하는 것이다.

유아교육기관은 교과서라는 일련의 일괄적인 교육과정 제시자료가 없으므로 각 학급의 교사는 교육과정 속 교육내용을 교사 스스로 주도적으로 구성하게 된다. 유아교육기관 현장에서 교사는 유아가 수학적 내용을 반복적으로, 계열성 있게 학습할 수 있도록 장 · 단기 교육계획 속에 반영한다. 유아교육기관에서 많이

7) Charlesworth, R.(2000). Experiences in Math for Young Children. 4th Edition. NY: Delmar.

운영되는 주제 중심 통합교육과정인 경우에도 마찬가지이다. 교사는 다른 영역의 교육내용과 마찬가지로 수학교육 내용이 고르게 배치될 수 있도록 수학교육을 위한 연간, 월간 계획을 세워 본다. 1년에 걸쳐 진행될 여러 가지 주제를 추출한 후 선정된 모든 주제 안에 수학내용이 고르게, 반복적으로 그리고 계열성을 가지고 심화되도록 수학교육 내용을 기록해 본다. 또한 한 주 또는 일일의 수학교육 목표를 분명하게 진술하고 수학 및 다른 활동들간의 연계가 유기적으로 이루어질 수 있도록 한다. 장기계획에 포함되어 있지 않더라도 유아의 요구나 흥미에 따라서 융통성 있게 수학활동의 변형이나 추가가 이루어질 수 있다. 형식적 수학학습은 다른 영역의 학습과 마찬가지로 그 형태가 단일하게 구조화되어 있지 않지만 대개 다음의 단계를 거칠 수 있다.

(1) 도입

수학학습을 위한 도입시 교사는 유아들의 활동과 관련된 사전 경험에 대해서 이야기 나눔으로써 개인의 사전 지식과 연계시키고 수학활동에 동기유발될 수 있도록 한다. 활동의 계기가 되는 실제 일상생활에서의 문제를 제시할 수도 있고 유아가 흥미를 가지는 동화책을 통해 유아가 수학적 문제해결에 대한 관심을 가지도록 이끌 수도 있다. 자료나 교재 · 교구를 보고 어떤 활동을 할지 예측해 볼 수 있다. 교사가 활동을 소개할 수도 있고 활동의 진행방법을 유아들과 함께 결정할 수도 있다.

교사가 준비한 활동의 교재 · 교구, 재료, 도구가 있다면 충분히 자유롭게 감각적으로 탐색하고 살펴보면서 어떻게 하는 활동인지 예측해 보게 할 수 있다.

(2) 전개

전개과정에서는 활동의 교재 · 교구나 재료, 도구를 탐색하면서 문제를 해결하기 위한 다양한 실험이 이루어질 수 있도록 한다. 문제해결 중에 교사는 정답을 제시하기보다는 유아가 스스로 해결 방법을 생각해 보게 하는데 초점을 둔다.

따라서 교사는 유아가 문제해결 방법을 고안하고 실험하며, 자신의 문제해결 방법을 평가하고 비교하고 또 다른 대안을 찾아보게 하는 질문과 제안을 한다. 또한 추론적 사고를 해 볼 수 있도록 "왜 그렇게 생각하니?"라는 질문을 하여 유아가 자신의 생각을 검토할 수 있도록 한다. 또한 유아가 자신의 생각을 다양한 방법으로 표상해 보면서 생각을 드러내고 수정하거나 정리할 수 있도록 한다.

(3) 마무리

자신이 한 활동, 알아낸 것, 문제해결한 방법이나 표상의 결과물을 공유한다. 표상은 말이나 그림과 같은 매개물을 통해 자기의 수학적 개념이나 내적 사고를 드러내는 것으로 경험을 기억하고 생각을 정리하는 데도 도움이 된다. 예를 들어 모양 색종이로 모양을 변환시키거나 분할, 합성하여 특정 구성물을 만든 경우 이에 대해 친구들에게 소개하는 시간을 가짐으로써 자신이 가진 도형 특성에 대한 개념을 드러낼 수 있다. 그래프로 우리 반 아이들이 좋아하는 놀잇감의 순위를 알아본 경우에도 가장 많은 아이들이 좋아하는 놀잇감을 눈으로 확인하면서 수를 비교하고 수학적 표상이 가진 유용성도 이해하게 된다.

(4) 변형 및 확장

활동에서 얻은 개념을 활용하여 다른 영역의 활동과 통합하거나 새로운 활동으로 연결시키는 것이다. 예를 들어 복주머니 안에 든 구체물을 가지고 10개씩 묶어 세기를 해 보면서 100까지 세어 본 경우 역할놀이영역에서 과일가게 놀이를 진행하면서 딸기를 바구니에 10개씩 담고 파는 놀이를 제안해 볼 수 있다.

형식적 수학학습의 예 - 공룡의 크기를 재어 보아요

▸ 도입

□ 공룡 크기에 대한 동기유발 및 관련경험 나누기

- 다른 영역의 활동에서 얻은 사전 지식과 관심을 연계
  "동화 속 티라노사우르스는 다른 공룡들이 숨은 곳에 왜 들어올 수가 없었을까?
- 우리가 아는 가장 큰 동물에 대한 경험 나누기
  "너희들이 알고 있는 가장 큰 동물은 무엇이니?"

□ 공룡 크기에 대한 예측

- 공룡 크기에 대한 예측과 그 이유를 들어보기
  "티라노사우르스의 키는 얼마나 되는 것일까?"
  "티라노사우르스의 발 크기는 얼마나 클까? 왜 그렇게 생각했니?"

▸ 전개

□ 공룡 크기를 알 수 있는 방법에 대한 토론

- 다양한 해결책이 나올 수 있도록 허용하는 분위기에서 발문하기
  "어떤 방법으로 티라노사우르스의 발 크기를 알 수 있을까?"
  "티라노사우르스 키가 얼마나 큰지 어떻게 알 수 있을까?

□ 해결방법에 대해 실험해 보기

- 단풍나무와 티라노사우르스의 키가 비교된 장면이 있으므로 동화 속에 등장하는 단풍나무를 실제로 찾아서 키를 재보기
- 티라노사우르스의 키가 성인 남성과 비교하여 그려져 있는 정보그림책에 근거해서 성인 남성의 키를 바닥에 그려 보고 옆에 티라노사우르스를 그려보기
- 티라노사우르스의 발 크기가 수치로 나와 있는 책에 근거해서 티라노사우르스 발바닥을 전지에 그려보기

▸ 마무리

□ 수학적 아이디어 표현 및 자신이 알아낸 것을 공유

"어떻게 알아냈니?"

▸ 변형 및 확장

□ 수학적 의사소통을 통해 변형된 아이디어를 실험

- 실제 크기의 입체물 공룡을 만들어 보자.

형식적 수학학습의 예 - 발이 얼마큼 크지요

▸ **도입**

□ 「발이 얼마큼 크지요」 동화 듣기

(이야기/그림: Polf Myller 펴낸곳: Dell Publishing Co., 1960)

(이경우(1995). 수학교육을 위한 문학적 접근에서 발췌)

옛날옛날에 임금님과 왕비님이 살았습니다. 임금님과 왕비님은 세상의 모든 것을 가졌기 때문에 무척 행복했습니다. 그러던 어느 날, 왕비님의 생일이 다가오자 임금님에게는 한 가지 걱정거리가 생겼습니다. "모든 것을 가진 왕비님에게 무엇을 줄 수 있을까?" 임금님은 생각하고, 생각하고, 또 생각했습니다. 그러다 갑자기 좋은 생각이 떠올랐습니다. 임금님은 왕비님에게 침대를 선물하기로 했습니다. 임금님은 침대를 보고 침대가 아주 아름답다고 생각했습니다. 임금님은 왕비님의 생일까지 기다릴 수가 없었습니다. 그래서 임금님은 왕비님을 즉시 불러 침대에 왕비님을 누워 보라고 말씀하셨습니다. 그러나 그 침대는 왕비님에게 너무나 작았습니다. 임금님은 화가 나서 즉시 총리를 불렀습니다. 총리는 목수장을 불렀습니다. 목수장은 간수를 불러서 목수를 감옥에 보내라고 말했습니다. 목수는 무척 슬펐습니다. "왜 침대가 왕비님한테 너무 작을까?" 목수는 생각하고 생각하고 또 생각했습니다. 그러다 갑자기 좋은 생각이 떠올랐습니다. 임금님의 발로 가로가 세 발 크기, 세로가 여섯 발 크기만한 침대는 목수의 발로는 가로가 세 발 크기, 길이가 여섯 발 크기인 침대보다 더 클 것은 당연하다고 생각했습니다. "임금님의 발 크기를 안다면 왕비님에게 꼭 알맞은 침대를 만들 수 있어" 목수는 외쳤습니다. 목수는 간수에게 설명했고 간수는 목수장에게 설명했고 목수장은 총리에게 설명했고 총리는 임금님에게 설명했습니다. 그런데 임금님은 너무 바빠서 감옥까지 갈 수가 없었습니다. 그 대신 임금님은 신발을 벗고 유명한 조각가를 불렀습니다. 조각가는 대리석으로 임금님 발과 똑같은 조각품을 만들었습니다. 조각품을 감옥에 가져왔습니다. 목수는 임금님의 발과 똑같은 대리석 조각품을 가지고 가로가 3발 크기, 세로가 6발 크기가 되도록 쟀습니다. 목수는 왕비님에게 알맞은 침대를 만들었습니다. 침대는 여왕님에게 딱 맞았습니다. 그 침대는 왕비님이 받은 선물 중 가장 마음에 드는 것이었습니다. 임금님은 아주 기뻤습니다. 임금님은 감옥에 있는 목수를 불러 칭찬을 하였습니다. 그리고 큰 행진을 하여 모든 사람들이 칭찬할 수 있도록 하였습니다. 세월이 흐른 뒤, 어떤 것을 재고 싶은 사람은 임금님의 발만한 크기로 쟀습니다. 그러니까, 어떤 사람이 "내 침대는 가로 길이가 여섯 발(6피트), 세로 길이가 세 발(3피트)예요" 라고 말하면 사람들은 금방 그 크키가 얼마인지 정확히 할게 되었답니다.

□ 동화 회상하며 동화 속 문제해결에 대해 이야기 나누기

- 어떤 문제가 있었니?
- 동화 속 목수는 어떻게 해결했니?

► **전개**

□ **동화 속 문제해결 방법 재연하기**

- 선생님의 발과 너희들의 발로 길이를 재서 침대를 만들어 보자.
- 어떻게 다르니?
- 유치원에 있는 침대를 선생님의 발로 재어 보자.
- 또 다른 어떤 것으로 잴 수 있을까?

□ **친구 침대 만들기**

- 유치원 친구의 침대를 어떻게 만들어 볼 수 있을까?
- 무엇으로 재서 침대를 만들 수 있을까?

► **마무리**

□ **수학적 아이디어 표현 및 자신이 알아낸 것을 공유**

- 무엇으로 재서 만들었니?
- 블록으로 잰 것과 연필로 잰 것은 어떻게 다르니?

► **변형 및 확장**

□ **유치원 다른 물건을 재고 싶은 것으로 재보기**

제6장

수학교육의 평가

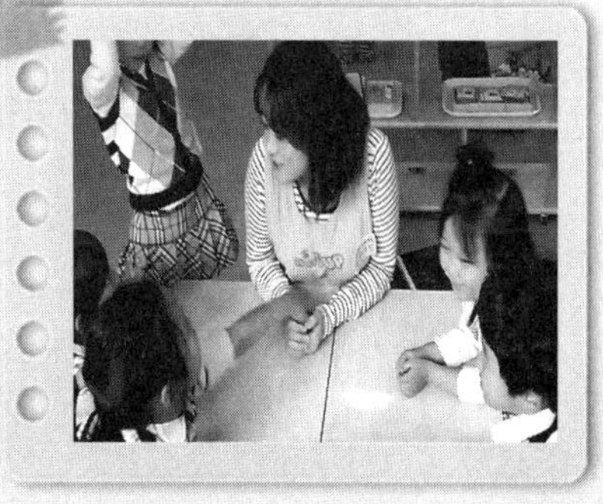

교사는 영유아의 수준을 진단하여 수학교육의 계획과 목표를 세우며, 지속적으로 성취를 평가함으로써 모든 영유아가 교육의 혜택을 받고 있는지 판단하고, 다음 교수활동에 반영하게 된다.

영유아 수학교육의 평가는 다른 교과영역과 마찬가지로 영유아를 위한 기본 평가의 원리 하에서 이루어져야 한다. 국가수준 교육과정인 누리과정에서는 영유아평가의 지침을 다음의 다섯 가지로 제시하고 있다(교육부, 2013).

첫째, 목표와 내용에 근거하여 영유아의 특성과 변화 정도를 평가한다.

영유아에 대한 평가는 궁극적으로 개별 영유아에 대한 이해를 높이고 영유아의 전인발달에 도움을 주기 위해 실시하는 것이다. 따라서 성취 중심의 평가보다는 변화 과정을 진술하는 평가가 이루어지는 것이 바람직하다.

둘째, 영유아의 지식, 기능, 태도를 포함하여 평가한다.

누리과정은 만 3, 4, 5세 영유아가 갖추어야 할 기본 능력과 소양을 기르기 위한 것으로 세부내용은 지식, 기능, 태도 및 가치를 포함하고 있다. 따라서 이러한 지식, 기능, 태도를 모두 포함하여 평가하도록 한다.

셋째, 영유아의 일상생활과 누리과정 활동 전반에 걸쳐 평가한다.

영유아는 다양하게 편성된 하루 일과에 참여하면서 여러 경험을 한다. 따라서 영유아를 평가하고자 할 때 특정 활동이나 영역에 초점을 맞추기보다는 일과 전반에 걸쳐 관찰한 것에 기초하여 평가하도록 한다.

넷째, 관찰, 활동 결과물 분석, 부모면담 등 다양한 방법을 사용하여 종합적으로 평가하고 그 결과를 기록한다. 영유아를 평가할 때는 여러 내용을 다양한 방법을 통해서 정보를 수집하고 그것에 기초하여 결과를 분석하는 것이 바람직하다. 가장 많이 사용하는 것이 관찰하는 것이며 영유아가 놀이나 활동에서 만든 활동물, 동영상, 쌓기 구조물 사진 등을 주기적으로 수집하고 관찰자료와 함께 활용하여 종합적으로 평가하도록 한다. 부모와의 면담을 통해 정보를 추가하여 종합적으로 평가하고 이를 기록해 둔다.

다섯째, 영유아 평가 결과는 영유아에 대한 이해와 누리과정 운영 개선 및 부모 면담자료로 활용할 수 있다.

영유아에 대한 평가는 주기적으로 영유아의 현재 발달 수준과 누리과정의 성취 정도를 파악하는데 활용한다. 부모 면담의 자료로도 활용하여 가정과 연계하여 영유아의 전인적 발달을 지원한다.

영유아 수학교육의 평가 목적과 방법을 구체적으로 보면 다음과 같다.

1. 평가의 목적

유아교육기관에서 평가는 영유아의 최적 발달과 프로그램의 목적을 성취하기 위해 영유아가 무엇을 할 수 있는지에 대한 정보를 수집하고 문서화하는 기본적인 과정이다(Mcafee, Leong, & Bodrova, 2004). 영유아 평가는 교육목표의 성취를 평가함으로써 교육계획을 세우고, 교수 · 학습 방법을 개선하는 기초자료로 사용되며 부모 및 지역 공동체와 정보를 공유하여 교육에의 신뢰를 높이고 최적 발달을 지원받을 수 있다는 점에서 중요하다. 영유아 수학교육 평가도 개인의 수학적인 능력 발달 상황을 점검하고 이후 교육과정을 계획하고 개선하기 위한 자료로 삼는 것이 기본 목적이 된다. 그리고 이를 통해 부모 및 지역 공동체와 원활히 의사소통할 수 있게 된다.

NCTM(2000)은 영유아 수학교육의 평가를 "학습자의 수학에 관한 지식, 능력과 성향에 대한 증거를 수집하고 다양한 목적을 위해 그 증거로부터 추론해 내는 과정"으로 정의하였다. 그리고는 구체적 수학교육 평가의 목적을 네 가지로 제시하였다.

첫째, 교사가 영유아의 발달을 이해해서 수학교육을 위한 적절한 목표를 설정하기 위함이다.

둘째, 영유아의 이해 수준을 파악해서 다음 교수 · 학습 활동계획에 반영함으로써 수학학습을 지원하기 위함이다.

셋째, 규칙적인 간격으로 증거를 수집, 분석, 보고함으로써 영유아의 성취 정도를 평가하기 위함이다.

넷째, 모든 영유아가 적절한 학습을 받고 있는지에 대한 증거를 수집하여 프로그램의 적절성을 평가하기 위함이다.

2. 평가방법

영유아 수학교육을 평가하기 위해서 다양한 평가방법을 사용할 수 있다. 가장 보편적으로 사용되는 관찰법, 검사법, 면접법, 포트폴리오기법에 대해 살펴보고자 한다.

1) 관찰법

영유아는 평가를 위해 환경을 통제해 놓은 상황에 영향을 많이 받으며 언어적 의사소통에 제약을 가지므로 일상의 활동에서 자연스럽게 말하고 행동하는 모습을 보고 기록하는 관찰법은 영유아를 위한 평가방법으로 유용하다. 따라서 관찰법은 유아교육 프로그램에서 널리 사용되어지고 있다. 영유아 수학교육에서 관찰은 교수·학습 중에 일부분으로서 행해지는 것으로 수학적 지식뿐 아니라 수학적 과정과 태도를 평가할 수 있다는 장점이 있다. 그러나 관찰한 내용의 타당도를 검증하기 어려우며 관찰자의 편견이나 선입견이 개입될 여지가 있다. 또한 교사가 원하는 영유아의 정보가 항시 고르게 관찰되는 것이 아니므로 원하는 정보를 효율적으로 얻는데는 한계가 있다.

관찰법의 종류에는 일화기록, 체크리스트, 평정척도 등이 있다.

일화기록은 현장에서 많이 활용되는 관찰법으로 발생한 사건을 중심으로 어떤 일이 일어났는지, 그리고 어떤 말과 행동을 했는지를 사실적으로 기록해야 한다. 주관적 해석이 담긴 단어의 사용은 피하고 있는 사실을 언어적, 비언어적으로 그대로 기록할 필요가 있다. 예를 들어 '좋아했다'라는 기록 대신 '소리없이 웃었다'로 표현한다. 일화기록에는 교사의 간단한 평가를 적어 놓으면 이후에도 그때 당시 상황에 대한 해석을 어떻게 했었는지 참고할 수 있다. 또한 앞으로의 교수계획도 함께 적어 놓을 수 있다.

일화기록

유아명: 최정원 **일시:** 2015년 5월 3일 11:00경
관찰자: 김수진

정원이는 상원이, 기령이와 함께 역할놀이영역에서 밥상을 차려 놓고 앞에 앉아 있다. 정원이가 "마트에서 음식 배달이 와야해"라고 말한다. 상원이가 "내가 배달하는 아저씨할게"라며 일어선다. 정원이가 "안돼"라고 말하며 상원이의 팔을 잡는다. "순서를 정하지"라고 말한다. 기령이는 둘을 쳐다보고는 "나도 하고 싶어"라고 말한다.
정원이는 "그럼 가위바위보를 하자"라고 말한다. 셋은 가위바위보를 한다. 가위바위보가 끝난 후 정원이는 "기령이가 1등, 내가 2등, 상원이가 3등." "기령이가 먼저 배달원해"라고 말한다.

평가: 정원이는 합리적 문제해결의 아이디어를 가지고 있으며 자신의 아이디어를 친구들에게 이야기할 수 있다. 순서수의 표현으로 1등, 2등이라는 어휘를 사용한다.
교수계획: 1등, 2등 대신에 첫 번째, 두 번째 라는 순서수의 표현에 대해서도 교육할 필요가 있다.

체크리스트는 관찰하고자 하는 행동의 목록을 구체적 문항으로 만들고 예/아니오로 표기하는 것이다. 체크리스트는 특별한 훈련없이 간단히 체크가 가능하며 시간을 효율적으로 절약할 수 있다는 장점이 있는 반면 행동의 출연빈도나 질적 수준에 대한 정보를 얻기는 힘들다는 단점을 가진다(임부연 외, 2014). 체크리스트의 주요 목적은 두 가지이다.

첫째, 어느 시점에서 특정한 행동 출현에 관심을 가지고 있을 때 사용된다.

관찰되면 '예' 관찰되지 않으면 '아니오'로 표기한다.

둘째, 시간의 흐름에 따른 발달의 변화를 알고자 할 때 사용할 수 있다. 학기 초에 동그라미, 세모, 네모를 구별하는지 알아보고 특정시기에 다시 알아보고 싶을 때 같은 양식에 날짜 기록란을 함께 만들어 사용하면 좋다(이정환 · 박은혜 · 1995).1)

공간어휘 표현 체크리스트

관찰대상 : 　　　　　　관찰자:
활동: 촉감상자에서 물건 찾기
지시: 다음의 언어표현이 관찰되면 '예', 관찰되지 않으면 '아니오'에 표시하시오.

행동	예	아니오
오른쪽이라는 표현을 사용한다.		
왼쪽이라는 표현을 사용한다.		
앞이라는 표현을 사용한다.		
뒤라는 표현을 사용한다.		
위라는 표현을 사용한다.		
아래라는 표현을 사용한다.		

평정척도법은 관찰자의 행동을 관찰 후 연속성이 있는 평가지에 수량화된 점수나 가치를 부여하도록 하는 것이다. 평정척도법은 체크리스트와 달리 행동의 질도 평가할 수 있으므로 유아교육 현장에서 매우 유용하게 쓰일 수 있으며 평정척도를 반복해서 사용했을 경우 시간의 흐름에 따른 행동변화도 관찰할 수 있다. 그러나 개발이 쉽지 않고 관찰자의 판단이 요구되는 것이므로 편견이 개입될 소지가 있으며 상황 설명이 없어서 맥락 설명이 어렵다는 단점이 있다.

1) 이정환 · 박은혜(1995). 교사들을 위한 유아관찰 워크북. 서울: 한국어린이육영회.

평정척도를 이용한 관찰

관찰대상 : 관찰자 :

지시 : 1. 각 문항에서 유아의 행동을 가장 잘 진술한 범주에 v표시를 하고 그 옆에 관찰 날짜를 적는다.

2. 만일 진술문 중 그 어느 것도 현재 유아의 행동을 설명하지 못하거나 덧붙일 사항이 있으면 기타란에 적는다.

1. 유아의 숫자세기는 어떠한가?

( ) 숫자와 사물을 연결시키지 못한다.
( ) 숫자를 기계적으로 세므로 사물의 숫자와 맞지 않는다.
( ) 세 개의 사물까지 정확하게 센다.
( ) 네 개에서 열 개까지 사물을 정확하게 센다.
( ) 열 개 이상의 사물을 정확하게 셀 수 있다.

2. 유아가 공간적 관계를 이해하는가?

( ) 방향이나 사물의 위치에 대한 지시를 이해하고 따르지 못한다.
( ) 방향이나 사물의 위치에 대한 지시를 이해하기는 하나 대화를 할 때 적절하게 사용하지는 못한다.
( ) 물건의 위치와 관련된 단어(위에, 밑에, 앞에)를 일상 대화에서 적절하게 사용할 수 있다.
( ) 사물이 움직이는 방향(위로, 아래로, 뒤로, 앞으로)을 일상의 대화에서 적절하게 사용할 수 있다.
( ) 사물들 사이의 거리(가까운, 먼)에 관하여 일상대화에서 적절하게 사용할 수 있다.

3. 유아의 시간에 대한 이해력은 어느 정도인가?

( ) 시간이나 일상생활에서 일어나는 순서에 대한 개념이 없다.
( ) 유아교육기관에서 일어나는 하루의 일과를 이해하고 그에 맞추어 다음의 행동을 할 수 있다.
( ) 사건이나 행동을 일어난 순서대로 설명할 수 있다.
( ) 시간의 간격을 비교할 수 있다. 즉, 내년은 내일보다 훨씬 먼 시간이라는 것을 안다.
( ) 시간의 단위를 정확하게 안다. 즉, 어제, 오늘, 내일 등의 단어를 시제에 맞추어 사용할 줄 안다.

출처: 이정환 · 박은혜(1995). 교사들을 위한 유아관찰 워크북. 서울: 한국어린이육영회.

2) 검사법

검사는 수학교육에서 전통적으로 사용되던 평가방법이라고 할 수 있다.

검사는 표준화된 검사와 교사에 의해 제작된 검사로 나눌 수 있다. 유아교육 현장뿐 아니라 상담 및 치료기관에서도 표준화 검사인 진단검사, 선별검사가 활용되고 있다. 검사는 영유아의 능력을 여러 방면에서 정확하게 평가할 수 있다는 장점이 있다. 그러나 검사는 결과 중심적인 평가로 인해 영유아에게 실패에 대한 부담이나 수학에 대해 부정적 태도를 가져올 수 있으며 자칫 과잉 일반화의 우려가 있을 수 있으므로 주의하여 사용할 필요가 있다. 한국판 웩슬러 지능검사(K-WISC, 곽금주 · 오상우 · 김청택), 카우프만 아동용 지능검사(K-ABC) 등이 이에 해당한다. 이들 검사는 수학 외 전반적 인지능력이나 정보처리를 다루고 있으며 산수나 기억, 동형찾기 등의 하위검사들로 구성되어 있다. 유아 수학교육 내용을 중심으로 개발된 표준화 검사로는 유아그림수학능력검사(황해익 · 최혜진, 2007), 수학활동중심의 유아수학능력 진단검사(김현정, 2006), NCTM의 수학교육 내용기준에 근거한 유아수학능력 평가도구(김지영, 2005) 등이 있다. 유아 수학능력의 진단 및 점검을 위한 검사법은 유아 수학교육이 가지는 목표 중 지식 중심의 평가이므로 수학하는 과정이나 태도를 평가하는 데는 어려움이 있다는 한계를 가진다. 다음은 유아 수학교육 평가도구의 일부이다.

Ⅰ. 수와 연산(31문항)

수 개념 (21문항)

(1) 수세기의 의미, 합리적 수세기, 수량과 숫자 연결짓기(7문항)

〈준비물〉
[문항 1–7] 숫자카드
구체물 - 바둑알(30개), 반지름이 7cm인 흰색 쟁반

시작 문항 : 3 · 4 · 5세 유아 모두 [문항 1]은 공통적으로 실시(단, 유아의 연령에 따라 제시하는 바둑알의 개수는 상이함)

3세의 경우 [문항 2, 3] 합리적 수세기(1), 수량과 숫자 연결짓기(1)
4 · 5세 경우 [문항 4, 5] 합리적 수세기(2), 수량과 숫자 연결짓기(2)

각 연령에 따라 제시된 시작 문항에서 검사를 실시하고, 시작 문항에서 틀리는 경우에는 바로 앞의 문항으로 돌아가 검사를 실시한다. 단, 합리적 수세기를 하지 못할 경우에도 숫자를 묻는 문항은 실시한다. 만약 [문항 2]를 틀린 경우에는 [문항 4, 6]을 실시하지 않으며, [문항 4]를 틀린 경우에는 [문항 6]을 실시하지 않는다. 또한 [문항 3]을 틀린 경우에는 [문항 5, 7]을 실시하지 않으며, [문항 5]를 틀린 경우에는 [문항 7]을 실시하지 않는다.

<table>
<tr><td colspan="2">[문항 1–3] 수세기 의미, 합리적 수세기(1), 수량과 숫자 연결짓기(1) – 수단어의 순서, 일대일 대응, 수세기의 사용 이해(수량화 의미 이해 – enumeration), 숫자 인식</td></tr>
<tr><td>문항 1) 〈수세기 의미〉 (쟁반 위에 바둑알을 5개/14개 흩어 놓으면서) “여기에 바둑알이 얼마만큼 있을까요?”</td><td rowspan="3"><table><tr><td>4</td><td>5</td></tr><tr><td>6</td><td>7</td></tr></table></td></tr>
<tr><td>문항 2) 〈합리적 수세기〉 (수세기 사용 의미를 파악하지 못하여 수세기를 시도하지 못한 경우) “여기에 바둑알이 몇 개 있는지 한번 세어 보세요.”</td></tr>
<tr><td>문항 3) 〈수량과 숫자 연결짓기〉 (제시된 바둑알을 모두 세었거나, 세지 못하였을 경우에도 숫자카드를 보여주면서) “바둑알이 5개 있는데, ‘5’를 어떻게 쓰는지 한번 찾아보세요.”</td></tr>
</table>

<table>
<tr><td colspan="2">[문항 4, 5] 합리적 수세기(2), 수량과 숫자 연결짓기(2)</td></tr>
<tr><td>문항 4) 〈합리적 수세기〉 (수세기 사용 의미를 파악하지 못하여 수세기를 시도하지 못한 경우) “여기에 바둑알이 몇 개 있는지 한번 세어 보세요.”</td><td rowspan="2"><table><tr><td>13</td><td>14</td></tr><tr><td>15</td><td>16</td></tr></table></td></tr>
<tr><td>문항 5) 〈수량과 숫자 연결짓기〉 (제시된 바둑알을 모두 세었거나, 세지 못하였을 경우에도 숫자카드를 보여주면서) “바둑알이 14개 있는데, ‘14’를 어떻게 쓰는지 한번 찾아보세요.”</td></tr>
</table>

[문항 6, 7] 합리적 수세기(3), 수량과 숫자 연결짓기(3)	
문항 6) 〈합리적 수세기〉 (쟁반 위에 바둑알을 30개 흩어 놓으면서) "여기에 바둑알이 몇 개 있는지 한번 세어 보세요."	28 29 30 31
문항 7) 〈수량과 숫자 연결짓기〉 (제시된 바둑알을 모두 세었거나, 세지 못하였을 경우에도 숫자카드를 보여주면서) "바둑알이 30개 있는데, '30'를 어떻게 쓰는지 한 번 찾아보세요."	

출처: 김지영(2004). NCTM의 수학교육 내용기준에 근거한 유아수학능력 평가도구 개발. 원광대학교 박사 학위논문.

교사가 원하는 평가내용을 담은 적절한 평가도구가 없을 경우 교사들이 직접 제작하여 사용할 수 있다. 교사제작 검사는 프로그램의 목표와 더 밀접하게 연관되어 있는 검사문항을 개발하여 실행할 수 있다는 장점이 있다. 또한 표준화 검사보다 시간적인 구애를 받지 융통성 있게 사용가능하며 비용이 적게 들고 검사의 실시, 채점 및 해석에 있어서 전문적인 훈련을 받지 않아도 된다는 장점이 있다(임부연 · 오정희, 2014).2) 교사제작 수학 평가 도구의 예는 다음과 같다.

교사제작 검사의 예

■ 물체 수세기/ 더하기와 빼기/ 수의 부분과 전체

가은이와 민선이는 각각 간식접시에 과자를 담았다. 누가 몇 개나 더 많이 담았는가? 같은 수만큼 과자를 먹으려면 어떻게 하면 될까?

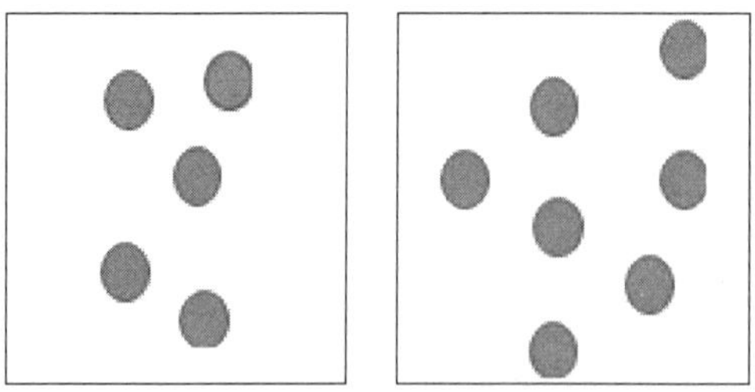

---

2) 임부연 · 오정희(2014). 영유아 교수학습방법. 서울: 동문사.

■ 공간

– 다음의 그림에서 공이 어디에 있는지 설명해 보세요.

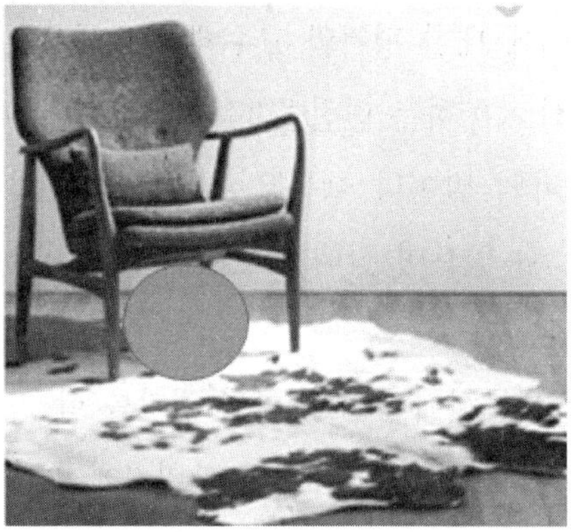

다음의 지시사항대로 이행하시오.

지시행동	이행	불이행	구체행동
유아에게 블록 하나를 주고 "오른쪽 통에 넣자"라고 말한다.			
유아에게 블록 하나를 주고 "왼쪽 통에 넣자"라고 말한다.			
유아에게 블록 하나를 주고 "앞에 있는 통에 넣자"라고 말한다.			
유아에게 블록 하나를 주고 "뒤에 있는 통에 넣자"라고 말한다.			

그림의 끝에 있는 네모에 놓을 과일이 어떤 것일까요?

3) 면접법

면접법은 유아나 부모로부터 언어를 매개로 여러 가지 정보나 자료를 수집하는 방법이다. 유아에게 시행되는 면접법은 관찰된 행동만으로는 유아가 정말 그 개념을 가지고 있는지 알기 어려울 때나, 관찰된 행동에 대해서 왜 그런 행동을 했는지에 대한 심층적인 정보가 필요할 때 사용될 수 있다. 부모에게 시행되는 면접법은 기관에서의 정보만으로는 불충분할 때 부모로부터 같은 행동의 목격 여부 및 가정에서의 행동에 대해 질문함으로써 아이에 대한 평가와 교수계획을 세우고자 할 때 사용될 수 있다. 여기에서는 유아에게 시행하는 면접법만을 다루고자 한다.

유아교육기관에서 면접법의 장점은 유아의 말이나 행동으로 관찰되지 않는 생각이나 부가적 상황을 세밀하게 파악할 수 있으며 상대적으로 진실된 자료를 얻을 수 있다는 장점이 있다.

그러나 시간이 많이 들고 유아의 표정이나 몸짓에 의해 왜곡된 평가를 할 가능성이 있다는 단점이 있다. 또한 면접을 시행하는 교사의 태도나 분위기에 유아의 답변이 영향을 받을 수 있으므로 교실 일과 중 자연스럽게 실시하는 것이 좋다. 자연스러운 상황에서 실시하되 면접을 위한 발문 계획은 미리 세워 두어 필요한 정보를 효과적으로 얻을 수 있도록 한다. 다음 상황은 면접을 실시하게 되는 상황의 예이다.

정원이는 친구들에게 20이 넘는 수를 가지고 빼기 문제를 내고 있다. 정원이가 기술적으로 더하기 빼기를 암기하여 이야기하는지 또는 수의 부분과 전체 개념 속에서 정확히 이해하는지, 즉 전체 수에서 더하기 빼기가 이루어질 때 수량이 어떻게 변화하는지에 대해 아는지에 대해 정원이를 불러 다음과 같이 질문할 수 있다.

- 정원이한테 과자가 20개가 있는데 선생님이 10개를 가져왔어. 몇 개가 남았을까?
- 선생님이 10개보다 더 많이 가져오면 너에게 남아있는 수는 아까보다 많을까 적을까?

4) 포트폴리오 평가

포트폴리오 평가는, 학습 능력을 예측하고 평가하는 도구로서 사용되었던 지능검사나 표준화된 성취검사들이 학습의 과정과 태도를 보여주지 못하기 때문에 학습의 가능성과 잠재력을 설명하기에는 역부족이라는 비판에서 나온 대안적 평가의 하나이다(황해익, 2009).[3] 수학교육 평가에 있어서 수학적 지식뿐 아니라

3) 황해익(2009). 유아평가의 이해. 경기: 정민사.

수학적 문제해결, 수학적 추론, 수학적 의사소통과 같은 수학적 과정을 평가해야 한다는 것은 우리나라 수학교육 교육과정에서 지속적으로 강조되어 온 부분이다. NCTM(2007) 역시 수학적 과정에 대한 평가를 위해 성취기준을 제시하면서 수학적 과정에 대한 중요성을 강조해 왔다. 우리나라에서도 유아교육뿐 아니라 다른 학교급에서도 1999년 수행평가를 전면적으로 도입하면서 수학에 대한 과정을 평가하고자 하였으며 수학과 수행평가로 서술형 평가, 프로젝트법, 포트폴리오, 자기평가, 동료평가, 관찰평가 등을 도입하였다. 따라서 포트폴리오를 활용한 유아 수학능력의 평가 역시 영유아가 가지고 있는 비형식적 수학 지식과 수학적 과정에서 획득되는 능력에 대한 존중을 기초로 수학에 대한 개념뿐 아니라 수학적 태도와 과정, 가능성을 모두 평가하고자 하는 목적에서 이루어진다.

포트폴리오 평가는 학습과 관련된 모든 정보를 수집하고 분석하여 영유아를 위한 평가의 기초로 삼는 것으로, 개인 파일 내에 영유아의 작품 표본, 표상자료, 영유아나 부모 교사의 관찰자료, 학습일지, 사진이나 영상자료, 영유아의 자기평가 자료들이 포함되게 된다. 포트폴리오 평가는 다른 학습자와의 비교가 아닌 학습자 개인의 성장을 평가하는 개인 내(interpersonal) 평가라는 특징을 가지며 학습자의 과정적 지식이나 태도를 강조하는 과정 지향적 평가라 할 수 있다(안진경, 2011).4) 또한 교수·학습 과정 중에 동시에 일어나게 되며 영유아들이 포트폴리오 평가 중 상호작용하고 자신의 활동과 진보에 대해 반성적으로 평가해 보는 과정 자체가 학습활동의 일부로 교수와 평가가 통합되어 있는 역동적인 평가방법이라고 할 수 있다.

포트폴리오 평가의 방법은 목적이나 상황에 따라 과정이나 절차가 달라질 수 있기 때문에 방법을 정형화할 수는 없으나 주로 포트폴리오 활용방법을 계획, 실행, 평가 및 활용의 3단계로 구분하여 설명하고 있다(김석우 외, 2000; 배호순, 2000; 안진경, 2011; 황해익, 2009). 이와 같은 세 가지 단계로 나누어 수학교육 포트폴리오 평가의 방법을 정리하고자 한다.

4) 안진경(2011). 포트폴리오 평가를 활용한 유아 수학 프로그램이 유아의 수학적 개념에 미치는 영향. 열린교육연구, 19(3), 27-49.

(1) 계획단계

계획단계에서 교사는 수학교육을 위한 포트폴리오 평가방법안을 작성한다. 평가 방법안에는 포트폴리오의 목적, 수집기간, 평가시기, 평가내용과 평가유형 등이 담겨져야 한다. 포트폴리오의 평가자료는 영유아의 비형식적 학습 중에 의미있는 결과물이 나왔을 때 수집될 수도 있지만 사전에 평가내용과 시기, 평가자료를 얻을 교수 · 학습 활동까지를 체계적으로 만들어 놓는 것이 이후 정리와 분석을 용이하게 한다.

따라서 포트폴리오의 평가적 목적을 달성하기 위해서 교수목표와 내용이 적합하게 세워져 있어야 하며 수집될 학습과제나 결과물이 그 목표와 내용을 담아내기에 적절한지, 교수 · 학습 중에 수행가능한지 확인될 필요가 있다. 즉, 우선 교육목표 및 수업목표를 바탕으로 평가목적과 내용을 세운 후 이를 기초로 하여 포트폴리오를 설계해야 한다. 또한 포트폴리오 계획시에는 어떤 자료를 수집하여 평가를 할지에 관한 평가 유형이 포함되어야 한다. 실제로 포트폴리오는 수학학습의 진보를 확인할 수 있는 결과물도 중요하지만 그것이 나오기까지의 과정도 중요한 부분이다. 그러므로 교사는 작품과 같은 결과물 외에도 관찰일지나 상황적 맥락이 담긴 교사의 해석도 평가유형에 포함시킨다.

다음은 수학교육을 위한 포트폴리오를 활용한 수업 설계의 예다.

<table>
<tr><th>활동명</th><td>도형으로 사물 표현하기</td><th>활동유형</th><td>자유선택활동 미술영역</td></tr>
<tr><th>활동목표</th><td colspan="3">- 기본도형의 특징과 이름을 아는가?
- 기본도형을 조합하거나 분해해 다른 도형을 구성할 수 있는가?
- 기본도형을 보고 연상되는 사물을 표상할 수 있는가?
- 수학적 활동을 끝까지 완수하였는가?</td></tr>
<tr><th>활동자료</th><td colspan="3">스티커 색종이 조각-세모, 네모, 동그라미, 평행사변형, 사다리꼴</td></tr>
<tr><th rowspan="2">활동방법</th><th>활동내용</th><th>평가내용</th><th>평가유형</th></tr>
<tr><td>□ 기본도형(세모, 네모, 동그라미, 타원)을 탐색한다.</td><td>□ 수학적 개념
공간 및 도형에 대해서 알아보기</td><td>체크리스트
사진자료
활동기록지</td></tr>
</table>

<table>
<tr>
<td></td>
<td>- 이것은 어떻게 생겼니? 어떤 모양이니?
□ 여러 종류의 네모 모양(마름모, 평행사변형, 사다리꼴)을 탐색한다.
- 이것은 어떤 모양이니? 어떻게 다르니?
□ 기본도형을 모양대로 모은다.
- 같은 도형끼리 모아 보자.
□ 기본도형을 조합하거나 분해하여 다른 모양을 만든다.
- 도형을 합해서 다른 도형을 만들어 보자.
□ 기본도형을 이용하여 꽃이나 채소를 표현한다.
여러 도형을 사용해서 꽃이나 채소를 표현해 보자.</td>
<td>- 평면도형의 이름과 특징 알기
- 도형을 합하고 분리하여 다양한 모양 구성하기

□ 수학적 과정
- 표상하기

□ 수학적 탐구
- 수학에 대한 긍정적 태도 (끝까지 완수하기)</td>
<td></td>
</tr>
</table>

출처: 안진경(2011). 포트폴리오 평가를 활용한 유아 수학 프로그램이 유아의 수학적 개념에 미치는 영향. 열린교육연구, 19(3), 27~49.

(2) 실행단계

교사와 영유아는 평가방법안에 따라서 교수·학습과정에서 만들어지는 결과물을 지속적으로 수집한다. 계획된 평가유형이 아니더라도 영유아의 활동과정이나 성취를 의미있게 평가해 주는 자료일 경우 얼마든지 수집가능하다. 유아들의 결과물에는 영유아들이 직접 내용을 기록하거나 교사가 영유아들의 생각을 기록해 둔다. 교사는 수학 과정과 태도를 관찰일지나 체크리스트의 형식으로 기록하여 포트폴리오에 포함시킬 수 있다. 또한 활동과정을 사진으로 수집하여 상황에 대한 배경 설명을 가능토록 한다. 결과물이나 일지에는 날짜를 기록해 두어야 시간에 따른 평가가 가능하다. 또한 포트폴리오는 영유아들이 정기적으로 점검 가능하도록 기회를 준다.

(3) 평가 및 활용단계

교사는 영유아들의 포트폴리오를 분석하면서 설정해 놓은 목표에의 달성 정도, 개별 영유아의 장점 및 개선점을 기록한다. 교사는 포트폴리오를 분석하여 다음 교수활동의 계획을 세울 수 있다. 또한 이러한 직접적인 근거를 가지고 부모와 의사소통함으로써 교육기관의 신뢰를 높이도록 한다.

제7장

수학교육을 위한 환경

1. 수학영역 구성
2. 교수·학습 방법 및 자료

1. 수학영역 구성

수학영역을 어떻게 구성하느냐에 따라 영유아의 수학적 개념이 달라질 수 있다. 수학영역은 영유아들이 다양한 경험을 통해 상호작용할 수 있도록 하는 물리적 조건을 제공하는 것이다. 따라서 영유아에게 적합한 물리적 환경은 영유아와 교사들 간의 상호작용의 질을 높여 줄 수 있어 더욱 흥미로운 프로그램을 운영할 수 있게 도와 준다. 영아기는 물체의 집합이나 양에 대해 알게 된다. 그래서 교실에 있는 영아의 수를 고려하여 교구를 배치하고, 사물을 탐색하도록 해야 한다. 유아들은 수의 개념 또는 모양에 관심을 가진다. 따라서 다양한 도형이나 퍼즐을 제공해 주어야 한다. 움직임이 있는 사물에 관심이 많으므로 직접 보거나 만지면서 관찰할 수 있는 교구를 제시해 주는 것이 도움이 된다. 연령이 높아지면 수세기에 능숙하고, 기본 도형에서 공간 개념으로 개념이 확장된다. 따라서 전략을 세우는 게임을 실행해 보는 것이 좋다. 이렇듯 연령에 적합한 교구와 환경구성을 통해 영유아가 활발한 지적 탐구를 할 수 있는 기회를 제공하는 것은 영유아의 수학적 탐구에 있어서 중요한 요인이다.

High /Scope 프로그램에서는 수학활동 영역에는 유아들이 모든 수학 자료에 접근할 수 있을 만큼 충분한 저장선반이 있어야 하며, 선반 위에는 수학활동에 필요한 기본 도구와 그릇들이 이름이 붙여진 채 놓여 있어야 한다고 권장한 바 있다. 또한 유아들이 수학 자료를 가지고 활동할 수 있는 충분한 면적을 요구하고 있다(Hohmann, 1991).

1) 영아반 탐색 · 조작영역

탐색영역은 개인적인 활동이 많이 이루어지는 정적인 영역으로 조용하게 집중할 수 있는 공간을 만들어 주어야 한다, 장난감을 담거나 쏟는 일이 많으므로 카펫을 깔거나 편하게 앉아서 놀 수 있게 영아용 낮은 책상을 배치해 주는 것이 좋다.

이 영역의 놀잇감은 영아의 손에 적당한 크기여서 스스로 만지고 놀 수 있어야 한다. 조작놀잇감은 복잡하지 않은 수, 모양, 조각으로 준비하는 것이 좋다. 조작, 탐색놀잇감은 영아들이 손으로 조작해 보는 자료들이 많으므로 위생에 더 주의를 기울여야 한다.

탐색활동을 위한 자료는 주변에서 볼 수 있는 다양한 사물, 사진, 그림 등을 준비해 주고, 색 · 모양 · 질감 · 소리 등을 탐색할 수 있게 해 주는 것도 좋은 방법이다. 매트, 낮은 책상, 감각놀이대, 촉감놀잇감, 모양 분류상자, 모양꾸미기 도형, 구슬꿰기, 안전거울, 끌고 당기는 장난감도 비치해 주면 좋다.

영아반 탐색 및 조작

역할영역 환경구성(우체국 놀이)

역할영역 환경구성(주차장 놀이)

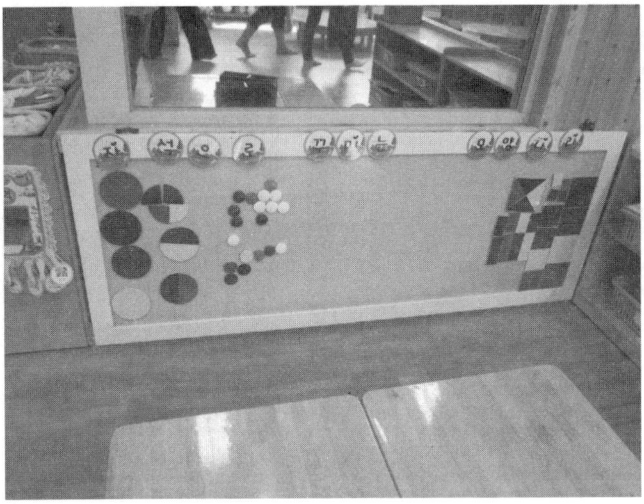

창의적인 모양 놀이를 위한 환경구성

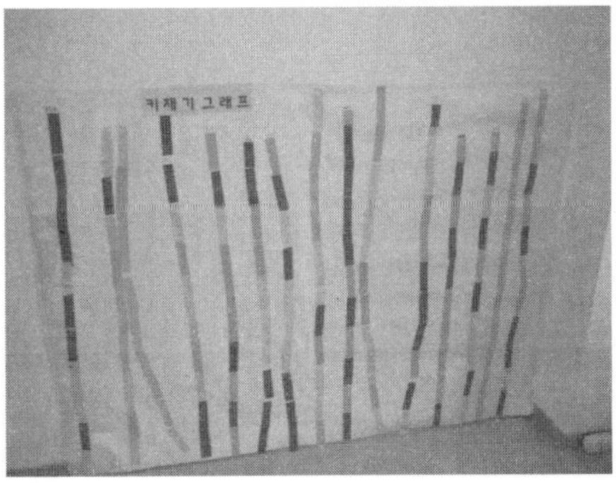

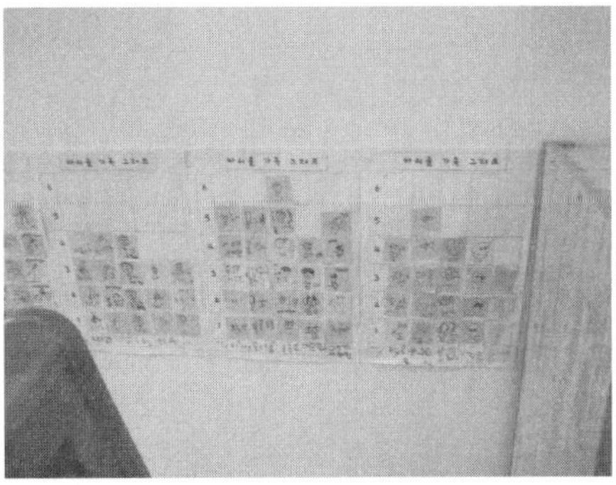

그래프 활동(자료분석)

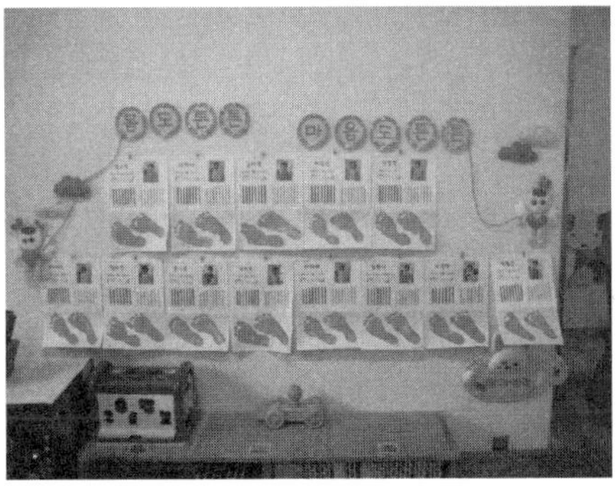

그래프를 활용한 벽면 구성

영아반 숫자놀이 영역 구성

2) 유아반 수 · 과학 및 조작영역

유아들은 여러 가지 조작물을 이용한 분류 · 비교 · 기본 수세기 등 놀잇감과 상호작용하며 활동한다. 이런 활동을 통해 유아는 수 개념, 모양과 크기 개념, 언어, 소근육 등을 발달시킨다. 유아가 탐색하고 스스로 조작하는 과정에서 집중력이 증진된다. 동 · 식물 기르기, 관찰하기, 여러 가지 기구와 재료들을 실험 · 탐색해 봄으로써 과학적인 개념 또한 형성하게 된다.

이 시기에 유아의 탐색 · 조작 활동이 활발히 일어날 수 있도록 교사는 수 개념을 포함한 인지발달, 감각기능 발달을 위해 유아가 직접 조작할 수 있는 교구를 제공해 주어야 한다. 또 유아가 관찰 · 탐색할 때 많은 감각을 사용할 수 있도록 격려해 주고 창의적으로 개발한 교구들을 많이 활용하면 유아의 흥미를 더욱 유발할 수 있을 것이다.

(a)

(b)

수 · 과학 및 조작영역 환경구성(유아반)

자연물을 활용한 수 · 조작영역

수 게임판

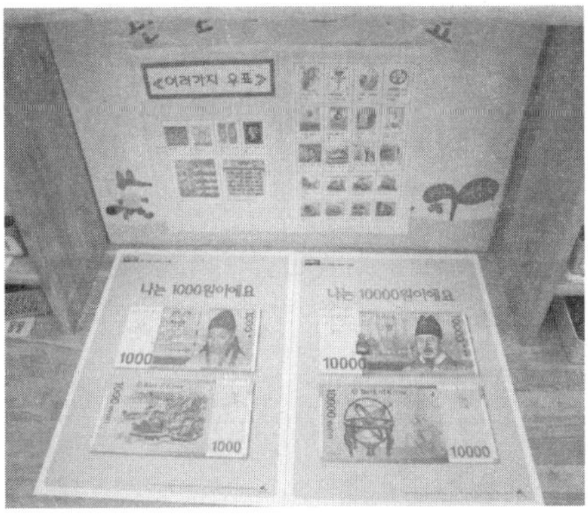

수 교구

2. 교수 · 학습 방법 및 자료

1) 교수 · 학습 방법

영유아들은 놀이나 일상생활의 경험을 통해 나름대로 비형식적 지식을 획득한다. 유아교육에서 놀이는 광범위하게 활용되고 있는 교수 · 학습 방법이며, 놀이를 통한 통합적 접근은 오랫동안 핵심적인 교수 · 학습 방법으로 인식되어 왔다. 이러한 접근에 대한 가치는 유아교육자 뿐 아니라 발달심리학자들도 인정하고 있다.

영아의 탐색활동을 지원하는 교수 · 학습 방법은 다음과 같다(표 7-1).

표 7-1 영아의 탐색활동을 지원하는 교수 · 학습 방법(Gelet, 2003)

영아 탐색활동	수학관련 탐색행동으로 연계	교사의 지원
바구니에 있는 블록을 쏟고 파란색만 모두 쌓아올리는 행동	• 영아들은 정확히 같은 것을 찾아낼 수는 있으나 아직은 사물이 같으면서도 동시에 다를 수 있다는 것을 이해하지는 못한다(예: 파란색이면서 동그란 VS 파란색이면서 사각형인). • 분류기술은 이후에 측정, 패턴/대수, 기하/공간 같은 수학내용 영역에서 사용된다.	• 블록을 충분하게 제공해 주며 모양, 색깔, 크기가 다른 것들을 제공한다. • 영아와 놀면서 영아가 하는 것을 주목하고 관찰하여 기록한다. • 크기, 모양, 색깔과 특성들을 묘사하는 어휘를 사용 : "넌 파란색 블록으로 높이 쌓아올렸구나."
북을 치고 탬버린을 흔들거나, 다른 악기를 연주하는 행동	• 영아는 환경과의 상호작용을 통해 수 감각(즉, 수가 가지는 의미를 이해하기), 양의 개념과 또 다른 도형의 개념들을 서서히 구성해 나간다.	• 이후의 1 : 1 대응과 양적화에서 관례적인 수 개념을 알게 한다.
원통블록으로 마시는 시늉하는 행동	• 사물이 같고 다름을 인식하고 생각하는 능력도 수학영역에 포함된다. 예를 들어, 영아에게	• 유아에게 크기, 모양과 같은 특성을 비교, 구분, 대조, 조작, 탐색하도록 촉진해 주는 활동들

	원통블록이 컵처럼 보이기 때문에 마시는 흉내를 낸다. 이렇게 특정 형태와 서로 관련되는 것을 연결짓게 된다. 또한 영아는 사물(집단, 그룹)들을 비교·대조하는 행동을 격려하는 것은 이후의 수학능력 구성에 기초가 되며, 나아가 수를 사용할 수 있는 능력을 갖게 된다. 이는 더 많고 적다는 관계를 알게 되어 덧셈과 또 다른 수학적 기능들이 발달하도록 돕는다.	이 많은 간단한 역할놀이 영역을 제공한다.
내부 크기가 서로 다른 그릇을 포개어 넣는 행동	• 영아는 감각에 의한 운동기술을 사용함으로써 학습한다. 사물의 특성을 비교, 대조하는 능력은 이후의 많은 수학적 개념의 기초가 된다. • 비교와 순서짓기(크기와 관련된)는 유아에게 '양(how much, how many)'과 '수리적 비교(더 많고 적은)'를 이해하게 해 주는 중요한 개념이다.	• 유아가 감각과 운동기술을 통해 탐색해 볼 수 있도록 다양한 놀잇감을 제공함 : 크기, 색깔, 감촉, 소리에 따라 사물을 비교, 대조해 볼 수 있는 기회를 제공한다. 이러한 목적에 부합하는 유익한 놀잇감으로 실로폰, 쌓기고리, 모양상자, 촉감볼이나 책 등이 있다.
간식시간에 바나나를 자르는 교사를 돕거나 모양 라벨이 붙어있는 교구장에 블록을 갖다 놓는 행동	• 성인들은 날마다 세상을 이해하고 작은 문제들을 풀어 나가며 그들의 분야를 정리하는데 있어 수학을 사용한다. 영아도 성인과 마찬가지로 간식을 먹거나 정리 정돈을 하는 것과 같은 일상적인 활동에 참여하면서 수학을 사용한다. • 유아들이 자라면서 일상생활에 있어 수학이 중요하다고 깨닫게 되면 어른이 되었을 때 수학을 편안하게 받아들이게 된다.	• 일상적인 활동을 하는 동안 수학적이고 관계적인 비교들을 언급함 : 예를 들어, 두 종류의 과일을 보여주면서 "여기 사과는 단단하고 사각사각한데 바나나는 부드럽고 달콤하단다." • 수학적인 용어들을 실제적인 방법으로 소개 : "이 블록들은 저 블록들보다 더 길단다." "이것들은 네모이고 저것들은 동그랗단다."
터널을 통과하거나 두꺼운 상자에 들어갔다 나왔다 하는 행동	• 영아는 탐색하고 학습하는데 있어 몸 전체를 사용한다. 다른 위치에 있어 보는 것은 영아에게 사물과 공간 간의 관계에 관심을 갖게 한다.	• 어떻게 자신의 몸을 공간에 들어맞게 하는지, 다른 관점(예 : 안과 밖, 높고 낮은)에서 사물을 볼 수 있도록 영아를 촉진 : 터널을 넓혀주거나 두꺼운 박스 여

	• 이러한 신체적 활동은 공간 간의 관계를 경험하고 기하와 숫자를 이해하도록 해 준다.	러 개를 테이프로 붙여 하나로 만들어 준다. • 부드러운 베개에 영아를 올라가 보게 한 후 영아에게 지금 무엇을 하고 있는지 이야기하게 하여 수학적 개념을 설명하는 용어들을 사용할 수 있도록 한다. 또는 "넌 상자 안에 있다가 밖으로 올라왔단다." "넌 베개 위로 올라갔다가 아래로 점프했단다."로 말해 준다.
물 · 모래 놀이대에서 물 또는 모래를 그릇에 채우고 비우는 행동	• 영아는 단순히 모양을 바꾸거나 하나 또는 여러 개 물체의 배열을 바꾼다 해도 양이 변하지 않는다는 것을 이해하지 못한다. 이에 대한 이해는 보존개념이라 불리며 4세까지는 나타나지 않는다. 하지만 보존에 대한 이해는 영아의 머릿속에서 '펑'하고 나타나는 것이 아니라 영아가 물이나 모래와 같은 물질과 사물과 그릇을 가지고 놀면서 오랜 시간에 걸쳐 서서히 구성된다.	• 다른 크기, 모양, 용량의 그릇과 모래와 물(또는 다른 안전한 재료)을 제공한다. 그릇을 채우고 비우면서 어떤 현상이 일어나는지 관찰하도록 한다. 교사는 "네가 이 그릇에 쏟아 붓는다면 어떻게 될 것 같니?" 또는 "이 바구니에 이 모래가 모두 들어갈 수 있다고 생각하니?" 같은 질문을 통해 영아의 사고를 확장해 줄 수 있다.
줄을 사용하여 블록, 구슬을 꿰는 행동	• 패턴활동은 영아가 관계를 관찰하고 알아차리고 반복하는 것을 요구하고 초기 수 개념을 도입할 수 있도록 해 준다. 패턴을 만들고자 하는 영아는 사물 간의 명확한 관계를 만들어 내야만 한다. 예를 들어, 유아는 색깔(빨강, 파랑, 빨강, 파랑), 크기(크고, 작고, 크고, 작고), 수리적 패턴(한 개의 블록, 두 개의 블록)을 교차시킬 수 있어야 한다. • 패턴은 서열(순차적 배열)에 이르도록 한다.	• 영아가 패턴을 만들 때 관찰하고 힌트를 주면서, 영아와 함께 패턴활동을 하도록 한다. 단순한 패턴을 만들거나 제시해 주고 모델과 같은 패턴을 유아가 만들 기회를 제공한다. (예: 동물패턴을 만들어 보인 후 – 기린 하나, 호랑이 하나, 기린 하나, 호랑이 하나, 기린 하나, 호랑이 하나). 동물이 들어 있는 바구니를 제공한다.

2) 교수 · 학습 자료

유아의 수학교육을 위한 활동 자료는 유아가 경험한 수학적 지식을 스스로 구성해 가도록 도울 수 있는 것으로 유아의 수학 개념발달에 매우 중요하다.

오늘날에는 수학개념을 이끌어 주는데 도움이 되는 좋은 자료들이 많이 활용되고 있다. 제작되어 판매되거나, 교사가 제작한 자료들이 수학활동을 하면서 매우 유용하게 활용되어지고 있다. 다양한 종류의 블록이 제작되어 판매되어지는 자료들은 영유아가 조작을 통해서 학습이 잘 이루어지게 하는 수학영역 운영의 기초가 된다고 할 수 있다.

교사가 제작하는 자료들은 분류 상자 색실에 낀 동물모양 등이 포함될 수 있는데, 이것들은 제작하지 않고 구매할 수도 있다. 이렇게 교사가 교구를 제작할 때는 수학개념을 정확하게 알 수 있는지, 혹시 개념을 혼동시키지 않는지 확인하는 것이 중요하다. 수학개념은 구체적 자료를 조작함으로써 형성될 수 있다.

이경우(1997)는 "유아에게 좋은 수학활동 자료는 유아 스스로 조작 변형이 가능하며, 구체적 조작활동 과정에서 지속적으로 생각하도록 하고 판단을 요구하는 것이어야 하며, 발달수준에 따라 해결이나 활용 방안이 다양할 수 있는 것이어야 한다"고 하였다. 수학활동 자료는 수학적 개념을 포함할 뿐 아니라 유아의 흥미를 유발시키고 지속시킬 수 있는 것이어야 한다. 가능하면 일상생활에서 친숙한 자료들이 유아의 흥미를 유도할 수 있을 것이다.

또 한 가지 답을 요구하는 자료보다는 여러 가지로 변형할 수 있고 문제를 해결하는 과정에서 사고할 수 있고 다른 영역과 연계할 수 있는 개방적 자료를 제시하는 것이 중요하다.

유아들에게 흥미 있고 그들의 수학적 기능을 연습하게 하고 보다 정교화시키는 자료를 제공하는 것은 중요한 일이다. 자료가 게임을 지지해 주고 활동을 격려하면 유아로 하여금 어떤 일을 학습하도록 이끌어 줄 뿐만 아니라, 성인이 생각하고 있는 것이 바람직하고 수용할 만하다는 것을 유아들에게 보여 준다. NAEYC에서는 일반적 자료의 선택범주를 다음과 같이 정하고 있다.

- 유아가 흥미 있어 하는 것
- 유아의 신체적 능력에 적합한 것
- 유아의 정신적, 사회적 발달에 적합한 것
- 유아들이 집단활동으로 사용하기에 적합한 것
- 집단활동에 적합하도록 잘 구성되어 있는 것
- 내구력과 안전성이 있는 것
- 유아를 위한 적합한 탐색놀이 자료

▣ 구성놀이 기구

- 나무 유니트 블록
- 큰 할로우 블록
- 플라스틱 벽돌
- 여러 가지 형태의 끼워넣기 블록

▣ 각종 퍼즐

- 맞추기 퍼즐
- 크고 간단한 조각 그림 맞추기 퍼즐
- 수와 글자 퍼즐, 퍼즐시계
- 카드 보드 퍼즐

▣ 패턴 만들기 자료

- 색깔큐브
- 자석판
- 다양한 모양, 색깔, 크기의 실꿰기 패턴 구슬
- 모자이크 블록
- 작은 구슬
- 블록놀이를 위한 인쇄물

▣ 레이스, 끈

- 각종 바느질 가트
- 뜨개질 자료
- 옷 입히기 틀

▣ 구체적 기술 발달을 위한 자료

- 짝짓고, 분류하고, 순서화를 위한 자료
- 기하적 개념 형성 자료
- 단순하고 구체적인 수 자료들(수세기와 숫자 연결을 위한 것)
- 측정 자료균형 저울, 계량컵 등
- 간단한 기계들 기어, 레버 등
- 각종 과학기구
- 자연물

▣ 게임

- 도미노(색, 그림)
- 빙고(색, 그림)
- 간단한 카드게임
- 게임판
- 수놀이 빙고
- 글자와 수 매칭빙고

수세기 및 무게측정 활동 자료

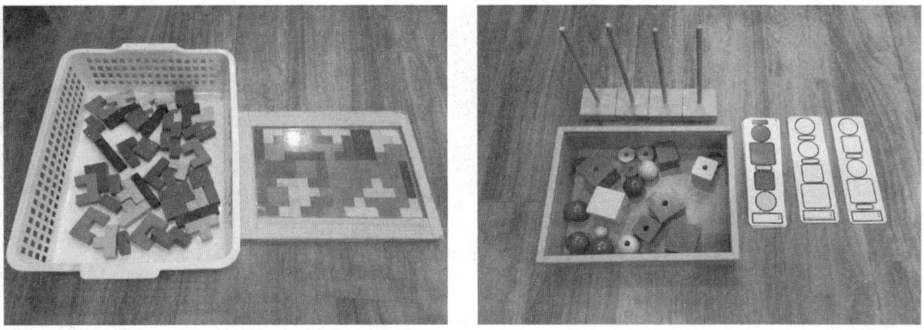

구성놀이

자연물 수세기 및 길이측정 활동 재료

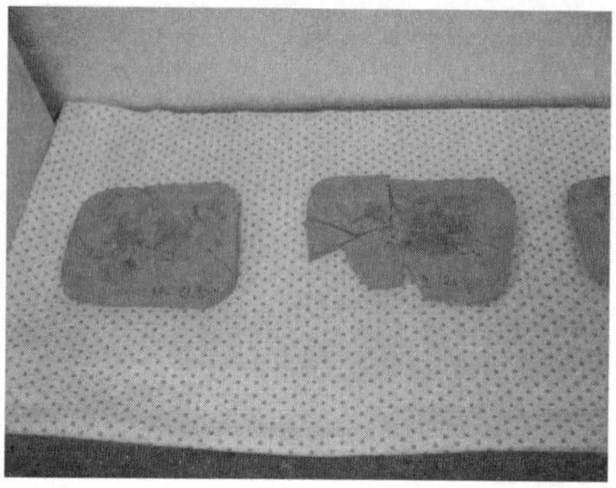

자연물을 활용한 수 놀이활동 재료

영아용 수세기 놀이

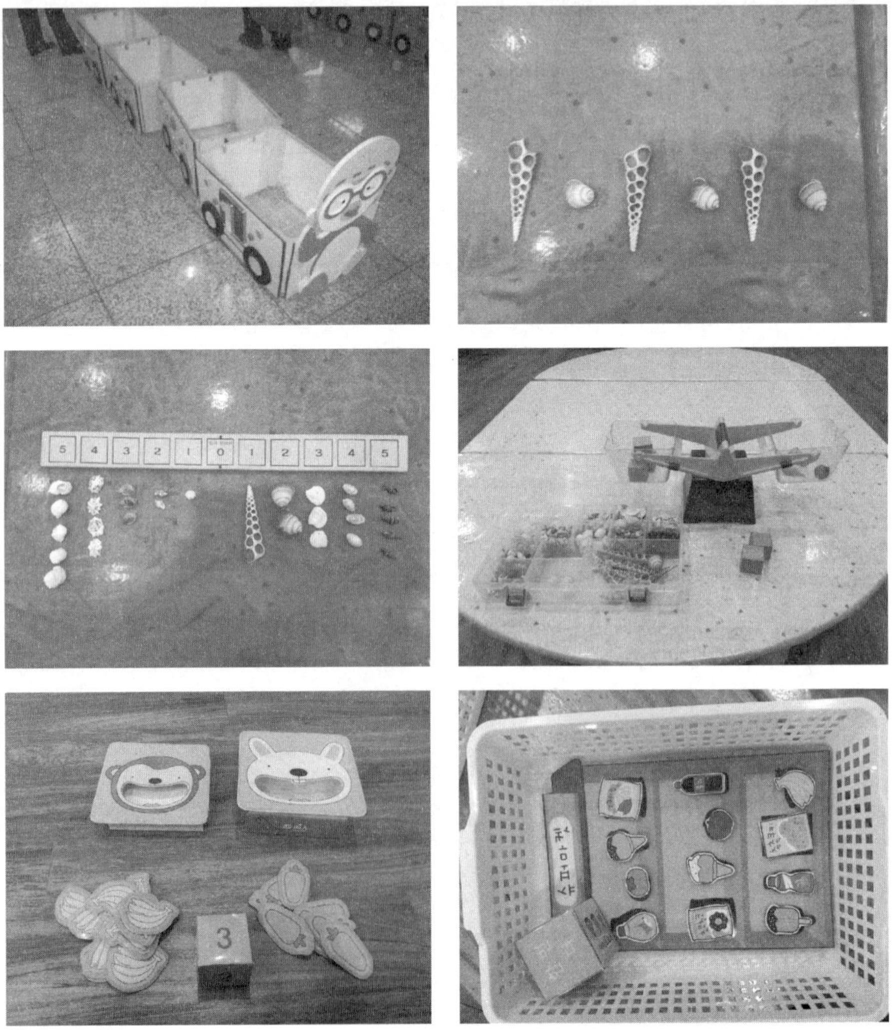

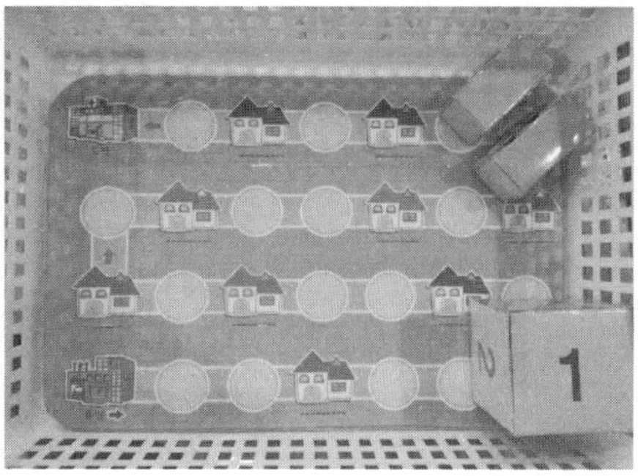

수 게임 놀이

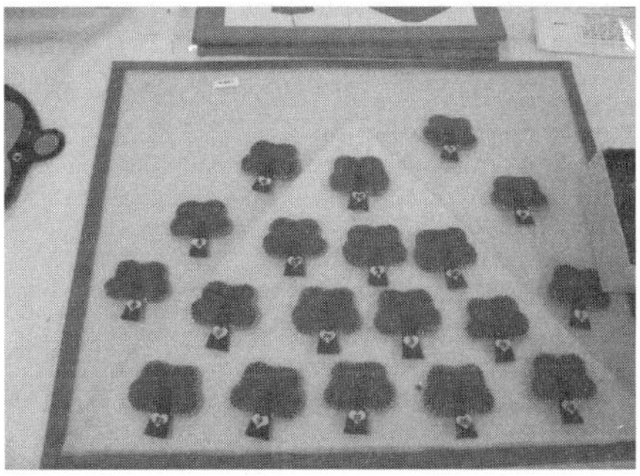
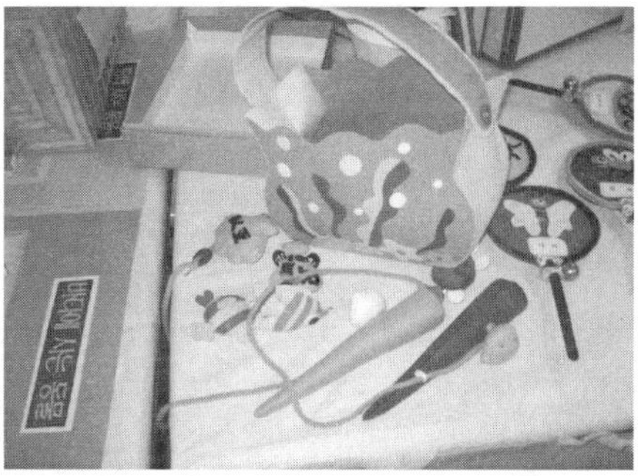

수 개념 교구

(1) 동화 및 동시를 활용한 수학교육 자료

숫자, 모양, 크기, 수와 관련된 개념이 포함된 동화와 동시를 듣는 경험도 유아의 수 개념과 수학적 지식을 돕는데 필요하다. 수학개념이 포함된 동화와 동시는 '세 마리 아기염소'에서 아기염소를 세어 보며 순서의 개념을 형성할 수 있다. '임금님의 시계'에서는 시간에 대해 알아볼 수 있다.

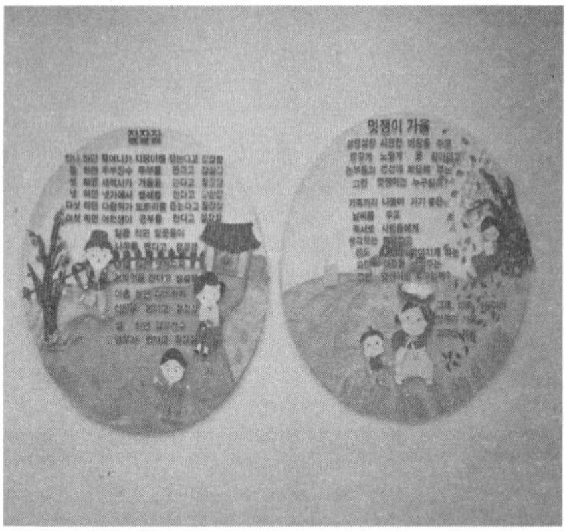

(2) 음률활동을 활용한 수학교육 자료

노래 부르기를 통해 유아는 속도, 크기 등을 경험하게 되며 노랫말에 포함된 수학적 용어를 접하게 된다. '꼬마인디언, 숫자풀이'에서는 수세기를 할 수 있고,

'어린이날 노래'에서는 날짜 개념을 알 수 있는 어린이날 노래 등, 노래에서는 방향이나 공간개념을 알 수 있는 노래들도 있다. 신체활동에 포함된 수학적 요소는 시간의 기초 개념을 형성하도록 빠르고 느린 음악으로 신체를 다른 속도로 움직여 볼 수 있다. 또 크기의 개념을 형성할 수 있도록 신체를 크고 작게 만들어 보고, 큰 소리나 작은 소리를 만들어서 소리내 보기, 좁은 보폭이나 넓은 보폭으로 걸어 보기도 도움이 된다.

(3) 게임을 활용한 수학교육 자료

게임활동을 통해 영유아는 수를 사용하고 비교하며, 속도, 크기, 모양 등을 경험할 뿐 아니라 다양한 종류의 규칙을 이해하고 협의하는 과정에서 논리-수학적 사고를 발달시켜 나가게 된다. 여러 가지 판게임은 수세기나 수를 사용할 수 있고 전통적인 게임인 윷놀이는 관계를 파악하고 전략을 사용할 수 있게 된다. 목표물 맞히기는 거리를 알게 된다. 영유아들은 게임활동에 즐겁게 참여하며 수학적 개념을 습득하고 확장시켜 나갈 수 있는 경험을 하게 된다. 게임활동을 통한 수학교육은 또래와의 상호작용을 통해 의사소통 능력과 문제해결력 능력이 발달되어 수학적 기술을 증진시킬 수 있다.

(4) 색종이를 활용한 수학교육 자료

색종이는 자르거나 접어서 도형으로 꾸미기를 할 수 있다. 영아들은 여러 가지 크고 작은 모양 스티커로 여러 가지 다양한 활동을 할 수 있다. 유아의 경우에는 여러 가지 모양을 오리거나 찢어서 유아가 흥미 있어 하는 활동을 할 수 있다. 원래의 크기를 탐색해 보고 색종이를 4등분으로 잘라 보고 여러 가지 색깔로 활동할 수 있다. 순서대로 접어 보는 활동도 수 개념 형성에 도움이 된다.

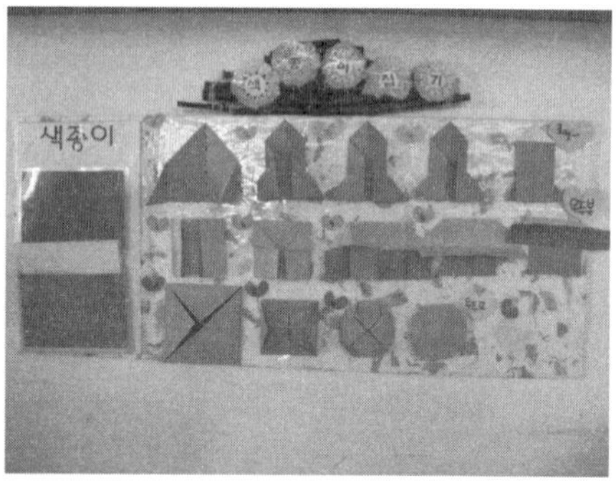

(5) 점토를 활용한 수학교육 자료

밀가루 점토로 만들기를 하며 식용 색소나 식재료를 넣어 여러 색상의 점토를 준비해 여러 가지 모양으로 만들어 보고 모양틀을 이용한 모양 찍기 활동이 가능하다. 모양틀을 이용한 찍기활동으로 질감을 느껴 보기도 하며 다양한 모양 구성 놀이를 할 수 있다.

(6) 생태활동을 통한 수학교육 자료

자연을 탐색하며 수학개념을 형성할 수 있다. 자연물을 주워 세어 보고 자연물 패턴놀이도 가능하다. 봄, 여름, 가을, 겨울의 계절의 변화와 다양한 색상과 자연이 주는 경험 속에서 수학적인 감각도 인식할 수 있다. 텃밭가꾸기를 하면서 수확의 기쁨과 함께 씨를 뿌리며 세어 보고 심은 날짜를 적어 보는 활동, 수확한 내용물을 세어 보는 활동들도 할 수 있다.

제 8 장

영유아 수학교육의 통합적 접근법

1. 영유아 수학교육 활동의 계획
2. 통합적 교육과정과 수학
3. 문학을 통한 통합적 교육과정과 통합적 수학활동

유아교육의 세계적 동향은 아동중심 교육 또는 개방주의 교육이며 이에 따른 다양한 교육방법들이 소개되어 왔다. 의미 있는 교육과정을 제공하기 위하여 통합적 접근에 의한 교수·학습 방법을 적용하고 있다. 전인적 발달과 효율적 학습을 위하여 유아의 흥미와 요구를 중요하게 생각하며 주제중심 또는 교과중심으로 통합하고 재조직하여 가르치는 것이 효과적이라고 할 수 있다. 영유아기는 수학적 사고 능력의 발달이 급속히 이루어지는 시기이므로 유아교육기관에서는 풍부한 기회와 도전을 할 수 있는 환경을 제공해 주어야 한다. 그러나 영유아들이 수학적 탐색이나 상호작용에 참여할 수 있도록 계획해야 한다. 수학교육은 영유아의 수학적 지식이나 개념획득을 위해서 자유선택활동에 중심으로 계획되어서는 안 될 것이다. 따라서 교사에 의해 계획하고 의도된 보다 적극적인 수학적 사고를 요하는 학습활동 제공에도 관심을 가져야 할 것이다.

최근 영유아의 수학교육을 위해서 수학 내용과 통합을 통해 보다 적극적으로 계획된 수학활동으로 전개하고 있다. 유아수학과 다른 영역간의 통합에 대해 중점을 두어 언어와 같은 인지적인 영역과의 통합, 미술, 음악, 신체, 요리, 생태 등의 통합에 관심을 두고 있다.

유아 수학교육의 교수방법은 유아의 발달에 적합하고 유아의 생활적 맥락을 반영하는 통합적 접근이라 할 수 있다. 최근 보다 구체적으로 특정 교과와의 수학교육을 통합적으로 적용하는 다양한 시도가 보고되고 있음을 볼 수 있다. 대표적인 몇 가지의 접근을 중심으로 살펴보고자 한다.

1. 영유아 수학교육 활동의 계획

교사가 영유아에게 적절한 수학교육 활동을 계획하기 위하여 교육 내용은 연간계획안이나 활동 중 다룰 수 있는 내용을 생활 주제와 관련지어 수학교육의 내용과 다른 영역과의 통합에 대한 계획을 세우는 것이 좋다. 또 영유아의 관심과 호기심, 유아가 보여주는 수학적 지식수준을 반영하는 융통성 있는 계획을 세워야 할 것이다.

영유아들을 위한 수학활동은 일상생활 속에서 이루어지게 하고 하루일과 중 모든 활동 시간대에 수학적 교육이 이루어질 수 있도록 배려해야 한다. 식사 시간에는 식탁에 반찬의 개수 세기, 숟가락, 젓가락 놓아보기, 간식 나누어 주기, 순서대로 물건 받기 등 무엇보다 수학활동이 즐겁고 재미있어 유아들이 적극적으로 수학활동에 참여할 수 있는 환경을 조성해 능동적으로 이루어져야 할 것이다. 암기식 학습을 시키거나 설명을 하여 직접 가르치는 것은 바람직하지 못하고 상징이나 수학 부호에 대한 의미를 스스로 이해할 수 있을 때까지 기다려 주는 것도 하나의 방법이다. 수학활동 내용에 맞게 대집단, 소집단 또는 개별활동으로 구성하여 교육의 효과를 높이고 모든 영역과 실내 · 외 공간에서 다양한 수학활동이 통합적으로 이루어지도록 고려해 영유아들의 수준에 맞는 구체적이고 직접 조작할 수 있는 자료들을 비치하여 자료를 다루는 동안 필요한 정보를 얻고 문제해결력을 키울 수 있게 배려하고 영유아 스스로 생각하고 표현해 볼 수 있는 기회를 마련해 주며 마음대로 계획하고 운영할 수 있는 활동시간을 포함시켜야 한다. 이러한 기회를 통해 창의적 사고를 촉진시킬 수 있으며 수학활동 계획 전 유아의 발달수준을 정확히 파악해 두면 연령 및 발달에 맞는 활동을 제시해 줄 수 있다.

2. 통합적 교육과정과 수학

1) 일과 계획 및 이야기나누기

유아교육기관에서의 교육활동은 유아가 등원하는 시간부터 귀가하는 시간까지 이어진다. 등원부터 시작되는 교사와 영유아간의 상호작용의 모든 과정은 영유아의 학습 내용에 해당한다. 뿐만 아니라 유아가 교실 내 · 외의 환경에 대해 경험하는 내용들도 유아의 학습을 구성한다. 정돈된 홍미영역 구성, 홍미영역에서 함께 활동할 수 있는 친구의 수, 친구들의 생일 표시, 놀이일정표, 생활주제와 관련된 그래프 등 여러 일상과 순서 그리고 교실의 시계와 달력 등 모든 교실의 환경은 유아에게 수학적 개념을 학습할 수 있는 자연스런 기회를 제공한다.

어린이집에서 생활을 하는 모든 시간과 공간의 요소들이 유아의 수학적 지식발달에 기여한다고 볼 수 있다. 오늘의 날짜에 대한 이야기를 통해 수와 순서에 관한 지식을 자연스럽게 접하게 되고 어제와 오늘, 내일의 개념, 시간의 개념을 익히게 된다. 이야기나누기는 일과를 계획하는 것부터 생활주제에 대한 발표를 하고 친구의 이야기를 듣는 과정 속에서 상호작용하는 방법이나 언어적 · 사회적 발달을 촉진시킬 수 있다. 영유아의 사고의 폭을 넓히고 논리 · 수학적 사고를 자극하는 효과가 있다. 사진, 그림, 조형물, 표본 등의 자료를 가져와 이에 대해 발표와 토의를 하는 과정을 통해 자신이 갖고 있는 논리 · 수학적 지식을 촉진시킨다. 이야기나누기 활동을 통하여 분류, 순서짓기, 수 개념, 측정, 시간, 공간과 도형과 관련된 다양한 경험을 할 수 있다.

2) 역할놀이

유아는 역할놀이를 통해 자신이 경험했던 사건이나 지식을 구체적으로 재현하고, 흥미와 관심을 가졌던 어떤 사실이나 상상적 주제를 행동으로 표현한다. 역할놀이에 참여함으로써 유아는 또래와의 상호작용 속에서 수많은 개념을 전하고 전달받으며 이 과정 속에서 언어적 · 사회적 · 과학적 · 수학적 · 창의적 발달을 도모하게 된다. 교사가 현재 진행되고 있는 주제와 관련지어 역할놀이 영역을 구성해 줄 때 더욱 관심을 갖고 확장된 역할놀이를 진행하게 된다. 생활주제와 관련지어 슈퍼마켓, 병원, 빵가게, 주유소, 은행, 우체국 등으로 구성하거나, 놀이에 필요한 자료를 구비해 놓으면 각자 역할을 정하여 놀이하면서 다양한 수학적 활동을 진행하게 될 것이다. 슈퍼미켓 놀이는 가격이 표시된 물건, 지갑과 돈, 전자계산기 등을 준비해 주고, 약국, 병원 코너를 마련하고 진찰권과 처방전을 준비해 주면 유아들이 병원놀이를 하며 수 개념과 순서짓기, 분류 개념들을 반영하는 수학적 활동을 하게 된다. 놀이를 확장하기 위해 사전견학을 통해 수학적, 경제적 지식과 관련이 많은 은행을 견학할 수 있다.

 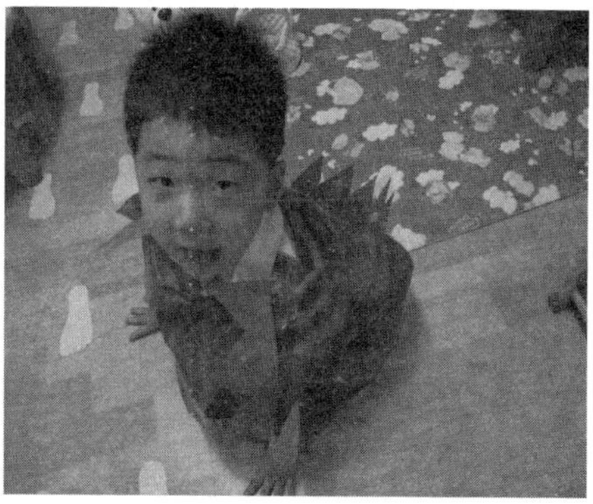

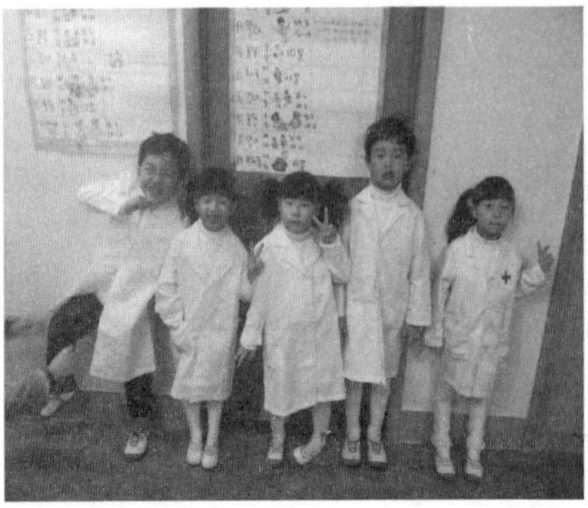

3) 관찰 및 측정

영유아의 눈은 관심 있는 사물을 주의 깊게 관찰하고 탐구하는 특성을 보인다. 유아는 관찰력이 증가함에 따라 사물을 같은 특성끼리 분류하고 순서대로 서열화하며, 크고 작은 것을 비교하기를 좋아한다. 감각기관을 사용하여 관찰하고 분석할 때 즐거워한다. 맛과 냄새의 차이, 나뭇잎, 돌맹이와 같은 자연물을 시각과 촉각으로 비교 · 분석하는 것도 좋은 관찰활동이 될 수 있다. 동식물을 키우면서 얼마나 자라났는지 비교해 보고 일지를 쓰는 것 또한 좋은 수학활동이다. 날짜를 기록하는 일, 관찰된 것을 표현한 그림, 관찰기록 등 이러한 과정을 통해 유아는 시간 개념, 수 개념, 비교, 분류, 일대일 대응, 서열화, 측정, 통계 등 다양한 수학적 사고를 발달시킨다.

4) 게임을 통한 수학활동

유아들은 집단게임을 통해 다양한 수를 경험하게 된다. 팀으로 나누어 게임할 때 두 집단의 수가 같은지 확인하는 것을 시작으로 누가 빠르고 늦은지, 몇 개의 풍선을 터뜨렸는지, 어느 팀이 몇 개 더 많이 남았는지 등 수와 관련된 사고활동을 하게 된다. 집단게임을 하면서 유아들은 여러 가지 수학적 개념을 가질 뿐만 아니라, 수학적 문제해결력 주사위를 던져 몇이 나와야 합이 큰지, 우리팀이 이길 수 있는지 수학적 언어를 사용해 볼 수 있다. 너무 어렵거나 쉬운 게임은 흥미를 떨어뜨릴 수 있으므로 어느 정도 도전적인 게임을 고르는 것이 좋다. 게임을 소개하고 모든 유아들이 게임할 기회를 갖게 하여 유아들 나름대로 게임을 진행하게 하는 방법도 있다.

5) 문학활동

유아 수학학습을 위해 문학을 활용하는 방법은 다양하게 시도할 수 있다. 지금까지 제안된 방법들을 살펴보면 수학적 내용을 다룬 상황을 활용하여 수학적 활동을 위한 조작적 문제로 활용, 수학적 상황을 표상하는 기회로 활용, 다양한 전략을 탐색하기 위한 문제 상황으로 활용, 새로운 수학적 개념의 발달을 위한 활용, 수학적 언어의 사용을 위한 기회로 활용, 수학적 사고의 기회를 위해 수정하여 활용 등으로 요약될 수 있다(이경우 외, 1997; Griffiths & Clyne, 1988; Hong, 1995, 1999; Welchman-Tischler, 1992).

유아는 책을 읽으며 경험을 넓혀 가고 상상력을 펴 나가며 자연스럽게 수학을 학습할 수 있기 때문이다. 수학교육에 있어 문학의 효용이 매체로서 자연스럽고 풍부한 상황을 제공해 주며 총체적 접근을 가능하게 해 준다. 유아의 수학에 대한 흥미와 태도를 증진시키는데 효과적이다. 이야기책을 수학학습에 활용하는 방법으로 이야기책의 수학적 상황이나 조작적 물체를 활용하고, 이야기책을 수학적 개념의 소개에 활용하며 창의적 구성활동이나 문제 상황의 제기로 활용할 수 있다(이경우 외, 1997). 문학을 수학교육에 활용하면 얻을 수 있는 장점을 정리하면 다음과 같다.

그림책은 자연스럽게 수학적 개념을 탐색하기 위한 도구로 사용될 수 있다. 책을 중심으로 한 수학교육을 통해 총체적 언어교육 방법의 일부를 수학교육의 방법으로 사용하여 책이 담고 있는 의미를 알게 해 주고 수학개념 발달을 촉진할 수 있다.

그림책은 수학활동의 맥락을 제공하고 다양한 방법으로 사용될 수 있는 활용방법을 소개해야 한다. 유아들이 창의적인 수학경험을 촉진시킬 수 있어야 하며 흥미 있어 하는 문제가 이야기 안에 들어 있으면 더욱 좋다. 수학적 개념이나 수학적 기술을 위한 준비가 포함되어 있는 것도 좋다. 수학교육을 위해 수세기, 형태, 공간개념, 비교, 분류, 순서짓기, 차트나 도표 읽기, 수학적 문제해결 등 다양한 수학적 사고를 경험할 수 있도록 구성되어 있는 책이 좋다. 이렇게 유아가 친근하게 접할 수 있는 주제를 다룬 문학을 수학교육에 적용하는 방법은 유아로 하여금 거부감 없이 수학활동을 생활 속에서 연관시키며 경험할 수 있게 하므로 적극적으로 권장하고 있다. 문학에 기초한 다양한 확장활동으로 동극이나 이야기 완성하기, 주인공에게 편지쓰기 등을 통해 유아의 논리 · 수학적 지식의 발달을 더욱 촉진할 수 있다.

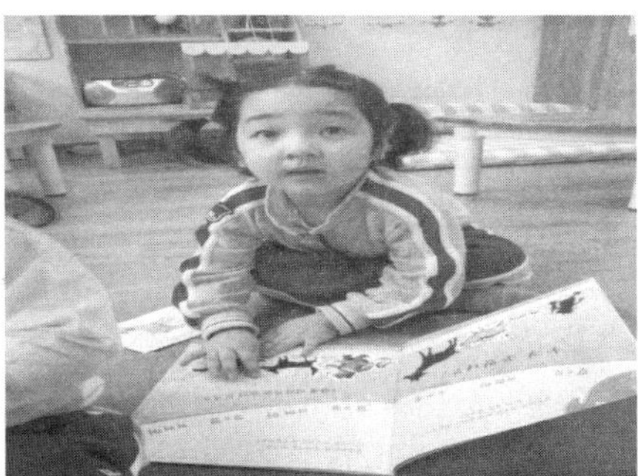

6) 요리활동

유아들은 요리 돕는 것을 좋아하며, 음식물과 요리 도구를 다루는 것을 좋아한다. 이러한 유아들의 관심과 흥미를 살려 요리활동을 함으로써 즐거움을 충족시킬 수 있다. 요리활동을 하면서 다양한 수학적 개념을 소개할 수 있다. 음식을 만드는 순서를 알려주는 과정에서 수와 순서짓기의 수학적 개념을 알게 해 줄 수 있다. 어떠한 재료와 도구가 필요한지 분류하고 길이를 재어 보고 모양 썰기도 좋은 활동이 된다. 또 양을 얼마나 넣어야 하는지 측정하고 얼마나 익혀야 하는지 시간을 재고, 얼마나 뜨거운지 온도를 확인하는 등 수학적 사고를 발달시킬 수 있다. 음식의 맛과 모양에 대해 평가하며 다양한 수학적 지식을 공유하게 된다. 요리활동이 유아의 수학교육 활동의 기회가 되도록 교사는 요리활동 중 유아와 풍부한 상호작용을 함께 하면서 수와 순서, 일대일 대응 등 분류 개념을 익히며 논리적으로 추론하는 경험을 하도록 해야 한다.

7) 음악활동

음악은 영유아에게 풍부한 환경을 제공하고 과도한 중압감과 스트레스를 해소하여 만족감과 탐색 및 학습의 즐거움을 조성하며 영유아기의 음악적 경험은 비교 순서 패턴과 같은 수 이전개념과도 밀접한 관련이 있다고 할 수 있다, 수학과 음악교육 통합활동은 유아들의 문제해결 능력을 증진시키기 위해서 자연스러운 상황에서 다양한 문제해결의 경험을 하게 함으로써 수학에 대한 신념과 태도 및 수학 학습자로서의 자기 지각력을 함께 개발시키도록 해 주어 효율적인 교수·학습이 가능하다. 수학과 음악교육 활동을 통합적으로 제공함으로써 문제를 발견하고 해결해 보는 경험을 가지는 것이 수학과 음악이 분리된 경험을 갖는 것보다 바람직한 것이라고 볼 수 있다.

음악활동을 통한 수학교육을 위해서 교사는 수학적 주제를 가진 노랫말이나 리듬이 들어간 노래를 선정하여 노랫말에 계획한 수학적 내용이 포함되어 있는지

고려하여 음률활동을 소개한다. 노랫말을 통해 노랫말에 나오는 모양대로 주변의 사물을 찾아보거나, 나누어 볼 수도 있으며, 노랫말에 들어 있는 숫자를 통해 큰 수와 작은 수를 비교해 보고, 같은 노랫말이 몇 번 나왔는지 이야기를 나누고, 박자를 세어 보거나 높은 소리와 낮은 소리를 변별해 볼 수 있다. 악기연주를 하면서 악기패턴을 만들어 보는 활동이나 비슷한 소리를 낼 수 있는 물체를 변별하여 분류해 보고, 소리를 만들어 보는 활동, 노래를 부르는데 걸리는 시간을 측정하는 활동도 전개할 수 있다. 이러한 수학과 음악의 통합을 통해 유아들은 수학에 대한 친숙한 느낌과 음악과 수학의 개념을 동시에 이해할 수 있다.

8) 조형활동

그림을 그릴 때 대상을 생각하며 자신의 경험을 바탕으로 사물을 이해하고 지각하며 사물과 관계를 알고 경험을 재구성한다. Piaget는 유아가 미술활동을 통하여 꾸미고 만들고 그림을 그리면서 크기나 속도, 질감 등 공간개념이 형성하게 된다고 하였다. 처음에는 알고 있는 것, 본것, 경험한 것을 무질서하게 표현하다가 점차적으로 공간 질서가 정리되어 표현된다고 하였다. 미술과 수학은 모두 시·공간적 능력의 활용을 포함하는 학문으로서 일상생활에서 상징으로 나타내는 의사소통의 도구이며, 표상적 수단이라는 공통점이 있다. 수학을 어려워하는 유아들도 있으나 미술은 다양한 감각을 자극하고 구체적 물체의 조작을 요하는 활동으로 대부분의 유아들이 좋아하고 즐거워한다. 미술활동의 특성을 이용하여 수학활동을 제공하면 유아에게 수학활동이 보다 즐거운 경험이 될 것이다. 수학적 교육 목표와 내용을 선정하고 이에 적절한 미술활동을 선택하여 조형활동을 통한 수학활동을 위한 매력적이고 다양한 자료를 마련해 줄 필요가 있다. 조형활동을 진행하면서 교사는 수학적 관련 개념을 인식하고 질문하여 유아의 수학적 지식을 확대해 주어 논리적 수학 지식을 경험하는 기회를 마련해 주어야 할 것이다.

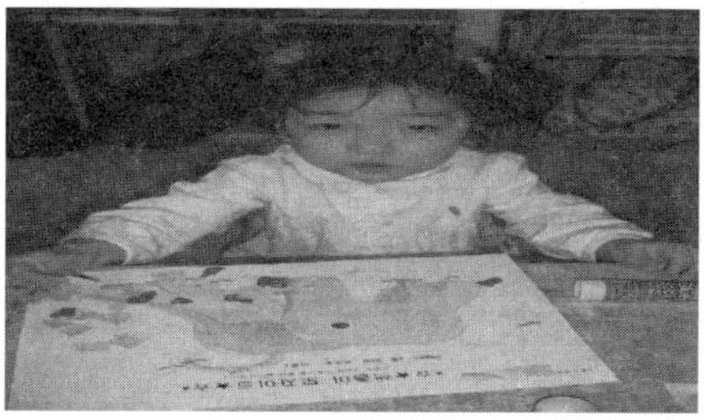
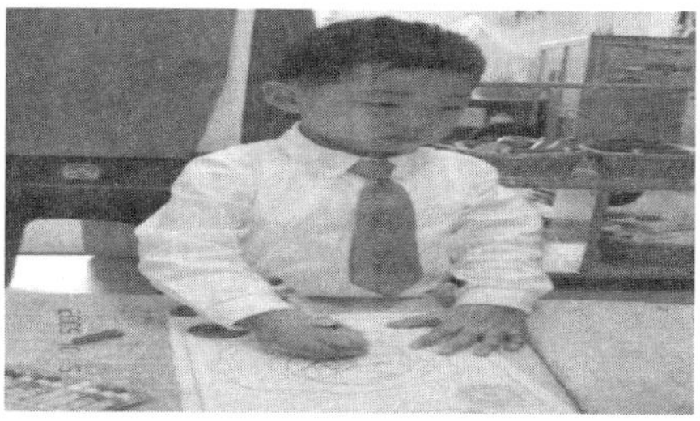

3. 문학을 통한 통합적 교육과정과 통합적 수학활동

1) 그림책을 통한 통합적 교육과정 활동구성의 예

(1) 나의 색깔나라

◈ 책이름 : 나의 색깔나라
◈ 저자 : 마거릿 와이즈 브라운
◈ 펴낸 곳 : 어린이 중앙(중앙M&B)
◈ 줄거리

빨강, 노랑, 초록, 그리고 파랑 파란문으로 들어가면…
빨간 장미, 빨간 빨강, 빨간 토끼눈
주황색 오렌지 나무, 주황색 뒝벌,
해질 무렵 바다 속으로 천천히 잠기는 주황색 해님
노란 데이지 꽃술, 노란 나비, 노란 줄무늬 꿀벌, 노란 민들레
초록색 메뚜기, 토끼가 본것 중에서 가장 싱싱한 초록색 고사리
파란 바다, 파란 하늘, 날아가는 파란 파랑새
보라색 달걀과 구슬과 젤리, 보라색 제비, 보라색 풍선,
늦은 오후의 보라색 그림자
갈색 마호가니 나무, 갈색 버드나무, 낡은 갈색 빗자루, 갈색 돛대
까만 숲, 까만 물감, 까만 밤, 생각에 잠긴 까만 두더지들
회색 털, 회색 양말, 회색 여우
하얀 접시, 하얀 물고기, 우윳빛 하얀 접시에 담기 하얀 송어
분홍색 돼지, 분홍색 돼지 발굽, 분홍색 장미, 분홍색 토끼 코
빨강, 노랑, 초록, 그리고 파랑 파란문으로 들어가면… 우리들의 색깔 나라예요.

1 그림책을 통한 통합적 교육과정

나의 색깔나라

언어
- 뽕뽕이로 글자 만들기
- 같은 글자를 찾아 주세요.
- 글자 암호판
- 색깔 도깨비 단어 찾기
- 반쪽을 찾아라
- 끝말 글자 맞추기
- 그림글씨 찾기

과학
- 크로마토그래피
- 무지개 만들기
- 물감 섞기
- 탱탱볼 만들기

게임
- 색깔을 찾아 주세요!
- 색판놀이
- 색깔 뒤집기
- 색 다트판
- 어느 팀이 더 많지?

조형
- 도깨비 얼굴 가면 만들기
- 물티슈 염색하기
- 셀로판지 안경 만들기
- 데칼코마니
- 색깔 섞어 찍어보기
- 비닐 팩물감놀이
- 면봉찍기
- 손바닥 발바닥 찍기

음률
- 색깔 악기 연주하기 (그대로 멈춰라♪)
- 과일의 노래
- 빨간 작은 새
- 재미난 색깔 노래
- 찢어진 우산
- 아름답고 푸른 도나우 -음악감상

신체표현
- 노란색이 되봐요.
- 내몸은 풍선
- 색깔 김밥놀이
- 선 따라 걷기

수
- 같은 색 모양 찾아보기
- 내가 좋아하는 색깔 그래프 만들기
- 차례대로 놓아 보아요!
- 숫자와 색연결하기
- 같은 색깔끼리 모아요
- 내가 좋아하는 색깔은?
- 같은 색깔 동물을 나눠 주세요
- 젓가락으로 같은 색 콩을 옮겨 주세요.

견학
- 색깔 박물관 견학
- 레이저 체험관
- 꽃박람회
- 무지개 체험관

2 그림책을 통한 통합적 수학활동

나의 색깔나라

수 개념
- 나의 색깔을 찾아 주세요.
- 나는 몇 개일까요?
- 색깔과 숫자 맞추기
- 그림숫자 찾기

측정
- 같은 색으로 덮어 주세요(넓이).
- 나를 재어 주세요(길이).

공간과 도형
- 같은 색 모양 찾아보기
- 같은 색깔끼리 모아요
- 젓가락으로 같은 색 콩을 옮겨 주세요.

자료분석
- 내가 좋아하는 색깔 그래프 만들기
- 내가 좋아하는 색깔은?
- 같은 색깔 동물을 나눠 주세요.

규칙성
- 차례대로 놓아보아요.
- 숫자와 색깔을 연결해 주세요
- 다음에는 어떤 색이 올까요?

3 활동

① 동화 들려주기

○ **교구 제작방법**

- 주제 : 여러 가지 색깔과 모양
- 연령 : 만 3세
- 활동명 : 나의 색깔 나라

■ 기대되는 효과

· 동화를 듣고 색깔에 관심을 가진다.
· 동화를 듣고 글자에 관심을 가진다.
· 말하는 사람의 이야기를 주의 깊게 들을 수 있다.
· 내가 좋아하는 색에 대해 이야기할 수 있다.

■ 교재 · 교구 제작방법

① 동화책을 보고 밑그림을 그린다.
② 파스텔로 그림을 색칠한다.
③ 색연필로 그림을 정돈(마무리)한다.
④ 동화에 나오는 사물은 따로 그려 색칠한다.
⑤ 뒤에 하드보드지를 붙여 단단히 만든다.
⑥ 시트지로 포장하여 그림이 훼손되는 것을 막는다.
⑦ 사물이 움직일 수 있도록 구멍을 뚫어 낚싯줄을 단다.
⑧ 사물이 움직일 수 있도록 OHP 필름을 붙여 그림이 넘어오게 만든다.
⑨ 낚싯줄과 OHP 필름을 이용하여 조작한다.

○ 교구 활용방법

■ 제목 : 나의 색깔나라
■ 수업주제 : 동화 들려주기
■ 연령 : 만 3세
■ 소요시간 : 15~20분
■ 집단형태 : 대집단

■ 목표
· 동화를 듣고 색깔에 관심을 가진다.
· 동화를 듣고 글자에 관심을 가진다.
· 말하는 사람의 이야기를 주의 깊게 들을 수 있다.
· 내가 좋아하는 색에 대해 이야기할 수 있다.

■ 누리과정 관련요소
- 의사소통영역
· 듣기; 낱말과 문장 듣고 이해하기
· 동요, 동시, 동화 듣고 이해하기
· 바른 태도로 듣기
· 말하기; 느낌, 생각, 경험 말하기
· 읽기; 읽기에 흥미 가지기
· 쓰기; 쓰기에 관심 가지기

■ 준비자료 : 낱장동화, 수수께끼 그림자료, 동화 속 주인공 그림자료

■ 수업 진행방법
· 주의집중; 수수께끼로 주의집중
· 도입; 들려줄 동화를 보여 준다.
· 전개 및 절정; 동화를 들려주기
· 마무리 및 평가; 여러 가지 색깔에 대한 이야기나누기
· 정리 및 정돈; 평가가 끝난 후 주변은 정리 정돈하기

② 과학영역

○ **교구 제작방법**

■ 주제 : 여러 가지 색깔과 모양

- 연령 : 만 3세
- 활동명 : 여러 가지 색 탱탱볼 만들기

- 기대되는 효과

· 소근육 발달이 이루어진다.
· 액체에서 고체로 되는 과정을 볼 수 있다.

- 교재 · 교구 제작방법

① 종이컵 1쪽에 물 1/4 담고 다른 컵에 붕산 3숟가락 반을 넣는다.
② 물이든 컵에 식용 색소를 넣는다.
③ 색소를 녹인다.
④ 붕산을 색소로 이동시켜 붕산을 잘 녹인다.
⑤ P.V.A를 붕산을 녹인 색소가 든 컵에 붇는다.
⑥ 슬러쉬처럼 되면 약 1분 정도 젓는다.
⑦ 말랑말랑해지면 컵에 있는 내용물을 손에 옮긴다.
⑧ 물을 쭉 짜서 동글동글 하게 만든다.

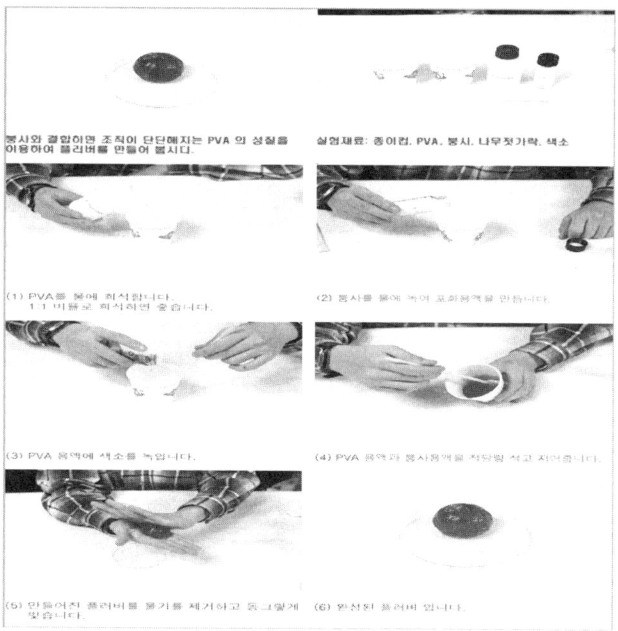

○ **교구 활용방법**

■ 제목 : 나의 색깔나라

■ 수업주제 : 탱탱볼 만들기

■ 연령 : 만 3세

■ 소요시간 : 15-20분

■ 집단형태 : 대집단 그룹만들기

■ 목표 : 여러 가지 색 탱탱볼을 만들면서 액체가 고체가 되는 것을 알 수 있다

■ 누리과정 관련요소

- 예술경험영역

· 예술적 표현하기; 미술활동으로 표현하기

- 자연탐구영역

· 과학적 탐구하기; 물체와 물질 알아보기

■ 준비자료 : 붕산, PVA, 물, 나무젓가락, 식용색소

■ 수업 진행방법

· 주의집중; 완성된 탱탱볼을 꺼내서 보여주고 호기심을 갖게 한다.

· 도입; 탱탱볼에 대해서 약간의 이야기를 나누고 조를 나눈다.

· 전개; 탱탱볼을 만드는 방법을 설명한다.

· 절정; 직접 조별로 탱탱볼을 만들어 본다.

· 마무리; 전부 만들었는지 확인해 본다.

· 평가; 탱탱볼을 만들면서 어땠는지 확인해 보고 다음에 또 만들어 보고 이야기한다.

· 정리 및 정돈; 만든 탱탱볼을 자기 가방에 넣고 손을 씻으러 간다.

③ 게임영역

○ **수교구 제작방법**

■ 주제 : 여러 가지 색깔과 모양

■ 연령 : 만 3세

■ 활동명 : 색깔을 찾아 주세요!

■ 기대되는 효과

· 글자와 단어에 대해 관심을 갖는다.

· 색깔 구별 능력이 발달되어 색깔을 구분할 수 있게 된다.

· 눈과 손의 협응력을 도모할 수 있다.

· 게임의 규칙을 익힐 수 있다.

■ 교재 · 교구 제작방법

- 색깔판 만들기

① 하드보드지를 색깔별로 적당한 크기로 자른다(빨간색, 노란색, 파란색, 초록색, 주황색).

② 그 위에 유아들이 알아볼 수 있도록 파란색이라는 단어를 가운데 붙인다. 다른 색깔의 하드보드지도 단어를 붙인다.

③ 유아들이 두꺼운 하드보드지에 다칠 수 있기 때문에 끝의 사각 지점을 둥근 모양으로 자르고 색깔판의 종류를 아스테이지로 붙인다.

- 색깔단어카드 만들기

① 유아 손에 맞는 크기의 작은 카드를 하드보드지를 이용해 색깔별로 자른다.

② 색깔단어카드도 둥근 모양으로 끝을 자른 뒤 아스테이지로 붙인다.

- 주사위 만들기

하드보드지로 주사위를 만든 뒤에 한 면에 두 가지의 색깔이 나올 수 있게 색도화지로 붙인다. 그 뒤에 아스테이지로 싼다.

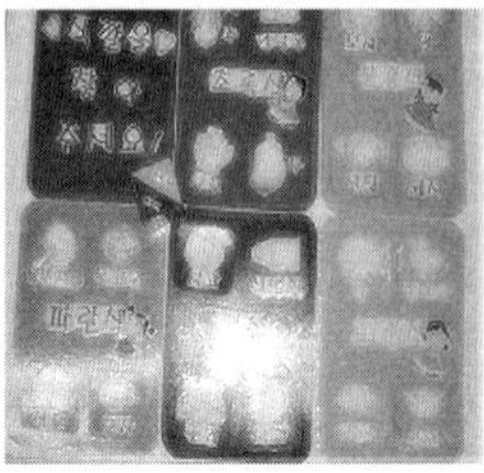

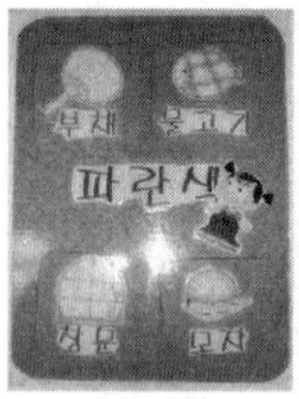
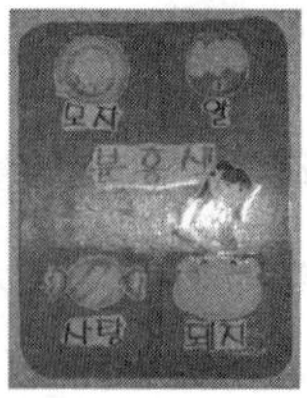

○ **교구 활용방법**

■ 제목 : 나의 색깔나라

■ 수업주제 : 게임하기

■ 연령 : 만 3세

■ 소요시간 : 15-20분

■ 집단형태 : 소집단

■ 목표

· 그림과 글자를 알 수 있다.

· 색깔의 종류를 파악할 수 있다.

· 눈과 손의 협응력을 기를 수 있다.

■ 누리과정 관련요소

- 의사소통영역

· 읽기; 읽기에 흥미 가지기

· 쓰기; 쓰기에 관심 가지기

- 사회관계영역

· 나와 다른 사람의 감정 알고 조절하기; 나의 감정 조절하기

· 나와 다른 사람의 감정 알고 조절하기; 나와 다른 사람의 감정알고 표현하기

■ 준비자료 : 색깔판, 글자카드, 주사위

■ 수업 진행방법

· 주의집중; 교실환경의 사물의 색깔을 알아본 뒤 무지개 색깔에 대한 이야기를 나눠 본다.

· 도입; 게임의 활동자료를 보여 준다. 유아들과 게임 진행방법에 대해 이야기를 나눈다.

· 전개; 게임을 진행해 본다(각 유아마다 글자색깔판을 하나씩 갖고 주사위를 던진후 자신의 색깔과 일치하는 주사위 색깔을 나오면 카드를 자신의 색깔판에 붙인다)

· 절정; 색깔판에 많은 카드가 채워진 유아가 누군지 살펴본다.

· 마무리; 글자 색깔판에 먼저 글자카드를 완성한 유아가 누군지 살펴본다.

· 평가; 게임 활동에 대해 유아들과 이야기를 나누어본다 (어떤 점이 즐거웠는지 어디를 보완해서 게임을 하면 좋을지에 대하어 이야기나누기)

· 정리 및 정돈; 자신의 카드와 색깔판을 제자리 정리해 둔다.

○ 교구 제작방법

■ 주제 : 여러 가지 색깔과 모양

■ 연령 : 만3세

■ 활동명 : 공을 던져 보아요.

■ 기대되는 효과

· 팀을 나눠서 함으로써 친구들과의 상호작용을 할 수 있다.

· 간단한 규칙을 지킬 수 있다.

· 함께하는 활동에 즐거움을 느끼고 민첩성을 기를 수 있다.

■ 교재 · 교구 제작방법

① 해바라기 본을 뜬다.

② 동그란 판에 융을 붙인다.

③ 주변의 꽃 모양을 꾸민다.

④ 공에 찍찍이를 붙여 던질 수 있도록 만든다.
⑤ 점수판을 만든다.

○ **교구 활용방법**

■ 제목 : 나의 색깔나라
■ 수업주제 : 색 다트판에 공 던지기
■ 연령 : 만 3~4세
■ 소요시간 : 20-30분
■ 집단형태 : 대집단

■ 목표
· 팀을 나눠서 함으로써 친구들과의 상호작용을 할 수 있다.
· 간단한 규칙을 지킬 수 있다.
· 함께하는 활동에 즐거움을 느끼고 민첩성을 기를 수 있다.

■ 누리과정 관련요소
- 신체운동 · 건강영역
신체 인식하기: 감각능력을 기르고 활용하기
신체를 인식하고 움직이기

■ 준비자료 : 우드락, 융, 볼풀공, 찍찍이, 부직포, 점수판 던지는 지점표시선 등

■ 수업 진행방법
· 주위집중; 놀잇감에 대해 탐색한다.
· 도입; 다트판의 색깔과 볼풀공의 색깔에 대해 탐색 하고 놀이에 대해 소개한다.
· 전개; 교사가 먼저 다트판에 공 던지기 시범을 보여 준다. 파랑팀과 초록팀으로 나눈다.
· 절정; 활동을 시작한다.
· 마무리; 어느 팀이 많이 스티커가 붙이 있는지 점수판을 보고 승패를 결정한다.
· 평가; 회상하기 시간을 갖고 이 게임을 한뒤 느낀점을 말해 본다.
· 정리 및 정돈; 게임을 끝낸 뒤 함께 정리를 한다.

④ 조형영역

○ **교구 활용방법**
■ 주제 : 여러 가지 색깔과 모양
■ 연령 : 만 3세
■ 활동명 : 데칼코마니

■ 기대되는 효과
· 색의 변화와 자신이 나타낸 모양의 변화에 대해 알 수 있다.
· 다양한 색과 모양을 이용해 자신만의 작품을 만들 수 있다.

■ 제작 방법

① 준비된 도화지 위에 유아들이 좋아하는 색의 물감을 이용해 마음껏 표현한다.

② 반을 접어 눌러준 후 펼쳐 나타나는 모양과 색의 변화를 알아본다.

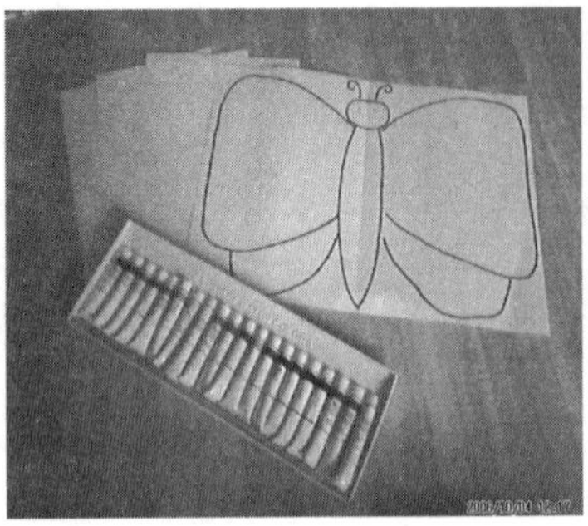

○ **교구 활용방법**

■ 제목 : 나의 색깔나라

■ 수업주제 : 데칼코마니

■ 연령 : 만 3세

■ 소요시간 : 10-15분

■ 집단형태 : 대집단

■ 목표

· 색의 변화와 자신이 나타낸 모양의 변화에 대해 알 수 있다.

· 다양한 색과 모양을 이용해 자신만의 작품을 만들 수 있다.

■ 누리과정 관련요소

- 예술경험영역

· 예술적 표현하기; 미술활동으로 표현하기

- 의사소통영역

· 듣기; 이야기 듣고 이해하기, 바른 태도로 듣기

· 말하기; 느낌, 생각, 경험 말하기

■ 준비물 : 도화지, 물감, 나비 또는 무당벌레의 도안, 활동순서도

■ 수업 진행방법

· 주위집중; 완성된 작품을 보여 준다.
· 도입; 데칼코마니의 활동에 대해 설명한다.
· 전개; 유아들 앞에서 직접시범을 보여 활동방법에 대해 설명한다.
· 절정; 준비물을 나누어 준 후 활동을 시작한다.
· 마무리; 각자 무엇을 표현한 것인지 이야기를 나누어 본다.
· 평가; 무엇이 어려웠는지 수업에 관한 느낌을 이야기해 본다.
· 정리 및 정돈; 자신이 만든 데칼코마니를 가방에 넣고 주위를 정리한다.

○ 교구 활용방법

■ 주제 : 여러 가지 색깔과 모양
■ 연령 : 만 3세
■ 활동명 : 도깨비 기면 만들기

■ 기대되는 효과

· 유아들이 여러 가지 색깔의 셀로판지를 통해 색의 변화를 안다.
· 유아들이 만들기와 꾸미기에 관심을 갖는다.

■ 교구 제작방법

① A4용지에 도깨비를 그린 후 오려 도화지에 붙여 다시 오린다.
② 도깨비의 눈 부분만 다시 오려내 준다.
③ 도깨비의 부분 부분을 색지로 여러 가지 색깔로 오린다.

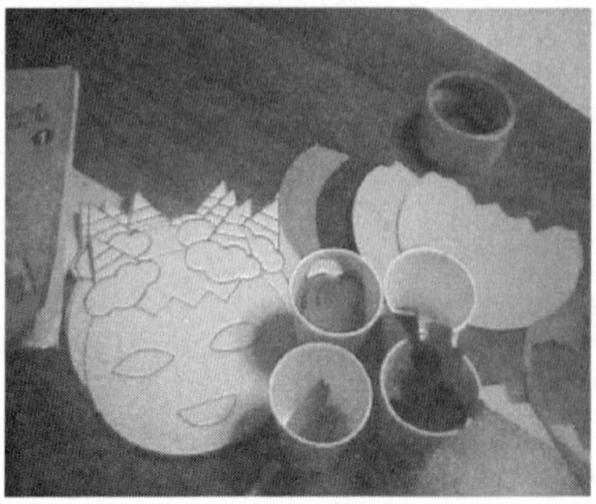 

○ **교구 활용방법**

- 제목 : 나의 색깔나라
- 수업주제 : 도깨비 가면 만들기
- 연령 : 만 3세
- 소요시간 : 15-20분
- 집단형태 : 소집단

- 목표

· 유아들이 여러 가지 색깔의 셀로판지를 통해 색의 변화를 안다.

· 유아가 색에 관심을 갖는다.

- 누리과정 관련요소

\- 예술경험영역

· 예술적 표현하기; 미술활동으로 표현하기

- 준비자료 : 도깨비 도안, 색지, 고무줄, 펀지, 풀

- 수업 진행방법

· 주의집중; 올라가는 머리, 내려오는 머리, 빙글 빙글 돌려서 도깨비 뿔 (눈-여우 눈, 코- 돼지 코, 입-오리 입,귀-당나귀, 손-기도 손)

· 도입; 유아들에게 셀로판지에 대해서 이야기를 나누고 오늘 하는 활동에 대해서 유아들에게 알려 준다.
· 전개; 유아들에게 도깨비 가면을 만드는 방법에 대해 알려주고 같이 활동을 한다.
· 절정; 도깨비 가면에 펀지를 뚫어 유아들에게 써 보게 한다.
· 마무리; 만든 도깨비 가면을 대해 이야기를 나눈다.
· 평가; 도깨비 가면을 만들며 힘들었던 점을 이야기해 본다.
· 정리 및 정돈; 자신이 만들었던 자리는 자신이 스스로 정리하도록 한다.

⑤ 음률영역

○ **교구 활용방법**

■ 주제 : 여러 가지 색깔과 모양
■ 연령 : 만 3세
■ 활동명 : 노래하며 색을 맞춰요.

■ 기대되는 효과
· 노래 가사를 바꾸어 부를 수 있다.
· 노래를 부르며 악기를 연주할 수 있다.
· 악기와 동작으로 색깔을 구별할 수 있다.

■ 교구 제작방법
· 색장갑; 유아용 장갑을 준비하여 빨간색, 파란색, 노란색으로 염색시킨다.
· 작은북과 북채
① 빈 분유통은 준비하여 깨끗하게 씻은 뒤 그늘에서 말린다.
② 물기 없이 말린 분유통을 빨간색, 파란색, 노란색 골판지로 각각 겉과 위, 아래를 싼다.

③ 각각 다른 색으로 싼 분유통에 같은색 종이를 이용해 고양이 종이접기를 하여 붙인다. 종이로 팔도 만들어 붙인다.

· 북채는 젓가락과 동그란 스티로폼을 이용해서 만든다. 북채도 분유통의 색깔에 맞추어 스티로폼 부분을 색칠한다.

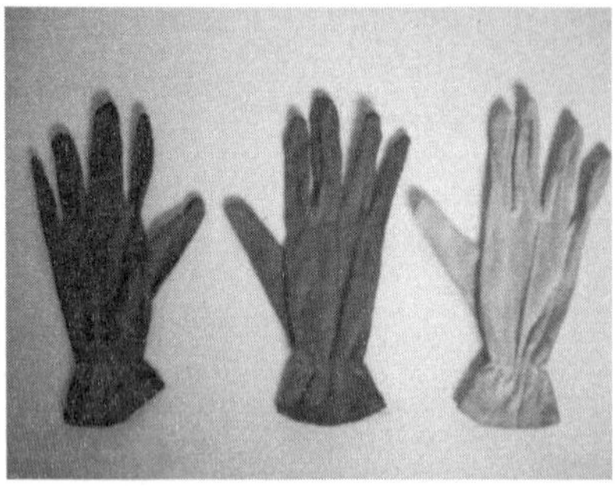

○ **교구 활용방법**

■ 제목 : 나의 색깔나라

■ 수업주제 : 색깔악기 연주하기

■ 연령 : 만 3세

■ 소요시간 : 15-20분

■ 집단형태 : 대집단

■ 목표

· 배운 노래 가사를 바꾸어 불러 본다.

· 악기를 이용해 색을 알아본다.

■ 누리과정 관련요소

- 예술경험영역

· 예술적 표현하기

음악으로 표현하기-간단한 노래를 듣고 따라 부른다. 리듬악기로 간단한 리

듬을 표현해 본다
· 움직임과 춤으로 표현하기

■ 준비자료 : 장갑(빨간색 , 노란색 , 파란색), 분유통으로 만든 작은북 , 북채수업

■ 수업 진행방법
· 주의집중; '사랑은'이라는 손유희를 한다.
· 도입; '즐겁게 춤을 추다가' 노래를 불러 본다.
· 전개; 노래에 맞추어 색깔이 다른 장갑을 손에 끼고 노래를 부른다.
· 절정; 노래에 맞추어 악기를 연주한다.
· 마무리; 다시 한번 색깔이 다른 장갑을 옆사람과 바꾸어 노래에 맞추어 연주한다.
· 평가; 활동에 대한 어려운 점이나 재미있던 점등에 관해 이야기를 나눈다.
· 정리 및 정돈; 교사와 함께 악기와 주변을 정리한다.

⑥ 신체표현영역

○ 교구 활용방법
■ 주제 : 여러 가지 색깔과 모양
■ 연령 : 만 3세
■ 활동명 : 모양 따라 걸어요.

■ 기대되는 효과
· 몸을 움직이며 대근육 활동을 할 수 있다.
· 자신의 신체에 대한 관심을 높일 수 있다.
· 다른 유아들과 어울리며 다른 유아를 이해하고 존중할 수 있다.
· 자신의 신체 능력을 긍정적으로 인식한다.

■ 교구 제작방법

- 동물 카드 만들기

① 각 동물의 모양을 상상하여 본다.

② 동물의 부위 별로 색지로 오린다. 오린 색지들을 A4용지에 알맞에 맞추어 동물 형태를 만든다.

③ 다 만들고 나면 코팅을 한다.

- 두꺼운 포장 끈을 이용하여 도형 모양 만들기

① 세모 네모 동그라미 모양을 만든다.

② 모양이 잘 보이도록 끈의 색을 선택한다.

- 완성된 모양을 움직이지 않게 투명 테이프를 이용하여 고정시킨다.

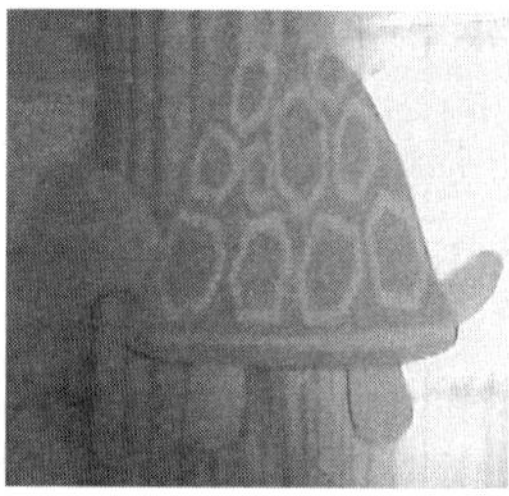
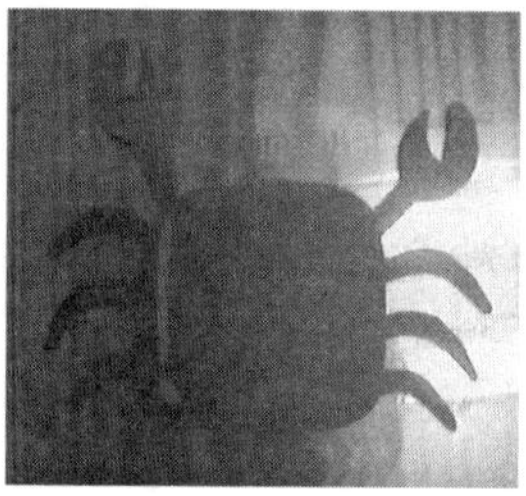

○ **교구 활용방법**

■ 제목 : 나의 색깔나라

■ 수업주제 : 신체활동해 보기

■ 연령 : 만 3세

■ 소요시간 : 10-15분

■ 집단형태 : 소집단

■ 목표

· 몸을 움직이며 대근육 활동을 할 수 있다.

· 자신의 신체에 대한 관심을 높일 수 있다.

· 다른 유아들과 어울리며 다른 유아를 이해하고 존중할 수 있다.

■ 누리과정 관련요소

- 신체운동 · 건강영역

· 신체 인식하기; 신체를 인식하고 움직이기

· 신체 조절과 기본 운동하기; 신체 조절하기, 기본 운동하기

· 신체 활동에 참여하기; 자발적으로 신체 활동에 참여하기

■ 준비자료 : 색깔테이프, 아스테이지

■ 수업 진행방법

· 주의집중; 손유희(통통통)

· 도입; 동물그림의 카드를 보여 준다.

· 전개; 선을 따라 걷기를 해 본다.

· 절정; 동물흉내를 내며 선을 따라 걷는다.

· 마무리; 자신이 흉내내본 동물과 모양에 대해 말한다.

· 평가; 동물흉내를 내본 뒤 재미있었던 점과 힘들었던 점을 말한다.

· 정리 및 정돈; 유아들이 화장실 다녀온 사이 선모양들을 정리한다.

⑦ 수영역

○ **교구 활용방법**

■ 주제 : 여러 가지 색깔과 모양

■ 연령 : 만 3세

■ 활동명 : 내가 좋아하는 색은 무엇일까요?

■ 기대되는 효과

· 유아가 어떤 색을 좋아하는지 알 수 있다.

· 유아가 색에 관심을 갖는다.

· 유아가 일상생활에서 색에 관심을 갖는다.

■ 교구 제작방법

① 우드락에 융판을 씌운다.

② 융판에 여러 가지 색깔이 들어간 모형을 붙인다.

③ 융판에 제목을 붙인다.

④ 부직포를 각기 다른 색의 인형모양으로 모양을 만든다.

⑤ 부직포 인형과 우드락 융판을 서로 붙일 수 있게끔 찍찍이를 붙인다.

⑥ 부직포인형을 우드락판에 붙일 수 있다.

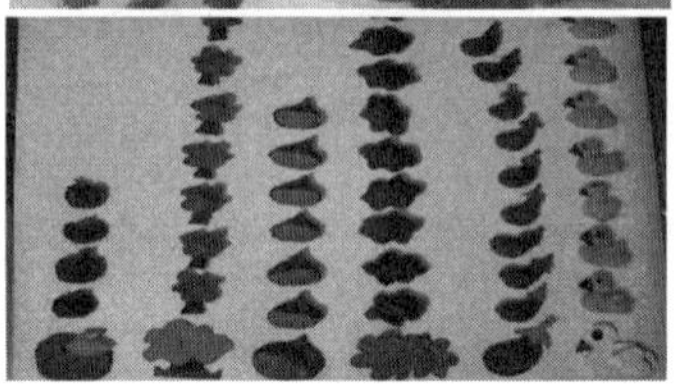

○ **교구 활용방법**

■ 제목 : 나의 색깔나라

■ 수업주제 : 내가 좋아하는 색깔은?

■ 연령 : 만 3세

■ 소요시간 : 15-20분

■ 집단형태 : 대집단

■ 목표

· 유아가 어떤 색을 좋아하는지 알 수 있다.

· 유아가 색에 관심을 갖는다.

· 유아가 일상생활에서 색에 관심을 갖는다.

■ 누리과정 관련요소

- 자연탐구영역

· 수학적 탐구하기; 수와 연산의 기초개념 알아보기, 기초적인 측정하기

■ 준비자료 : 우드락, 융판, 색지, 부직포

■ 수업 진행방법

· 주위집중; 미리 교사가 만든 인형을 흔들어 보이며 유아의 반응을 이끈다.

· 도입; 유아들에게 좋아하는 색이 있는지 물어본 뒤 교사가 준비한 그래프판에 붙일 수 있는 인형을 보여 준다.

· 전개; 그래프판에 각자 좋아하는 색을 붙여 보자고 말하고 어떤 모양이 가장 많은지 물어 본다.

· 절정; 숫자를 세어 본다.

· 마무리; 어떤 모양이 많지? 라며 이야기를 풀어간 뒤 미술시간에 그 색으로 골라 표현해 보자고 한다.

· 평가; 활동이 어땠는지 유아들에게 느낌을 물어 본다.

· 정리 및 정돈; 주변정리를 하고 끝낸다.

(2) 아기고양이의 딸꾹질

◈ 책이름 : 아기고양이의 딸꾹질(동물가족 그림책 3)

◈ 저자 : 가도노에이코

◈ 펴낸 곳 : 지경사

◈ 줄거리

오늘은 아기고양이의 생일이에요.
엄마는 맛있는 케이크를 만들어 놓으셨어요.
"으~음 이 맛있는 냄새 친구들이 오기 전에 살짝 먹어 봐야지."
아기고양이는 살금살금 기어가서 뒤쪽의 크림을 날름 핥아 먹었어요.
그런데 아기고양이의 입에서 딸꾹질이 나오기 시작했어요.
"딸꾹 딸꾹"
깜짝놀란 아기고양이는 밖으로 나와 오리아주머니께 물었어요.
"오리 아주머니 어떻게 하면 딸꾹질을 멈출 수 있나요? 딸꾹."
"음, 궁둥이를 흔들면서 걸어보렴 그럼 딸꾹질이 멈출거야."
두더지 아저씨는 "땅 속에 묻어 버리는게 최고지."
오리 아주머니와 두더지 아저씨가 하라는 대로 했지만
딸꾹질은 멈추지 않았어요.

1 그림책을 통한 통합적 교육과정

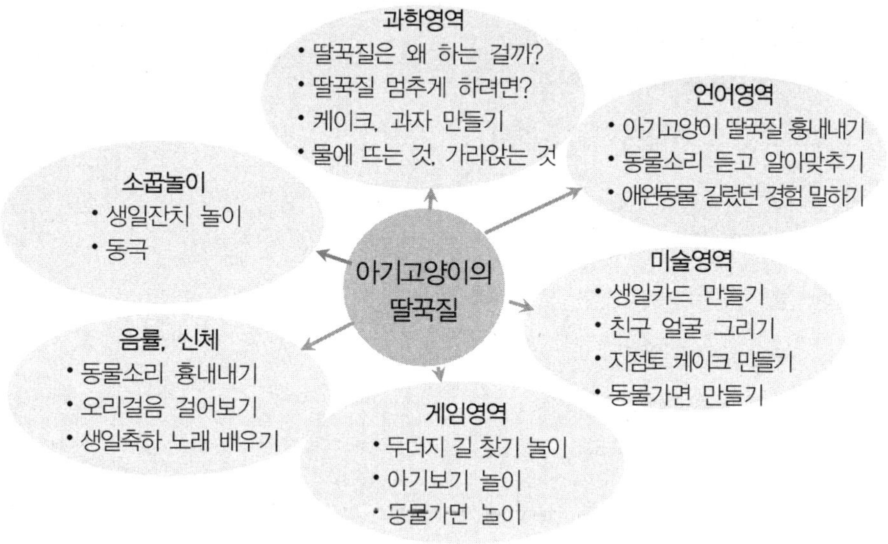

2 그림책을 통한 통합적 수학활동

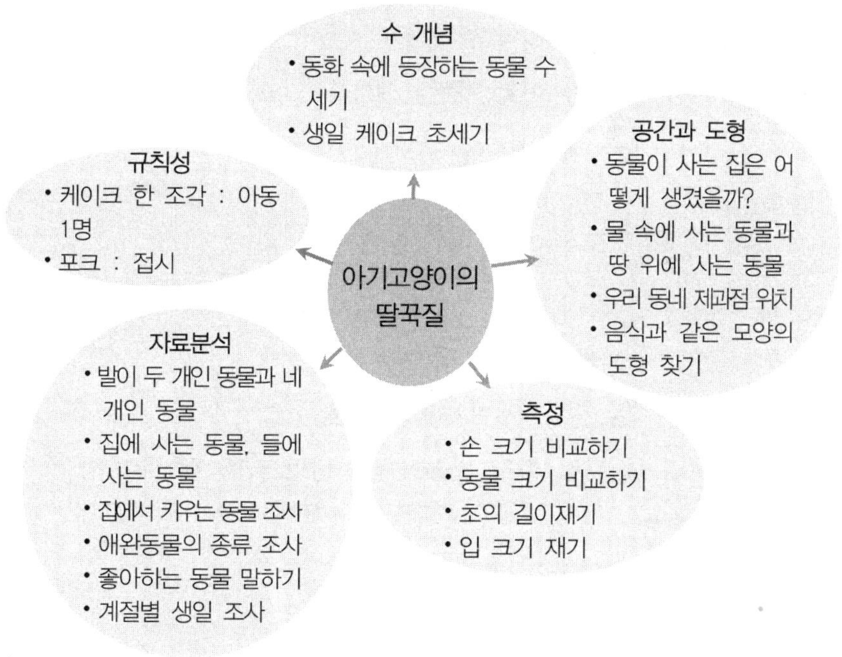

(3) 순서대로 줄줄줄

◈ 책이름 : 순서대로 줄줄줄

◈ 저자 : 한국어린이육영회

◈ 펴낸 곳 : 한국어린이육영회

◈ 줄거리

어느 숲 속 마을에 동물친구들이 재미나게 놀고 있었어요.
그때 코끼리가 물었어요.
우리 무슨 놀이할까?
그러자 사자가 말했어요.
우리 병정놀이하자.
그러자 곰이 물구나무를 서며 말했어요.
물구나무 서기하자.
다리와 목이 긴 기린이 말했어요.
아니아니야 제기차기가 더 재미있어.
그때 토끼가 귀를 쫑긋거리며 말했어요.
잠깐 가위바위보를 해서 이긴 사람이 말하는 놀이를 하자.
그래서 가위바위보를 시작했죠.
가위바위보
야… 내가 이겼다. 코끼리는
나는 줄줄이놀이를 할래
몸무게대로 줄줄줄이라고 이야기하자.
친구들은 몸무게대로 줄을 서기 시작했어요.
첫 번째 코끼리 곰 기린 사자 원숭이 순서대로 따라 왔어요.
랄라라라라라라라
키대로 줄줄줄이라고 기린이 말하자.
기린, 코끼리, 곰, 사자, 원숭이가 키 순서대로 따라 왔어요.

랄라라라라라라라
동물친구들이 서로 서로하겠다고 우겼어요.
이번에는 토끼가 또 이야기했어요.
우리 모두가 첫 번째가 되는 거야.
어떻게?
동그라미를 만드는 거야.
좋은 생각이다.
그래서 동물친구들은 동그라미를 만들어 신나고 즐겁게 놀았답니다.

[1] 그림책을 통한 통합적 교육과정

순서대로 줄줄줄

언어영역
1. "순서대로 줄줄줄" 이야기나누기
2. 의태어 알기
3. 동극-역할극
4. 동시-동물원 동물들

과학영역
1. 동물의 특징 관찰하기
2. 그림자 놀이
3. 토끼 키우기

미술영역
1. 동물가면 만들기
2. 좋아하는 동물 그리기
3. 동물 발바닥 도장 찍기
4. 폐품 활용하여 동물 만들기

견학
1. 소풍가기(공원)
2. 동물원에 가기

음률과 신체표현 영역
1. 새 노래 배우기(코끼리 아저씨, 산토끼, 동물농장, 우리 모두 흉내내 보자)
2. 악기연주-컵, 실로폰 연주
3. 신체표현-동물 흉내내기
4. 음악 감상-동물의 사육사(생상)(동물의 특징)

실내 · 외 놀이영역
1. 기차놀이
2. 코끼리 코 만들기, 빙빙 놀이
3. 제기차기
4. 병정놀이
5. 가위바위보하며 계단 오르기

② 그림책을 통한 통합적 수학활동

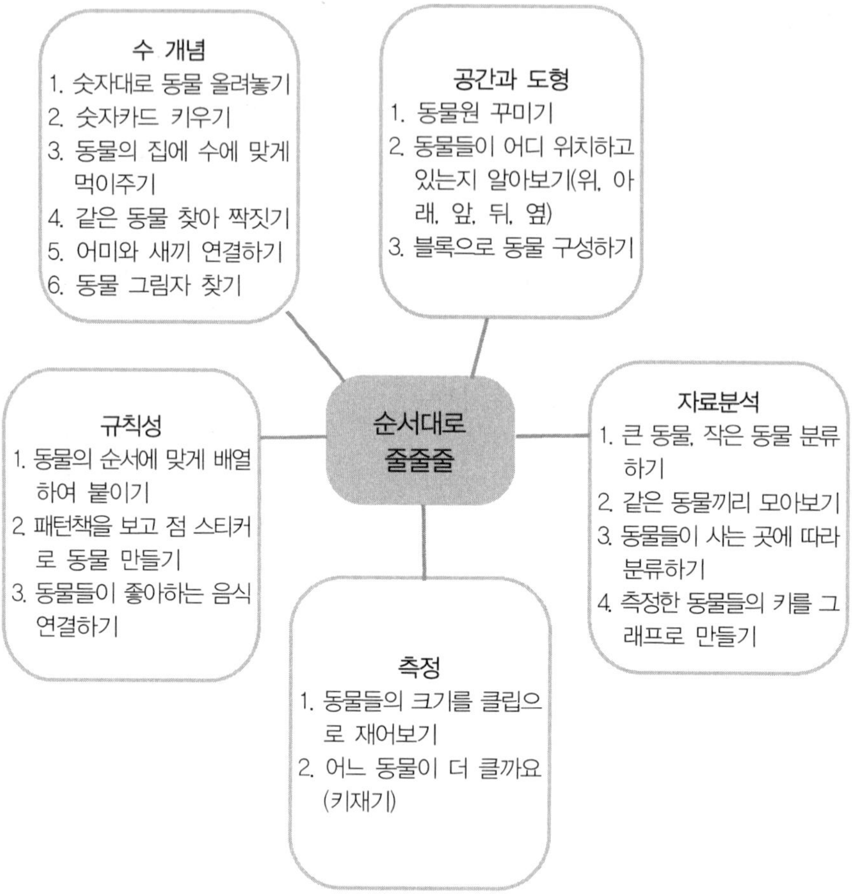

(4) 열까지 셀 줄 아는 아기염소

◈ 책이름 : 열까지 셀 줄 아는 아기염소

◈ 저자 : 알프 프로이센

◈ 펴낸 곳 : 한림출판사

◈ 줄거리

어느 날, 아기염소가 수 세는 걸 배웠어요.
이제 열가지 셀 줄 알게 되었어요.

아기염소는 길을 가다가, 물 웅덩이에 멈추어 서서,
물에 비친 자기 모습을 물끄러미 바라보았어요.
그리고는
"하나,"
하고 세었어요…

1 그림책을 통한 통합적 교육과정

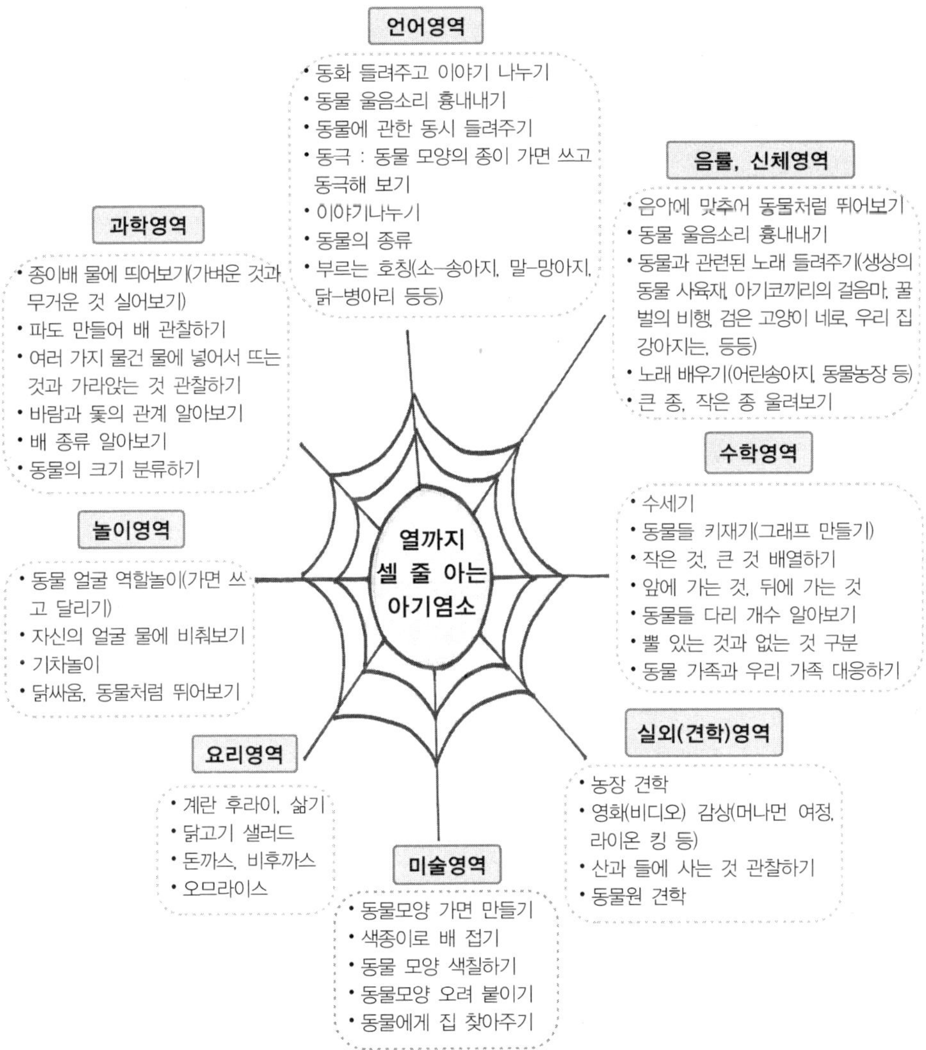

[2] 그림책을 통한 통합적 수학활동

(5) 나랑 같이 놀자

◈ 책이름 : 나랑 같이 놀자

◈ 저자 : 마리 홀 에츠

◈ 펴낸 곳 : 시공주니어

◈ 줄거리

주인공 소녀는 해가 뜨자 들판으로 놀러 나갔습니다. 메뚜기 한 마리에게 같이 놀자고 했지만 메뚜기는 달아나 버렸습니다. 개구리, 거북, 다람쥐, 어치, 토끼, 뱀도 모두 친구가 되어 주지 않고 달아나 버렸습니다. 소녀는 민들레씨를 날려 보내고는 혼자 연못가 바위에 조용히 앉아 있었습니다. 달아났던 동물들이 차례로 돌아왔고 사슴 한 마리까지 곁에 와서 뺨을 핥았습니다. 소녀는 너무 행복했습니다.

해가 뜨자 풀잎에 이슬이 맺혔습니다.

나는 들판으로 놀러 나갔죠.

메뚜기 한 마리가 들풀 이파리에 붙어 있었습니다.

아침밥으로 이파리를 먹고 있었던 거예요.

내가 말했죠.

'메뚜기야, 니히고 놀래?'

내가 메뚜기를 붙잡으려고 하자, 메두기는 톡톡 튀어 달아나 버렸습니다.

개구리 한 마리가 폴짝 뛰기를 멈추더니 연못가에 앉았습니다.

개구리는 모기를 잡으려고 기다리는 것 같았어요.

내가 말을 건넸습니다.

'개구리야, 나하고 놀자.'

내가 개구리를 붙잡으려고 하자, 개구리도 펄쩍 뛰어 도망가고 말았죠.

거북 한 마리가 통나무 귀퉁이에 엎드려 있었습니다…

거북은 꼼짝 않고 햇볕을 쬐고 있었죠.

내가 발했습니나.

'거북아, 나하고 놀자.'

거북은 내 손이 제 몸에 닿기도 전에 물 속으로 풍덩 들어가 버렸습니다.

다람쥐 한 마리가 떡갈나무 아래 있었죠.

날카롭게 생긴 작은 이빨로 도토리 껍질을 벗기고 있었습니다.

내가 말했죠.

'다람쥐야, 나하고 놀자.'

하지만 내가 가까이 달려가자, 다람쥐는 나무 위로 올라가 버렸어요.

아무도 아무도 나랑 놀려고 하지 않아요. 그래서 나는 민들레 줄기를 뽑아 입김으로 후우 하고 씨를 날려 보냈습니다. 그리고는 연못가로 가서 바위 위에 앉았어요. 벌레 한 마리가 물결을 일으키고 있었습니다.

메뚜기 한 마리가 들풀 이파리에 붙어 있었습니다. 아침밥으로 이파리를 먹고 있었던 거예요. 내가 말했죠. '메뚜기야, 나하고 놀래?' 내가 메뚜기를 붙잡으려고 하자, 메뚜기는 톡톡 튀어 달아나 버렸습니다. 나는 줄곧 잠자코 앉아 있었습니다. (이젠, 아무도 겁을 먹고 달아나지 않았죠.) 아기사슴 한 마리가 덤불 속에 숨어 있다가, 살며시 고개를 내밀고 나를 물끄러미 바라보았습니다.

1 그림책을 통한 통합적 교육과정

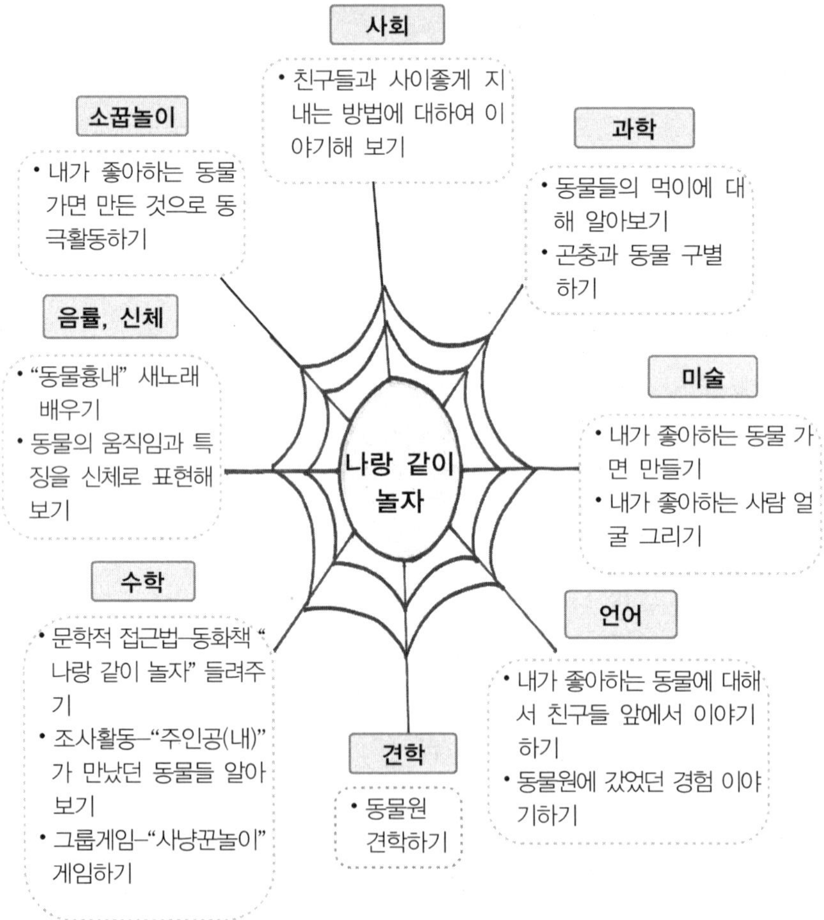

2 그림책을 통한 통합적 수학활동

나랑 같이 놀자

수 개념
- 동화에 등장했던 동물들이 몇 마리인지 세어보기
- 동물과 동물이 아닌 것이 몇 마리인지 세어보기

공간과 도형
- 내가 사는 곳은 어디 일까요?
- 나랑 똑같은 모양을 찾아 주세요.

규칙성
- 동물을 반복하여 배열하기
- 다음에는 무엇이 올까요?
- 동물과 동물의 먹이를 1:1로 대응시키기
- 빈 칸을 채워 주세요.

자료분석
- 좋아하는 동물 조사하기 (활동 : 그래프 만들기)
- 크기 순서대로 놓아 주세요.

측정
- 내 키를 재어 주세요.
- 누가 가장 클까요?

2) 동시를 통한 통합적 교육과정

(1) 동시를 통한 통합적 교육과정(만 3세)

(2) 동시를 통한 통합적 수학활동(만 3세)

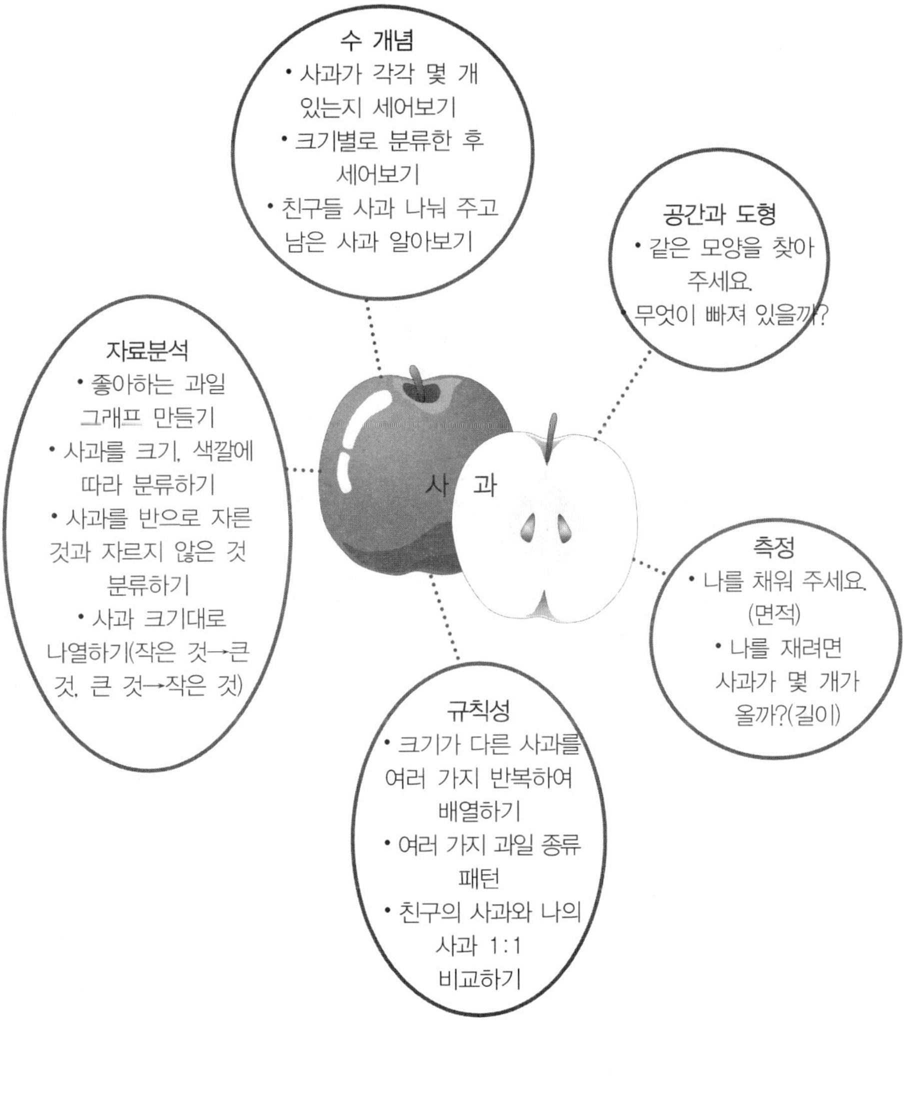

3) 동요를 통한 통합적 교육과정

(1) 동요를 통한 통합적 교육과정(만 3세)

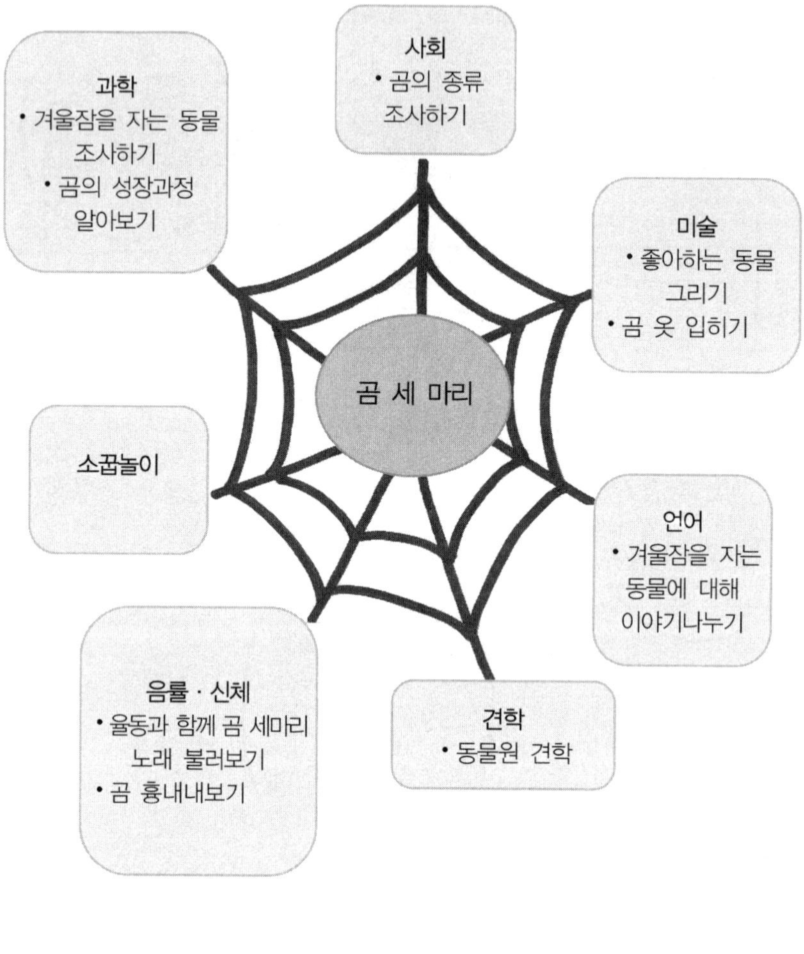

(2) 동요를 통한 통합적 수학활동(만 3세)

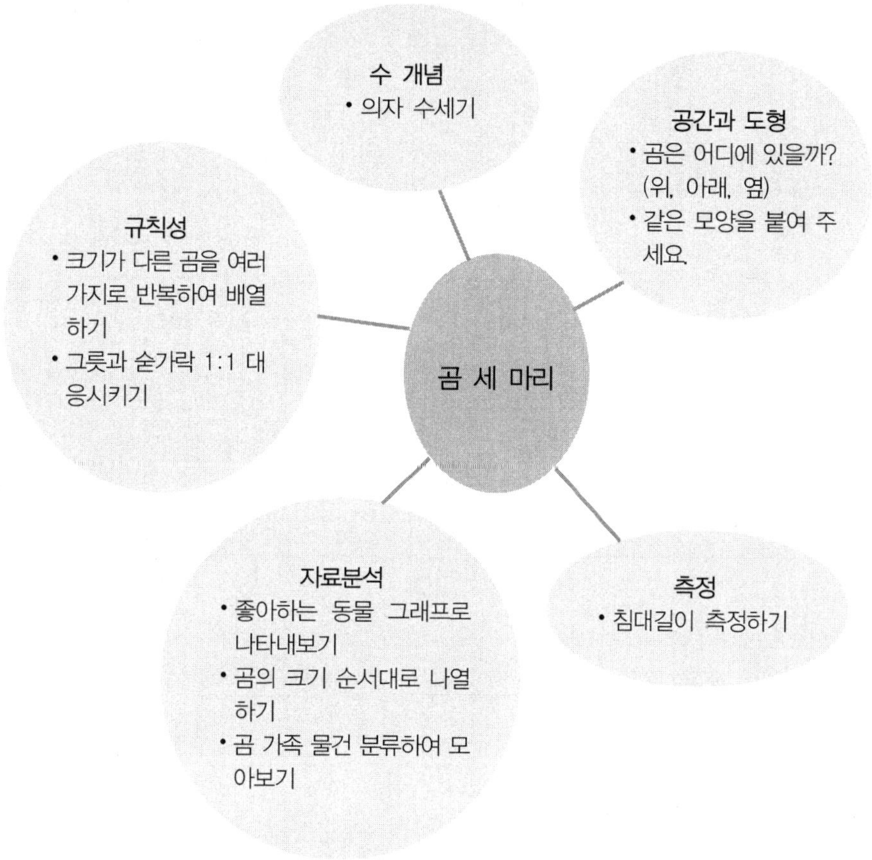

제 2 부

영유아 수학교육의 실제

Ⅰ. 수 개념을 돕는 수학활동
Ⅱ. 공간 및 도형 개념을 돕는 수학활동
Ⅲ. 측정 개념을 돕는 수학활동
Ⅳ. 규칙성(패턴) 개념을 돕는 수학활동
Ⅴ. 자료분석(통계, 그래프) 개념을 돕는 수학활동

I

수 개념을 돕는 수학활동

활동명 : 무를 뽑아요

활동유형	영아	유아	수 개념	공간 및 도형	측정	규칙성	자료분석
자유선택활동 수학		○	◎				

- **활동주제** : 가을
- **대상연령** : 만 4세
- **활동목표**
  - 게임을 통해 수를 세고 수량의 많고 적음을 비교해 본다.
- **누리과정 관련요소**
  - 자연탐구 : 수학적 탐구하기-수와 연산의 기초개념 알아보기
- **활동자료**

- **활동방법**

1. 트럭을 나누어 갖고 순서를 정한다.
2. 주사위를 던져서 윗면에 나온 수를 확인한다.
   (농부의 얼굴이 나온 경우 유아들끼리 어떻게 할 것인지를 정한다.)
3. 윗면에 나온 수만큼 무를 뽑아 트럭에 싣는다.
4. 무가 다 없어지면 게임이 끝난다.
5. 트럭에 무를 더 많이 실은 사람이 이긴다.

활동명 : 숫자사냥

활동유형	영아	유아	수 개념	공간 및 도형	측정	규칙성	자료분석
자유선택활동 수학		○	◎				

- **활동주제** : 봄
- **대상연령** : 만 5세
- **활동목표**
  - 1부터 20까지의 수를 구별할 수 있다.
  - 숫자에 대한 변별력을 기른다.
- **누리과정 관련요소**
  - 자연탐구 : 수학적 탐구하기-수와 연산의 기초개념 알아보기
- **활동자료**

1	2	3	4	5	6	7	8	9	10
11	12	13	14	15	16	17	18	19	20

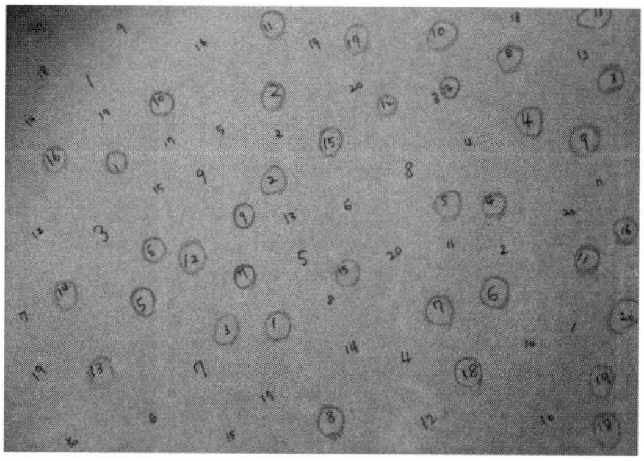

○ 활동방법

1. 1부터 20까지의 숫자카드를 바닥에 순서와 상관없이 여기저기 깔아 놓는다.
2. '시작' 소리와 함께 숫자를 순서대로 짚어 간다. 누구든지 먼저 찾는 사람이 숫자를 가져갈 수 있다.
3. 먼저 20까지의 수를 찾으면 종을 울리고 끝낸다.
   먼저 종을 울린 사람이 이긴다.

○ 확장활동

- 도화지에 작은 크기로 20까지의 숫자를 여기저기에 적는다.
- 게임을 할 두 사람이 각각 다른 색연필을 가진다.
- '시작' 소리와 함께 1부터 숫자를 찾아 동그라미를 친다. 누구든지 먼저 찾는 사람이 동그라미를 칠 수 있다.
- 20까지의 숫자 한 세트를 다 찾으면 끝난다. 먼저 끝낸 사람이 이긴다.

활동명 : 박따기 게임

활동유형	영아	유아	수 개념	공간 및 도형	측정	규칙성	자료분석
자유선택활동 수학		○	◎				

- **활동주제** : 우리나라
- **대상연령** : 만 4세
- **활동목표**
  - 게임을 통해 수를 세고 수량의 많고 적음을 비교해 본다.
- **누리과정 관련요소**
  - 자연탐구 : 수학적 탐구하기-수와 연산의 기초개념 알아보기
- **활동자료**

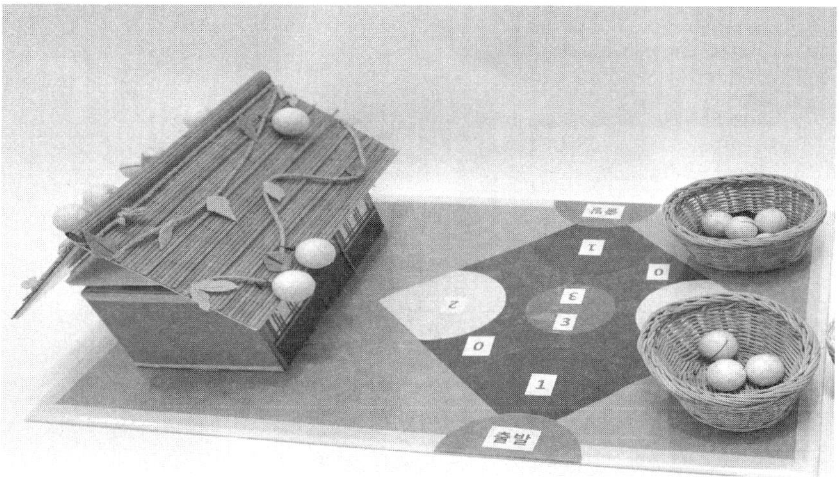

- **활동방법**
  1. 바구니를 나누어 갖고 순서를 정한다.
  2. 바닥 놀이판의 출발부분에 조각돌을 올려놓고 엄지와 검지를 사용하여 튕겨 낸다.
  3. 조각돌이 튕겨서 멈춘 면에 써있는 숫자만큼 박을 따서 자기 바구니에 담는다.
  4. 바구니의 박을 세서 자기 바구니에 박이 더 많은 편이 이긴다.

활동명 : 도토리 수세기

활동유형	영아	유아	수 개념	공간 및 도형	측정	규칙성	자료분석
자유선택활동 수학		○	◎				

- **활동주제** : 가을
- **대상연령** : 만 3세
- **활동목표**
  - 숫자를 인식하고 수대로 놓아 본다.
- **누리과정 관련요소**
  - 자연탐구 : 수학적 탐구하기-수와 연산의 기초개념 알아보기
- **활동자료**

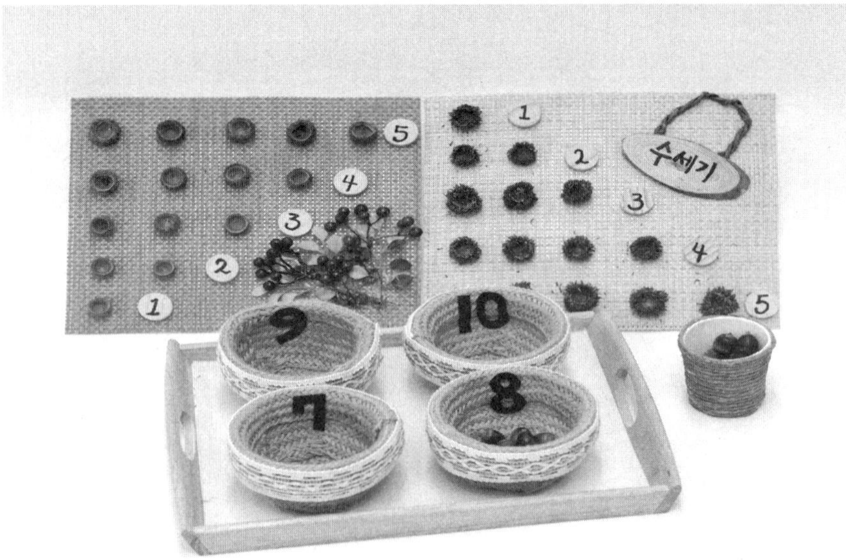

- **활동방법**

1. 도토리 깍지에 일대일 대응해서 쓰여진 숫자만큼 놓아 본다.
2. 수가 쓰여진 바구니에 도토리를 놓아 볼 수 있다.

활동명 : 숨은 다리 찾기

활동유형	영아	유아	수 개념	공간 및 도형	측정	규칙성	자료분석
자유선택활동 수학		○	◎				

- **활동주제** : 동식물과 자연
- **대상연령** : 만 5세
- **활동목표**
  - 동물의 다리의 개수를 안다.
  - 친구와 즐겁게 게임을 즐길 줄 안다.
  - 수를 더할 줄 안다.
- **누리과정 관련요소**
  - 자연탐구 : 수학적 탐구하기-수와 연산의 기초개념 알아보기
- **활동자료**

❍ 활동방법

1. 두 사람이 가위 바위 보로 순서를 정한다.
2. 가위 바위 보를 이긴 사람이 통을 위 아래로 흔든 뒤 통에(강아지 입) 손을 넣어 동물 공 한 개를 꺼낸다.
3. 꺼낸 공에 붙어있는 동물의 다리 개수만큼 자신의 게임판에 자석을 붙인다.
4. 번갈아 가며 게임을 반복한다.
5. 게임판을 먼저 다 채운 사람이 이긴다.

활동명 : 우리 것이 좋아

활동유형	영아	유아	수 개념	공간 및 도형	측정	규칙성	자료분석
자유선택활동 수학		○	◎				

○ 활동주제 : 가을

○ 대상연령 : 만 5세

○ 활동목표

- 우리의 전통 농기구인 키에 대해서 안다.
- 우리의 전통 음식인 떡과 키를 이용하여 수와 관련된 조작활동을 경험한다.

○ 누리과정 관련요소

- 자연탐구 : 수학적 탐구하기-수와 연산의 기초개념 알아보기

○ 활동자료

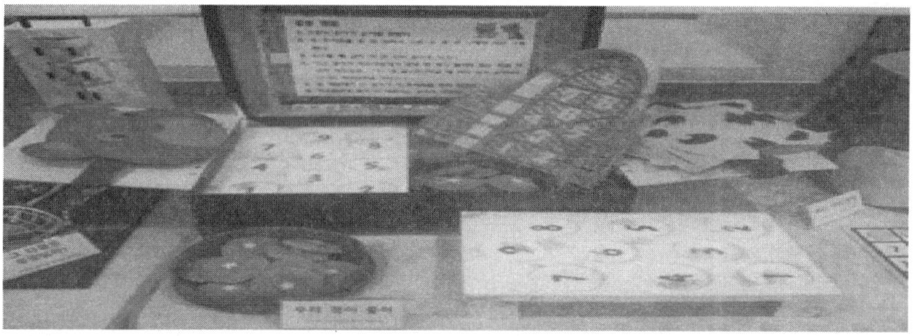

○ 활동방법

1. 2명의 유아가 순서를 정한다.
2. 키 주사위를 두 번 던져서 나온 수 중 큰 수에서 작은 수를 뺀다.
3. 두 수를 빼서 더 큰 수의 유아가 이긴다.
4. 이긴 유아가 떡 보관함에서 곡식 한 개가 붙여져 있는 떡을 꺼내어 떡모음판 위에 번호 순서(1~9번)대로 채워 놓는다.
5. 앞 게임에서 진 유아가 키 주사위를 먼저 던진다.
6. 떡모음판의 떡이 다 채워지는 유아가 이긴다.

활동명 : 치즈를 모아라!

활동유형	영아	유아	수 개념	공간 및 도형	측정	규칙성	자료분석
자유선택활동 수학		○	◎				

- **활동주제** : 동식물과 자연
- **대상연령** : 만 5세
- **활동목표**
  - 수 세기의 기초개념을 이해한다.
  - 게임의 방법과 규칙을 이해하고 사이좋게 놀이를 한다.
  - 쥐가 먹는 먹이에 대해서 안다.
- **누리과정 관련요소**
  - 자연탐구 : 수학적 탐구하기-수와 연산의 기초개념 알아보기
- **활동자료**

○ **활동방법**

1. 사전 활동
   - 쥐 생김새와 먹이에 대해 이야기를 나눈다.
2. 본 활동
   ① 가위 바위 보를 해서 말(생쥐 모양)을 정한다.
   ② 돌릴 수 있는 다트를 한 번에 두 개 던져 나온 숫자만큼 더해 말을 이동한다.
   ③ 이동한 칸의 미션이 나오면 수행한다.
   ④ 치즈가 다 떨어지면 각자 모은 치즈를 세어 보고 더 많이 가지고 있는 사람이 이긴다.
3. 사후활동
   - '쥐가 백 마리' 동요를 듣는다.

활동명 : 물고기를 잡아라

활동유형	영아	유아	수 개념	공간 및 도형	측정	규칙성	자료분석
자유선택활동 수학		○	◎				

- **활동주제** : 동식물과 자연
- **대상연령** : 만 4세
- **활동목표**
  - 수의 연산(더하기, 빼기)을 한다.
  - 수산물을 말리는 것에 대해 관심을 갖는다.
  - 말리는 수산물의 이름과 특징을 안다.
- **누리과정 관련요소**
  - 자연탐구 : 탐구하는 태도 기르기-호기심을 유지하고 확장하기
  - 자연탐구 : 수학적 탐구하기-수와 연산의 기초개념 알아보기
- **활동자료**

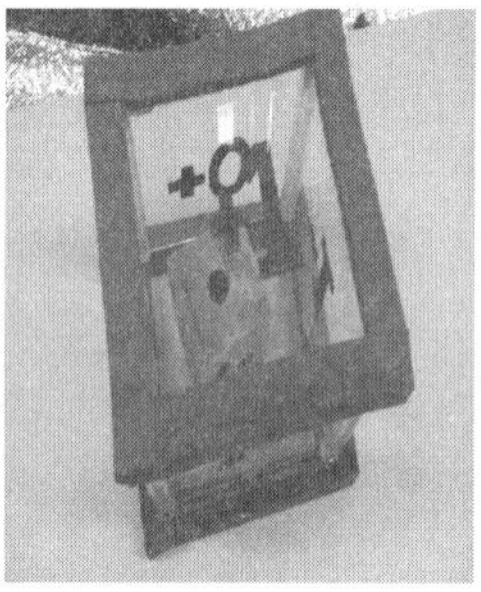
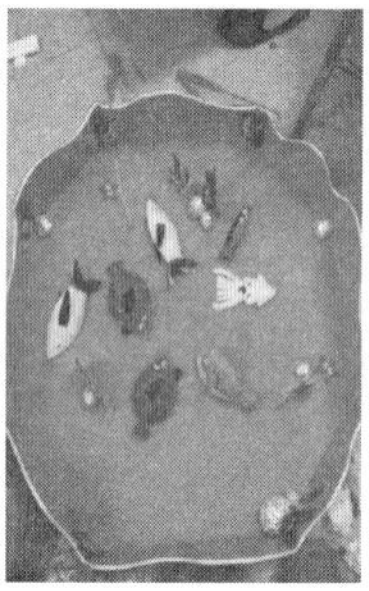

- **활동방법**

1. 두 명의 유아가 순서를 정한다.
2. 주사위를 굴려 안쪽의 숫자와 투명 주사위의 숫자를 가지고 연산을 한다.
3. 낚싯대를 이용하여 연산한 숫자만큼 물고기를 잡는다.
4. 잡은 물고기를 집게로 집어 건조대에 걸어 놓는다.
5. 물고기가 없어질 때까지 한다.

활동명 : 당근을 모아요

활동유형	영아	유아	수 개념	공간 및 도형	측정	규칙성	자료분석
자유선택활동 수학		○	◎				

- **활동주제** : 동식물과 자연
- **대상연령** : 만 4세
- **활동목표**
  - 1–6까지 수를 알고 규칙에 따라 게임을 할 수 있다.
  - 게임을 통해 더하기와 빼기의 기초개념을 알 수 있다.
- **누리과정 관련요소**
  - 자연탐구 : 수학적 탐구하기–수와 연산의 기초개념 알아보기
- **활동자료**

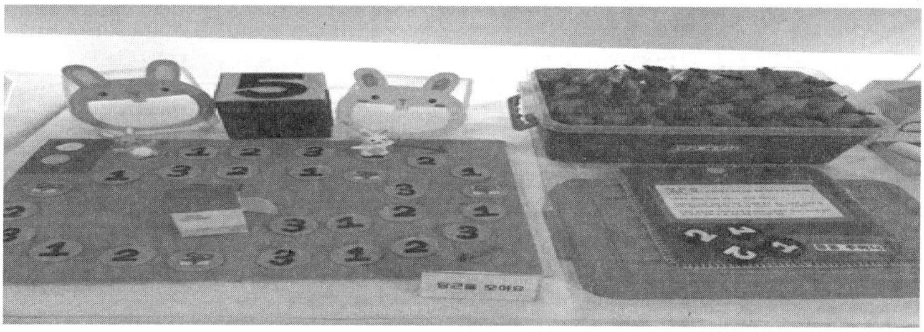

- **활동방법**

1. 게임에 참여할 유아 2명을 뽑고 토끼말과 토끼바구니를 하나씩 나누어 가진다.
2. 토끼말을 밭에 놓고 2명의 유아가 순서대로 주사위를 던져서 나온 수만큼 이동한다.
3. 말을 옮긴 위치에 있는 수만큼 당근을 당근바구니에서 뽑아서 각자 토끼바구니 입에 넣는다.
4. 만약 선물모양이 있는 칸에 도착하면 상대유아에게 자신의 당근을 하나 준다.
5. 두 토끼말이 집에 도착하면 게임이 끝난다.
6. 더 많은 당근을 가진 유아가 이긴다.

활동명 : 동물 친구들의 간식 시간

활동유형	영아	유아	수 개념	공간 및 도형	측정	규칙성	자료분석
자유선택활동 수학		○	◎				

- **활동주제** : 동식물과 자연
- **대상연령** : 만 3세
- **활동목표**
  - 동물들의 먹이에 관심을 갖고 동물과 먹이를 연결시킨다.
  - 신체조절 능력을 기르고 대근육 발달에 도움을 준다.
- **누리과정 관련요소**
  - 신체운동 · 건강 : 신체 조절과 기본 운동하기-신체 조절하기
  - 자연탐구 : 수학적 탐구하기-수와 연산의 기초개념 알아보기
- **활동자료**

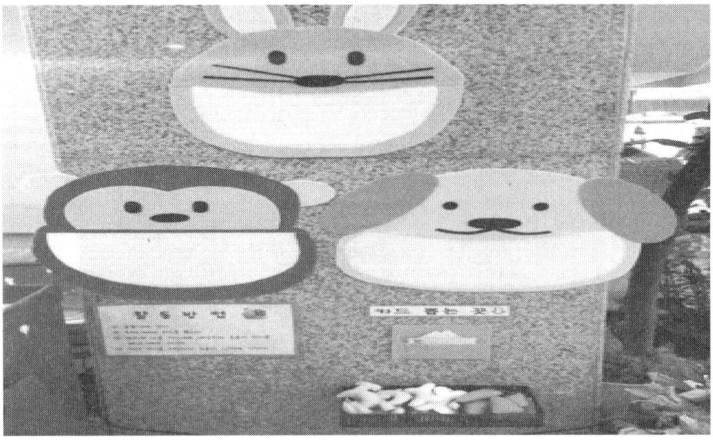

- **활동방법**

1. 출발선에 선다
2. 활동 주머니에서 카드를 한 장 뽑는다.
3. 카드에 나온 해당 개수에 맞는 먹이를 그에 맞는 동물의 입에 던져 붙인다.

활동명 : 케이크 토핑하기

활동유형	영아	유아	수 개념	공간 및 도형	측정	규칙성	자료분석
자유선택활동 수학		○	◎				

- **활동주제** : 유치원과 친구
- **대상연령** : 만 4세
- **활동목표**
  - 카드에 적힌 수에 맞게 케이크에 토핑을 올리는 활동을 통해 수 개념을 익힐 수 있다.
  - 여러 가지 토핑 재료들을 꾸미면서 눈과 손의 협응력을 기를 수 있다.
- **누리과정 관련요소**
  - 신체운동 · 건강 : 신체 조절과 기본 운동하기–신체 조절하기
  - 자연탐구 : 수학적 탐구하기–수와 연산의 기초개념 알아보기
- **활동자료**

○ **활동방법**

* 혼자서 활동하는 경우

\- 주어진 토핑을 이용해 자유롭게 케이크를 꾸민다.

* 둘이서 활동하는 경우

1. 가위 바위 보로 순서를 정한 후, 이긴 순서부터 주사위를 던져 주사위 색에 맞는 레시피 카드를 찾는다.
2. 레시피 카드에 맞게 케이크를 꾸민다.
3. 맞게 꾸며졌는지 확인하다.

활동명 : 수박씨 세어보기

활동유형	영아	유아	수 개념	공간 및 도형	측정	규칙성	자료분석
자유선택활동 수학		○	◎				

❍ **활동주제** : 여름

❍ **대상연령** : 만 4세

❍ **활동목표**

- 수를 인식하여 숫자를 세어 본다.
- 숫자의 많고 적음에 대해 알아본다.

❍ **누리과정 관련요소**

- 자연탐구 : 수학적 탐구하기-수와 연산의 기초개념 알아보기

❍ **활동방법**

1. 먼저 수박에 대해 이야기 나눈다.
2. 수박과 관련된 과거 나의 이야기를 해 본다.
3. 수박의 속을 관찰한다.
4. 수박 속을 숟가락으로 파며 숫자를 세어 본다.
5. 팀을 나누어 주사위를 던져 숫자만큼 속을 파내 본다.

❍ **활동사진**

활동명 : 날짜 놀이

활동유형	영아	유아	수 개념	공간 및 도형	측정	규칙성	자료분석
자유선택활동 수학		○	◎				

- **활동주제** : 나와 가족
- **대상연령** : 만 5세
- **활동목표**
  - 숫자를 인식한다.
  - 수의 관계성을 알아본다.
  - 날짜를 통해 과거와 현재에 대해 알아본다.
- **누리과정 관련요소**
  - 자연탐구 : 수학적 탐구하기-수와 연산의 기초개념 알아보기
  - 자연탐구 : 수학적 탐구하기-규칙성 이해하기
- **활동방법**

1. 날짜에 대해 이야기한다(달력 탐색).
2. 오늘은 몇 월 며칠인지 이야기 나누어 본다.
3. 나의 생일은 언제인지 이야기 나누어 본다.
4. 부모님의 생일에 대해 이야기한다.
5. 달력에 나타나 있는 날짜를 세어 본다.
6. 달력에서 나의 생일 날짜를 찾아본다.
7. 게임을 통해 날짜의 개념에 대해 알아본다.

❍ 활동사진

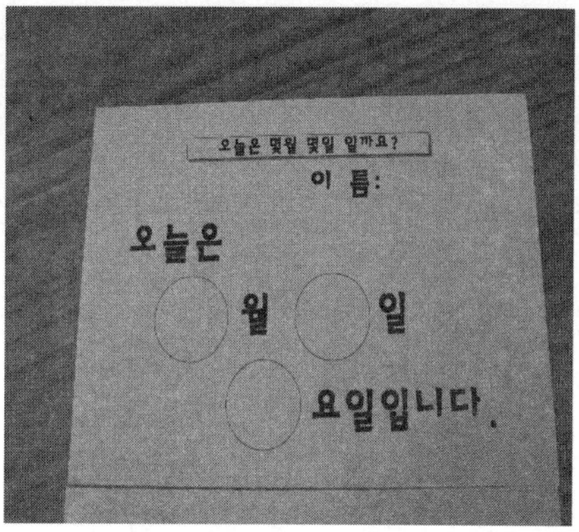

활동명 : 동물 걸음 수세기

활동유형	영아	유아	수 개념	공간 및 도형	측정	규칙성	자료분석
자유선택활동 수학		○	◎				

- **활동주제** : 동물
- **대상연령** : 만 3세
- **활동목표**
  - 수의 개념에 대해 알아본다.
  - 이동 운동능력 및 방향에 대해 지각 능력을 기른다.
- **누리과정 관련요소**
  - 신체운동 · 건강 : 신체 조절과 기본 운동하기-신체 조절하기
  - 자연탐구 : 수학적 탐구하기-수와 연산의 기초개념 알아보기
- **활동방법**
  1. 동물에 대해 알아본다.
  2. 내가 좋아하는 동물에 대해 이야기 나눈다.
  3. 동물의 움직임에 대해 알아본다(느리게, 빠르게).
  4. 동물의 움직임을 흉내내 본다.
  5. 친구들이 부르는 수만큼 움직여 본다.
  6. 걸음걸이를 비교해 본다.
  7. 친구가 좋아하는 동물의 움직임에 대해 알아본다.
  8. 움직인 동물의 길이를 줄을 이용하여 재어 본다.
- **활동사진**

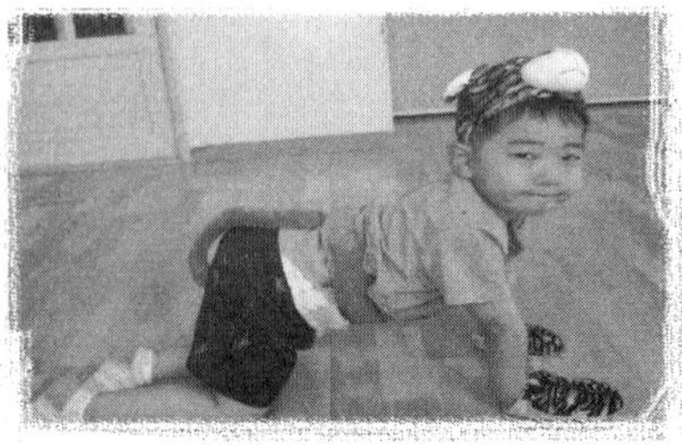

활동명 : 볼링놀이

활동유형	영아	유아	수 개념	공간 및 도형	측정	규칙성	자료분석
자유선택활동 수학		○	◎				

❍ **활동주제** : 도구와 기계

❍ **대상연령** : 만 3세

❍ **활동목표**

- 숫자를 인식한다.
- 볼링핀의 개수를 세어 볼 수 있다.
- 눈과 손의 협응을 통해 볼링놀이를 해 본다.

❍ **누리과정 관련요소**

- 신체운동 · 건강 : 신체 조절과 기본운동하기-신체 조절하기
- 자연탐구 : 수학적 탐구하기-수와 연산의 기초개념 알아보기

❍ **활동방법**

1. 볼링에 대해 이야기를 나눈다.
2. 볼링을 하는 방법에 대해 알아본다.
3. 볼링핀을 재활용품을 이용하여 만들어 본다.
4. 만든 볼링핀에 숫자를 써 본다.
5. 볼링핀을 세워 본다(세우면서 수 세보기).
6. 볼링공을 이용하여 쓰러뜨려 본다.
7. 넘어진 볼링핀을 세어 본다.
8. 넘어진 볼링핀의 수를 점수판에 기록한다.
9. 친구의 넘어진 볼링핀의 수와 비교해 본다.

❍ 활동사진

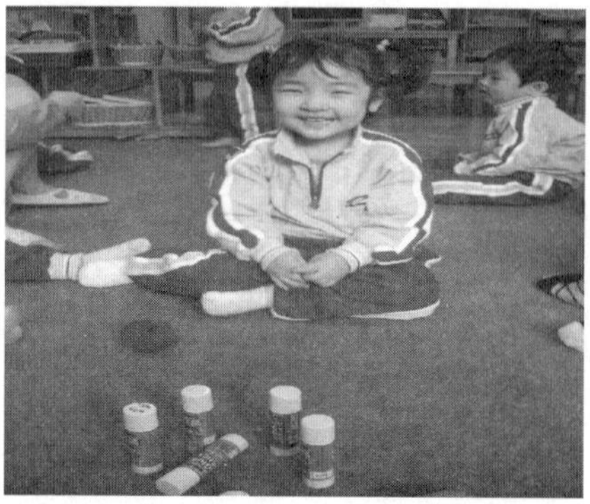

활동명 : 리듬에 맞춰 수세기

활동유형	영아	유아	수 개념	공간 및 도형	측정	규칙성	자료분석
자유선택활동 수학		○	◎				

❍ 활동주제 : 도구와 기계

❍ 대상연령 : 만 3세

❍ 활동목표

- 숫자를 인식한다.
- 느린 박수와 빠른 박수에 대해 안다.

❍ 누리과정 관련요소

- 자연탐구 : 수학적 탐구하기-수와 연산의 기초개념 알아보기

❍ 활동방법

1. 유아들과 함께 리듬에 맞춰 세는 게임을 한다.
2. 속도에 맞추어 느리게 빠르게 박수를 치며 수를 세어 본다.
3. 손뼉을 치며 수를 세어 본다.
4. 느리게 움직이며 수를 세어 본다.
5. 빠르게 움직이며 수를 세어 본다.
6. 도구를 이용하여 손으로 치며 수를 세어 본다.
7. 다양한 리듬에 맞추어 박수를 치며 수를 세어 본다.

❍ 활동사진

활동명 : 텃밭 자연물 수세기

활동유형	영아	유아	수 개념	공간 및 도형	측정	규칙성	자료분석
자유선택활동 수학		○	◎				

❍ **활동주제** : 환경

❍ **대상연령** : 만 4세

❍ **활동목표**

- 사물의 수를 세어 보고 그 의미를 안다.

❍ **누리과정 관련요소**

- 자연탐구 : 수학적 탐구하기-수와 연산의 기초개념 알아보기

❍ **활동방법**

1. 유아들과 텃밭에서 관찰을 해 보게 한다.
2. 내가 기른 고추나무에서 열린 수를 세어 본다.
3. 몇 개를 수확하고 싶은지 이야기 나눈다.
4. 이야기한 수만큼 농작물을 수확해 본다.
5. 나의 수확물과 친구의 수확물의 수를 비교해 본다.
6. 더 큰 수와 작은 수에 대해 이야기 나눈다.
7. 교실로 돌아와 텃밭 일지에 기록한다.
8. 날짜와 수확물의 수가 정확한지 달력을 보며 확인해 본다.

❍ **활동사진**

활동명 : 자장면 시키신 분!

활동유형	영아	유아	수 개념	공간 및 도형	측정	규칙성	자료분석
자유선택활동 수학		○	◎				

- **활동주제** : 우리 동네
- **대상연령** : 만 5세
- **활동목표**
  - 우리 동네 구조에 대해 알아본다.
  - 경제 교육을 할 수 있다.
  - 화폐의 개념에 대해 알아본다.
- **누리과정 관련요소**
  - 자연탐구 : 수학적 탐구하기-수와 연산의 기초개념 알아보기
- **활동방법**

1. 우리 동네에 대해 이야기 나눈다.
2. 우리 동네에 있는 것에 대해 알아본다.
3. 돈에 대해 알아본다.
4. 돈으로 하고 싶은 것에 대해 이야기 나눈다.
5. 가장 많은 아이들이 원하는 것으로 가격을 결정하여 가정으로 안내문을 발송하여 돈을 가져올 수 있도록 한다.
6. 내가 가지고 있는 돈으로 살 수 있는 것을 주문하도록 한다.
7. 직접 계산하고 거스름돈을 받아 챙길 수 있도록 한다.
8. 이번 활동에 대한 이야기를 나눈다.
9. 은행 및 화폐 박물관에 견학한다.

❍ 활동사진

활동명 : 과녁에 쏘세요

활동유형	영아	유아	수 개념	공간 및 도형	측정	규칙성	자료분석
자유선택활동 수학		○	◎				

○ 활동주제 : 여름

○ 대상연령 : 만 5세

○ 활동목표

- 수의 개념에 대해 알 수 있다.
- 소근육과 대근육을 적절히 사용한다.

○ 누리과정 관련요소

- 자연탐구 : 수학적 탐구하기 수와 연산의 기초개념 알아보기

○ 활동방법

1. 게임에 대해 알아본다.
2. 과녁을 본 경험이 있는지 이야기 나눈다.
3. 어떻게 활동하는 것인지 예측해 보게 한다.
4. 활동 방법에 대해 이야기한다.
5. 가장 많이 던진 곳의 숫자를 알아본다.
6. 가장 높은 점수에 대해 알아본다.
7. 게임에 대해 이야기 나눈다.

○ 활동사진

활동명 : 열 꼬마 인디언!

활동유형	영아	유아	수 개념	공간 및 도형	측정	규칙성	자료분석
자유선택활동 수학		○	◎				

- **활동주제** : 봄
- **대상연령** : 만 3세
- **활동목표**
  - 일상생활 속에서 수세는 것을 즐긴다.
  - 수 개념의 기본에 대해 알 수 있다.
- **누리과정 관련요소**
  - 자연탐구 : 수학적 탐구하기–수와 연산의 기초개념 알아보기
- **활동방법**
  1. 유아들과 노래를 불러 본다.
  2. 율동을 만들어 율동하며 노래를 불러 본다.
  3. 1부터 시작하여 순서대로 줄을 서 보게 한다.
  4. 유아들과 신체를 움직여 노래에 나오는 수만큼 모이게 한다.
  5. 인디언 모자를 조형영역에서 만들어 볼 수 있게 한다.
  6. 인디언 의상을 만들어 본다.
  7. 인디언 모자와 의상을 착용하고 노래를 불러 본다.
- **활동사진**

활동명 : 내 몸의 뼈의 수를 세어 봐요.

활동유형	영아	유아	수 개념	공간 및 도형	측정	규칙성	자료분석
자유선택활동 수학		○	◎	◎			

❍ **활동주제** : 나와 가족

❍ **대상연령** : 만 4세

❍ **활동목표**

- 신체 부분에 관심을 갖고 기초적인 수 세기를 해 본다.
- 우리 몸이 대칭으로 구성되어 있음을 안다.

❍ **누리과정 관련요소**

- 자연탐구 : 수학적 탐구하기-수와 연산의 기초개념 알아보기
- 자연탐구 : 수학적 탐구하기-공간과 도형의 기초개념 알아보기

❍ **활동방법**

1. 신체와 관련된 노래를 불러 본다.
2. 몸 전체의 명칭에 대해 알아본다.
3. 우리 몸의 신체기관을 찾아서 이름을 붙여 본다.
4. 우리 몸에서 두 개가 있는 곳을 찾아본다.
5. 우리 몸은 뼈로 이루어져 있음을 알아보고 책을 찾아본다.
6. 우리 몸을 구성하는 뼈는 몇 개 정도 있는지 알아본다.
7. 책을 통하여 살펴보고 몸을 탐색해 보는 시간을 갖는다.

❍ **활동사진**

활동명 : 케이크 만들기

활동유형	영아	유아	수 개념	공간 및 도형	측정	규칙성	자료분석
자유선택활동 수학		○	◎				

- **활동주제** : 나와 가족
- **대상연령** : 만 4세
- **활동목표**
  - 생활 속에서 수의 많고 적음을 비교 한다.
  - 주변 물체의 숫자를 세어 볼 수 있다.
- **누리과정 관련요소**
  - 자연탐구 : 수학적 탐구하기–수와 연산의 기초개념 알아보기
- **활동방법**
  1. 어떤 케이크를 만들 것인지 이야기 나누어 본다.
  2. 흙을 모아 케이크를 만든다.
  3. 몇 개의 초를 꽂을 것인지 상의한다.
  4. 케이크의 크기를 비교해 본다.
  5. 서로 몇 개의 초를 꽂았는지 세어 본다.
  6. 누구의 초가 많고, 적은지 이야기해 본다.
  7. 두 케이크의 초의 합을 이야기해 본다.
  8. 두 케이크 초의 수를 뺀 수를 이야기해 본다.
- **활동사진**

활동명 : 포도를 따 보아요.

활동유형	영아	유아	수 개념	공간 및 도형	측정	규칙성	자료분석
자유선택활동 수학	○		◎				

- **활동주제** : 여름
- **대상연령** : 만 2세
- **활동목표**
  - 수 개념의 기본에 대해 알 수 있다.
- **표준보육과정 관련요소**
  - 수학적 탐구하기-수량 인식하기
- **활동방법**

1. 포도를 그림을 통해 알아본다.
2. 그림에서 본 포도와 실제 포도를 관찰한다.
3. 포도의 맛을 상상하게 해 본다.
4. 포도의 색, 모양 몇 개가 붙어 있는지 알아본다.
5. 포도를 만졌을 때의 느낌을 이야기한다.
6. 포도를 그릇에 따 놓아 본다.
7. 그릇에 포도가 몇 개가 있는지 세어 본다.
8. 교사가 그림카드를 이용하여 숫자 만큼 그릇에 담아보도록 유도한다.
9. 포도를 몇 개를 따 보았는지 이야기 나눈다.

- **활동사진**

활동명 : 수박을 잘라요

활동유형	영아	유아	수 개념	공간 및 도형	측정	규칙성	자료분석
자유선택활동 수학	○		◎				

- **활동주제** : 여름
- **대상연령** : 만 2세
- **활동목표**
  - 수 개념의 기본에 대해 알 수 있다.
- **표준보육과정 관련요소**
  - 수학적 탐구하기-수량 인식하기
- **활동방법**
  1. 수박에 대해 이야기를 나눈다.
  2. 수박을 먹어 본 경험에 대해 이야기 나누어 본다.
  3. 수박의 모양, 색깔, 씨 등에 대해 추측해 보게 한다.
  4. 수박을 반으로 잘라 겉과 속을 비교하고 씨앗을 관찰하여 본다.
  5. 수박을 잘라 본다.
  6. 자른 수박을 나누어 주고 2조가, 4조각으로 잘라 보도록 한다.
  7. 수박을 몇 개로 잘랐는지 이야기해 본다.
- **활동사진**

활동명 : 산가지 놀이

활동유형	영아	유아	수 개념	공간 및 도형	측정	규칙성	자료분석
자유선택활동 수학		○	◎				

- **활동주제** : 동물
- **대상연령** : 만 3세
- **활동목표**
  - 사물과 수를 대응한다.
  - 수를 세고 규칙에 따라 수를 활용할 수 있다.
- **누리과정 관련요소**
  - 수학적 탐구하기-수와 연산의 기초개념 알아보기
- **활동방법**
  1. 산가지에 관한 게임 규칙을 알아본다.
  2. 산가지를 늘어놓는다.
  3. 순서를 정한다.
  4. 주사위를 던져 나오는 수만큼 산가지를 가져간다.
  5. 본인이 가져간 산가지 수를 세어 본다.
  6. 산가지를 다 가져가면 게임이 끝난다.
- **활동사진**

활동명 : 간식 만들기

활동유형	영아	유아	수 개념	공간 및 도형	측정	규칙성	자료분석
자유선택활동 수학		○	◎				

- **활동주제** : 봄
- **대상연령** : 만 5세
- **활동목표**
  - 수세기의 기본 개념을 안다.
  - 도구의 사용 방법을 알 수 있다.
  - 일대일 대응의 개념을 안다.
- **누리과정 관련요소**
  - 자연탐구–수와 연산의 기초개념 알아보기
- **활동방법**
  1. 요리 활동 순서도를 살펴본다.
  2. 요리의 순서를 익혀 본다.
  3. 요리순서도 대로 요리를 시작한다.
  4. 우리반 친구들의 수를 세어 본다.
  5. 만들어야 할 요리의 수를 파악해 본다.
  6. 요리의 시간을 추측해 본다.
  7. 프라이팬 안에 있는 요리를 세어 본다.
  8. 완성된 요리를 친구들과 맛있게 나누어 먹는다.

○ 활동사진

활동명 : 곤충 다리 수세기

활동유형	영아	유아	수 개념	공간 및 도형	측정	규칙성	자료분석
자유선택활동 수학		○	◎				

❍ **활동주제** : 동물

❍ **대상연령** : 만 4세

❍ **활동목표**

- 수 개념의 기본에 대해 알 수 있다.
- 곤충의 특징에 대해 관찰하며 이해한다.

❍ **누리과정 관련요소**

- 자연탐구 : 수학적 탐구하기-수와 연산의 기초개념 알아보기

❍ **활동방법**

1. 활동에 대해 설명하고 이야기 나눈다.
2. 다리가 있는 곤충에 대해 알아본다.
3. 곤충이 그려진 책을 보며 이야기 나눈다.
4. 곤충의 이름을 알아보고 다리의 수가 몇 개인지 이야기해 본다.
5. 곤충 다리의 수를 비교하며 관찰한다.
6. 곤충의 다리수가 같은 것 끼리 활동지에 적어 본다.
7. 관찰한 느낌에 대해 이야기 나눈다.

❍ **활동사진**

활동명 : 몇 개를 먹었을까요?

활동유형	영아	유아	수 개념	공간 및 도형	측정	규칙성	자료분석
자유선택활동 수학		○	◎				

❍ **활동주제** : 생활과 안전

❍ **대상연령** : 만 3세

❍ **활동목표**

- 수를 세어 보고 일대일 대응을 할 수 있다.
- 일상생활에서 사용되는 수에 대해 관심을 갖는다.

❍ **누리과정 관련요소**

- 자연탐구 : 수학적 탐구하기-수와 연산의 기초개념 알아보기

❍ **활동방법**

1. 요리활동으로 간식을 만들어 본다.
2. 간식으로 몇 개의 떡을 먹고 싶은지 이야기 나눈다.
3. 먹고 싶은 수만큼 간식을 만들어 본다.
4. 요리활동이 끝나면 접시에 담아본다.
5. 내 접시에 있는 간식과 친구 접시의 간식을 비교해 본다.
6. 접시에 담긴 간식을 맛있게 먹는다.

❍ **활동사진**

활동명 : 콩 세어보기

활동유형	영아	유아	수 개념	공간 및 도형	측정	규칙성	자료분석
자유선택활동 수학		○	◎				

❍ **활동주제** : 가을

❍ **대상연령** : 만 3세

❍ **활동목표**

- 수 개념의 기본에 대해 알 수 있다.
- 수가 많고 적음을 비교한다.

❍ **누리과정 관련요소**

- 자연탐구 : 수학적 탐구하기–수와 연산의 기초개념 알아보기

❍ **활동방법**

1. 산책을 나가 자연을 살펴본다.
2. 한 손으로 쥘 수 있는 물건을 찾아본다.
3. 콩을 관찰하며 수를 세어 본다.
4. 한 손에 콩을 쥐어 본다.
5. 2명이 조를 이뤄 한 손에 쥔 콩을 비교해 본다.
6. 한 손에 콩을 쥐고 그 수를 어림해 본다.
7. 콩을 그릇에 담아 높이를 비교해 본다.

❍ **활동사진**

활동명 : 도미노 블록놀이

활동유형	영아	유아	수 개념	공간 및 도형	측정	규칙성	자료분석
자유선택활동 수학		○	◎				

○ 활동주제 : 어린이집과 친구

○ 대상연령 : 만 4세

○ 활동목표

- 도미노를 놓아 보며 집중력을 기를 수 있다.
- 논리적인 사고 및 전략을 써 본다.
- 수세기를 친구와 함께하며 수의 규칙성을 알 수 있다.
- 일정한 규칙에 대해 일 수 있다.

○ 활동방법

1. 도미노에 대해 이야기 나눈다.
2. 도미노는 혼자서 할 수도 있고 둘이서 할 수도 있다.
3. 도미노를 놓는 숫자를 세어 본다.
4. 도미노가 놓인 수를 친구와 함께 세어 본다.
5. 몇 개로 놀이할건지 계획을 세워 볼 수 있다.
6. 놓인 도미노의 수로 길이를 재는 놀이도 가능함을 이야기해 본다.

○ 활동사진

활동명 : 숫자대로 끈꿰기

활동유형	영아	유아	수 개념	공간 및 도형	측정	규칙성	자료분석
자유선택활동 수학		○	◎				

○ 활동주제 : 교통기관

○ 대상연령 : 만 3세

○ 활동목표

- 숫자를 인식한다.
- 눈과 손의 협응력을 기른다.

○ 누리과정 관련요소

- 자연탐구 : 수학적 탐구하기–수와 연산의 기초개념 알아보기

○ 활동자료

○ 활동방법

1. 교통기관이 그려진 그림판을 고른다.
2. 숫자를 읽고 숫자 순서대로 끈을 꿴다.

활동명 : 강아지 먹이 수세기

활동유형	영아	유아	수 개념	공간 및 도형	측정	규칙성	자료분석
자유선택활동 수학		○	◎				

- **활동주제** : 동물과 자연
- **대상연령** : 만 3세
- **활동목표**
  - 숫자를 보고 강아지 먹이의 수를 세어 본다.
  - 한자 수세기와 고유 수세기를 해 본다.
- **누리과정 관련요소**
  - 자연탐구 : 수학적 탐구하기-수와 연산의 기초개념 알아보기
- **활동자료**

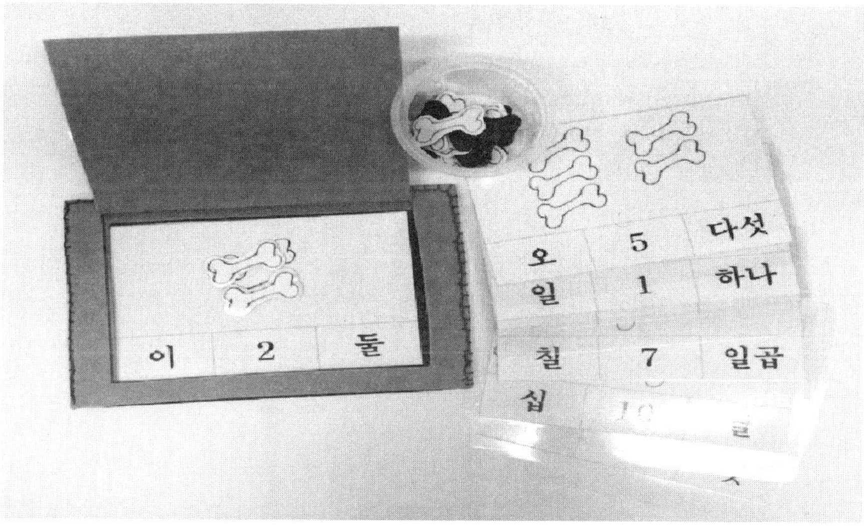

- **활동방법**

1. 아라비아수, 한자수, 고유수가 적힌 카드를 카드틀에 끼운다.
2. 숫자만큼 강아지 먹이를 올려놓는다.

활동명 : 참외따기 게임

활동유형	영아	유아	수 개념	공간 및 도형	측정	규칙성	자료분석
자유선택활동 수학		○	◎				

- **활동주제** : 여름
- **대상연령** : 만 4세
- **활동목표**
  - 게임을 통해 수를 세고 수량의 많고 적음을 비교해 본다.
- **누리과정 관련요소**
  - 자연탐구 : 수학적 탐구하기-수와 연산의 기초개념 알아보기
- **활동자료**

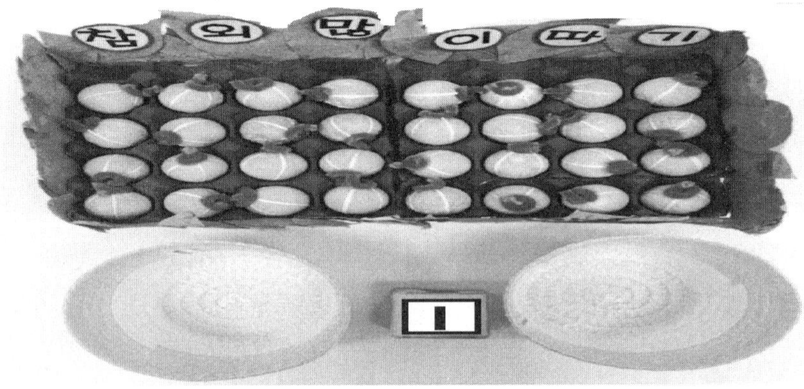

- **활동방법**

1. 바구니를 나누어 갖고 순서를 정한다.
2. 주사위를 던져서 윗면에 나온 수를 확인한다.
(농부의 얼굴이 나온 경우 유아들끼리 어떻게 할 것인지를 정한다.)
3. 윗면에 나온 수만큼 참외를 따서 바구니에 넣는다.
4. 참외가 다 없어지면 게임이 끝난다.
5. 바구니에 참외가 더 많은 사람이 이긴다.

활동명 : 두더지 게임

활동유형	영아	유아	수 개념	공간 및 도형	측정	규칙성	자료분석
자유선택활동 수학		○	◎				◎

○ **활동주제** : 동물

○ **대상연령** : 만 5세

○ **활동목표**

- 다양한 수세기의 방법에 대해 안다.
- 일상생활에서 사용되는 수에 관심을 갖는다.

○ **활동방법**

1. 두더지 게임에 대해 이야기 나눈다.
2. 두더지가 될 친구와 망치를 이용하는 친구를 정한다.
3. 두더지가 된 친구는 상자 속으로 들어간다.
4. 풍선으로 만든 망치를 이용하여 두더지가 된 친구의 머리를 터치한다.
5. 풍선망치로 터치한 숫자를 세어 본다.
6. 풍선망치로 터치하여 센 숫자를 활동지에 적어 본다.
7. 활동지에 적은 숫자를 그래프로 표현해 본다.

○ **활동사진**

활동명 : 우리 집 주소는요

활동유형	영아	유아	수 개념	공간 및 도형	측정	규칙성	자료분석
자유선택활동 수학		○	◎				

❍ **활동주제** : 우리 동네

❍ **대상연령** : 만 5세

❍ **활동목표**

- 수의 기본 개념에 대해 알 수 있다.
- 주소의 개념에 대해 알 수 있다.

❍ **활동방법**

1. 내가 살 고 있는 곳에 대해 이야기 나눈다.
2. 우리 집 주소를 알아본다.
3. 우리 집 주소를 적어 본다.
4. 친구의 집 주소를 알아본다.
5. 우편엽서에 집 주소를 적어 본다.
6. 우편엽서에 편지를 써 완성한다.
7. 우편엽서를 우체통에 넣어 집에서 받는다.
8. 우편엽서를 집에서 받아보고 다음 날 이야기 나누기를 통해 느낌을 발표해 본다.

❍ **활동사진**

II

공간 및 도형 개념을 돕는 수학활동

활동명 : 가을동산 꾸미기

활동유형	영아	유아	수 개념	공간 및 도형	측정	규칙성	자료분석
자유선택활동 수학		○		◎			

❍ 활동주제 : 가을

❍ 대상연령 : 만 4세

❍ 활동목표

- 도형을 변환하고 합성하여 자신의 생각을 표현한다.
- 빛을 이용한 아름다움을 경험한다.

❍ 누리과정 관련요소

- 자연탐구 : 수학적 탐구하기–공간과 도형의 기초개념 알아보기
- 예술경험 : 아름다움 찾아보기–미술적 요소 탐색하기

❍ 활동자료

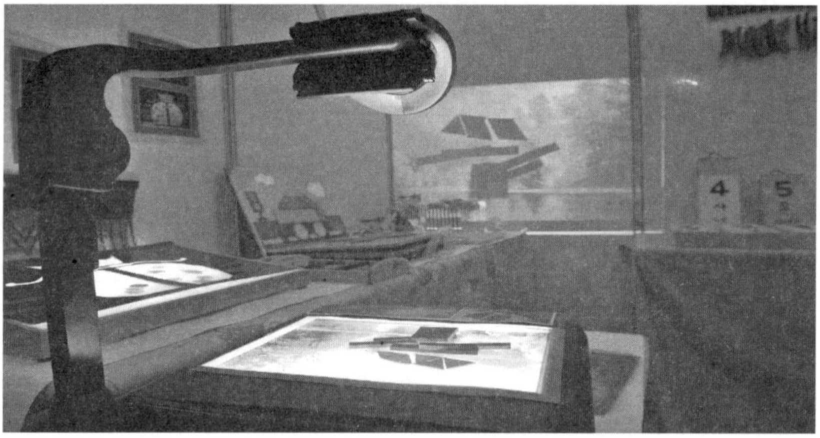

❍ 활동방법

1. OHP 기계 위에 원하는 바탕그림을 올려놓는다.
2. 도형조각을 움직여서 바탕그림 위에 담고 싶은 그림을 만들어 본다.
3. 사진으로 찍어 친구들의 작품을 서로 감상한다.

활동명 : 집으로 가는 길 게임

활동유형	영아	유아	수 개념	공간 및 도형	측정	규칙성	자료분석
자유선택활동 수학		○		◎			

- **활동주제** : 가을
- **대상연령** : 만 4세
- **활동목표**
  - 도형의 이름을 알고 구별할 수 있다.
- **누리과정 관련요소**
  - 자연탐구 : 수학적 탐구하기–공간과 도형의 기초개념 알아보기
- **활동자료**

- **활동방법**

1. 말을 나누어 가지고 순서를 정한다.
2. 말을 출발점에 올려놓는다.
3. 도형 주사위를 던져 나온 도형을 찾아 앞으로 나간다.
4. 먼저 도착점(다람쥐의 집)에 도착하면 이긴다.

활동명 : 내짝은 어디 있을까?

활동유형	영아	유아	수 개념	공간 및 도형	측정	규칙성	자료분석
자유선택활동 수학		○		◎			

- **활동주제** : 가을
- **대상연령** : 만 3세
- **활동목표**
  - 도형을 분할하고 합성해 본다.
  - 사물의 대칭을 알아본다.
- **누리과정 관련요소**
  - 자연탐구 : 수학적 탐구하기-공간과 도형의 기초개념 알아보기
- **활동자료**

- **활동방법**

1. 조각을 고르고 대칭이 되는 짝을 찾아서 합성해 본다.
2. 짝이 맞는지 카드에서 확인할 수 있다.

활동명 : 빙수를 만들어요

활동유형	영아	유아	수 개념	공간 및 도형	측정	규칙성	자료분석
자유선택활동 수학		○		◎			

❍ 활동주제 : 여름

❍ 대상연령 : 만 4세

❍ 활동목표

- 간단한 도형의 이름과 특징을 안다.
- 수세기를 하고 양편의 수를 비교한다.

❍ 누리과정 관련요소

- 자언탐구 : 수학적 탐구하기-공간과 도형의 기초개념 알아보기
- 자연탐구 : 수학적 탐구하기-수와 연산의 기초개념 알아보기

❍ 활동자료

❍ 활동방법

1. 빙수그림이 그려진 판을 나누어 가진다.
2. 순서를 정하고 도형주사위와 숫자주사위를 동시에 던진다.

3. 도형주사위에 나온 도형으로 이루어진 과일을 숫자주사위의 숫자만큼 가져가서 얼음 위에 토핑으로 얹는다.
4. 과일을 전부 가져가면 게임이 끝난다.
5. 빙수위 과일의 수가 더 큰 편이 이긴다.

활동명 : 말을 듣고 지시대로 그려요

활동유형	영아	유아	수 개념	공간 및 도형	측정	규칙성	자료분석
자유선택활동 수학		○		◎			

- **활동주제** : 색깔과 모양
- **대상연령** : 만 5세
- **활동목표**
  - 다양한 위치용어 및 도형의 이름을 사용하여 의사소통한다.
  - 공간 안에서 사물들간의 관계를 이해한다.
- **누리과정 관련요소**
  - 자연탐구 : 수학적 탐구하기-간과 도형의 기초개념 알아보기
- **활동자료**

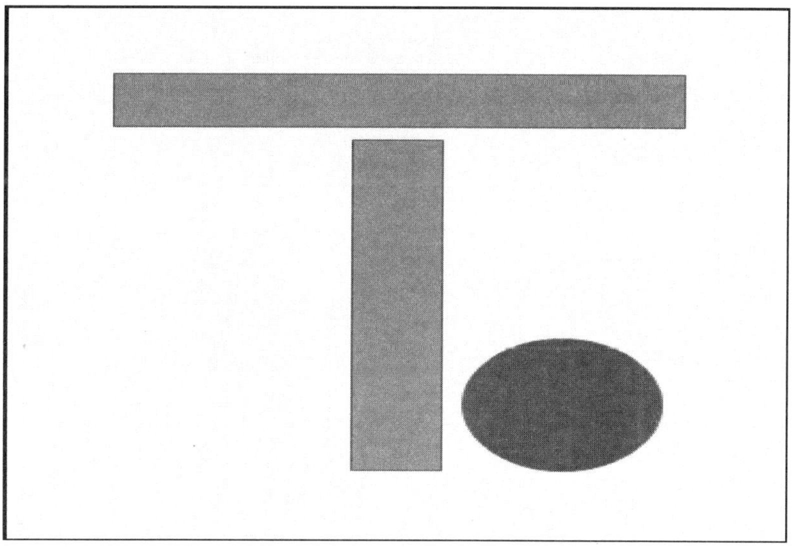

- **활동방법**

1. 두 사람 한 사람은 그림카드를 갖고 한 사람은 빈 종이를 가진다.

2. 그림카드에 있는 그림을 보고 설명을 하면 나머지 사람이 그림을 보고 지시대로 따라 그린다.
- 설명을 하는 사람은 위, 아래, 오른쪽, 왼쪽 및 도형과 색의 이름을 사용하면서 설명하게 된다.
3. 그림을 확인하고 잘못 그려진 부분을 수정한다.
4. 역할을 바꿔 그림을 그렸던 사람은 설명을 하고 설명했던 사람을 그림을 그린다.

○ **확장활동**

- 그림카드를 사용하지 않고 설명하는 사람이 직접 그림을 그려 설명할 수 있다.

활동명 : 누가 더 많이 세모를 만들까

활동유형	영아	유아	수 개념	공간 및 도형	측정	규칙성	자료분석
자유선택활동 수학		○		◎			

- **활동주제** : 색깔과 모양
- **대상연령** : 만 4세
- **활동목표**
  - 기본도형 중 세모의 특성을 알고 구별할 수 있다.
  - 점과 선의 관계를 이해한다.
- **누리과정 관련요소**
  - 자연탐구 : 수학적 탐구하기-공간과 도형의 기초개념 알아보기
- **활동자료**

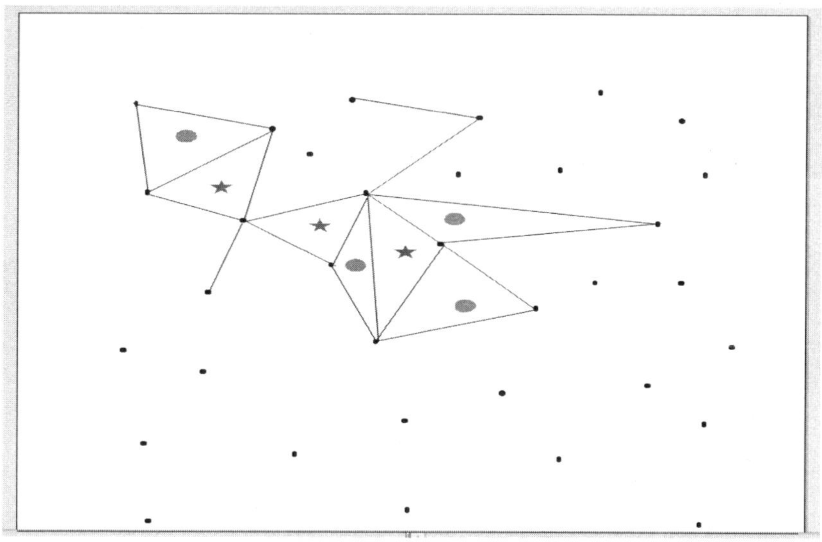

- **활동방법**

1. 점이 찍힌 바탕판에 세모 만들기 게임을 한다.

- 누가 먼저 할지 순서를 정한다.
- 세모를 만들었을 때 각자 어떤 표시를 할지 결정한다.
- 한 사람씩 차례대로 점과 점을 이어 선을 만든다. 한 번에 선 하나만 긋는다.
- 세모를 만들면 세모 안에 자기 표시를 한다.

2. 게임이 끝나면 누구 표시가 더 많은지 세어 본다.

❍ **확장활동**

- 점의 개수가 다양한 바탕판을 준비해 두어 난이도를 조정할 수 있도록 한다.
- 네모와 오각형으로 바꾸어서 진행해 본다.

활동명 : 선으로 도형을 만들어요

활동유형	영아	유아	수 개념	공간 및 도형	측정	규칙성	자료분석
자유선택활동 수학		○		◎			

- **활동주제** : 색깔과 모양
- **대상연령** : 만 4세
- **활동목표**
  - 선으로 나눈 공간이 도형이 된다는 것을 안다.
  - 도형의 이름과 특징을 알아본다.
- **누리과정 관련요소**
  - 자연탐구 : 수학적 탐구하기-공간과 도형의 기초개념 알아보기
- **활동자료**

- **활동방법**

1. 몬드리안의 그림 '빨강, 파랑, 노랑'의 칼라복사본을 감상한다.

- 그림 속에 무엇이 있니?

- 어떤 모양이 보이니?

2. 선을 다르게 긋거나 하나 더 그을 경우 어떻게 될지에 대해 이야기 나눈다.
- 선을 더 긋는다면 어떤 모양이 나올까?
- (선을 더 긋는다) 어떤 모양이 되었니?
3. 검정색 테이프로 선을 긋고 크레파스로 색칠을 해서 자신만의 '빨강, 파랑, 노랑' 그림을 만들어 본다.
4. 친구들의 그림을 함께 보면서 이야기 나눈다.
- 어떤 모양이 나왔니?
- 세모를 찾아보자. 네모를 찾아보자.
- 같은 네모지만 다른 점은 무엇일까? 네모는 모두 어떤 특징을 가질까?

활동명 : 나는 누구일까요 메모리카드(보는 방향에 따라 다르게 보여요)

활동유형	영아	유아	수 개념	공간 및 도형	측정	규칙성	자료분석
자유선택활동 수학		○		◎			

❍ 활동주제 : 나와 가족

❍ 대상연령 : 만 5세

❍ 활동목표

- 여러 방향에서 물체를 보고 그 차이점을 이해한다.

❍ 누리과정 관련요소

- 자연탐구 : 수학적 탐구하기-공간과 도형의 기초개념 알아보기

❍ 활동자료

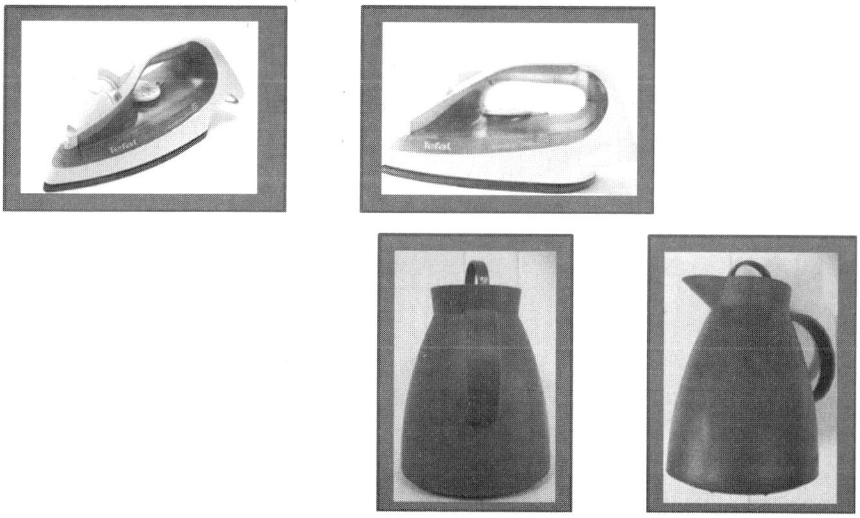

❍ 활동방법

1. 여러 각도에서 찍은 사물의 사진 카드를 바닥에 뒤집어서 늘어놓는다.
2. 두 개의 카드를 골라 사진을 확인한 후 같은 사물이면 가져오고 다른 사물이면

다시 엎어 놓는다.

3. 카드가 전부 없어지면 게임이 끝난다.
4. 카드수를 세서 카드가 더 많은 사람이 이긴다.

❍ 유의점

- 카드 속 사진이 같은 사물인지 확인하기 위해 전체 사물을 짝지어 놓은 확인판을 만들어 놓는다.

활동명 : 알록달록 대칭놀이

활동유형	영아	유아	수 개념	공간 및 도형	측정	규칙성	자료분석
자유선택활동 수학		○		◎			

- **활동주제** : 우리나라
- **대상연령** : 만 4세
- **활동목표**
  - 기본도형을 사용하여 대칭을 만들어 본다.
  - 빛에 따른 물체의 변화를 관찰한다.
- **누리과정 관련요소**
  - 자연탐구 : 수학적 탐구하기-공간과 도형의 기초개념 알아보기
- **활동자료**

- **활동방법**

1. 라이트 박스 위에 검정색 바탕판을 올린다.
2. 셀로판으로 만든 기본 도형 조각을 그 위에 올려 대칭되는 무늬를 만든다.

- **확장활동**

– 대칭을 만들 수 있는 다양한 바탕판을 준비해 준다.

활동명 : 모양을 찾아요

활동유형	영아	유아	수 개념	공간 및 도형	측정	규칙성	자료분석
자유선택활동 수학		○		◎			

- **활동주제** : 여름
- **대상연령** : 만 3세
- **활동목표**
  - 우리 주변에 있는 모양에 대해 관심을 갖는다.
  - 기본 도형에 맞는 실제 물건을 찾아본다.
- **누리과정 관련요소**
  - 자연탐구 : 수학적 탐구하기-공간과 도형의 기초개념 알아보기
- **활동자료**

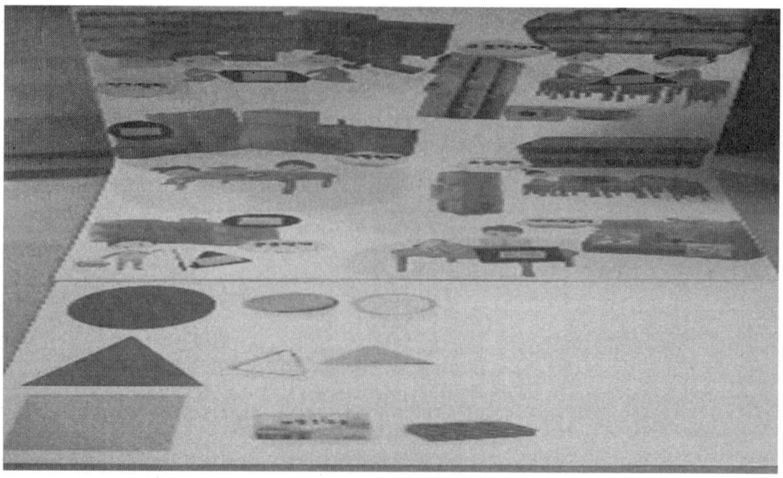

- **활동방법**
  1. 가위 바위 보로 순서를 정한다.
  2. 순서대로 판에 있는 그림자 모양에 맞는 사물을 찾아 붙인다.
  3. 알맞게 붙여졌는지 다함께 확인해 본다.

활동명 : 공공기관을 찾아가요

활동유형	영아	유아	수 개념	공간 및 도형	측정	규칙성	자료분석
자유선택활동 수학		○		◎			

- **활동주제** : 우리 동네
- **대상연령** : 만 5세
- **활동목표**
  - 공공기관의 위치와 방향에 대해 안다.
  - 지도를 보고 건물의 위치와 방향을 설명한다.
  - 공간과 위치를 나타내는 적절한 용어를 알고 사용한다.
- **누리과정 관련요소**
  - 의사소통 : 듣기-이야기 듣고 이해하기
  - 의사소통 : 말하기-낱말과 문장으로 말하기
  - 자연탐구 : 수학적 탐구하기-공간과 도형의 기초개념 알아보기
- **활동자료**

  3군데 공공기관의 이름이 붙어 있지 않은 2절 크기의 교사용 지도 1개, 8절 크기의 유아용 지도 5개, 공공기관에 찾아갈 수 있는 지령카드(교사용 10개, 유아용 25개), 지령봉투(교사용 2개, 유아용 5개), 동물모양의 말(교사용 2개, 유아들 각 조별로 1개)

(교사용 지도)

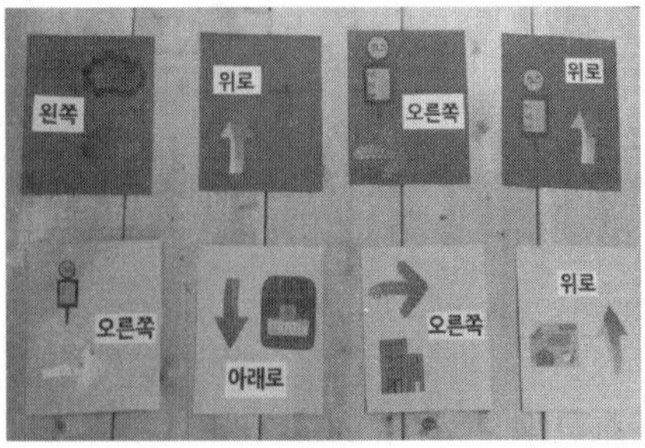

(교사용 지령카드)

(유아용 지도)

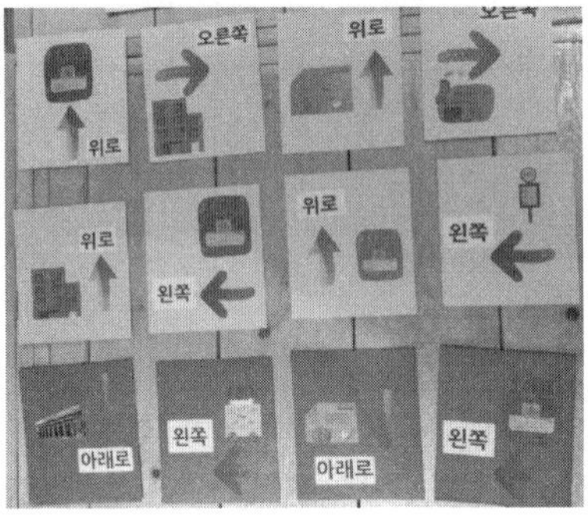

(유아용 지령카드)

❍ 활동방법

1. 공공기관 이름이 지워져 있는 우리 동네 지도를 보여주며 이야기 나눈다.
2. 출발점에 원하는 동물말을 놓는다.
3. 원하는 공공기관에 번호를 붙이고 그 번호에 해당하는 봉투에서 지령카드를 꺼낸다.
4. 지령카드의 지시에 따라 공공기관을 찾는다.

활동명 : 화이트 크리스마스

활동유형	영아	유아	수 개념	공간 및 도형	측정	규칙성	자료분석
자유선택활동 수학		○		◎			

- **활동주제** : 봄 · 여름 · 가을 · 겨울
- **대상연령** : 만 4세
- **활동목표**
  - 눈과 손의 협응력을 기를 수 있다.
  - 선물 상자 쌓기를 통해 균형 감각을 기룰 수 있다.
  - 1~3까지의 숫자를 알고 간단한 연산을 할 수 있다.
- **누리과정 관련요소**
  - 자연탐구 : 수학적 탐구하기-수와 연산의 기초개념 알아보기
  - 자연탐구 : 수학적 탐구하기-공간과 도형의 기초개념 알아보기
- **활동자료**

❍ 활동방법

1. 반구에 있는 공을 자가 발전 선풍기를 5번 돌려서 바람을 이용하여 움직인다.
2. 공이 착지한 곳에 적힌 숫자만큼 바구니에서 선물을 가져온다.
3. 가져온 선물상자를 쌓는다.
4. 번갈아 가면서 선물상자를 가져오고, 바구니에 선물이 더 이상 없을 때, 선물을 많이 모으는 사람이 이긴다.
5. 궁금이 주머니에서 카드를 한 장 뽑아 나온 숫자만큼 선물 상자를 가져오거나 뺀다.

활동명 : 구슬을 끼워 봐요

활동유형	영아	유아	수 개념	공간 및 도형	측정	규칙성	자료분석
자유선택활동 수학		○		◎			

❍ **활동주제** : 여름

❍ **대상연령** : 만 3세

❍ **활동목표**

- 그림과 모양을 순서대로 짝지어 끼워 본다.

❍ **누리과정 관련요소**

- 자연탐구 : 수학적 탐구하기-공간과 도형의 기초개념 알아보기

❍ **활동방법**

1. 구슬 패턴 카드를 준비해 둔다.
2. 구슬의 색깔과 모양에 대해 이야기 나눈다.
3. 패턴 카드를 보며 모양을 끼워 본다.
4. 색깔별 또는 모양별로 구슬을 끼워 본다.
5. 자유롭게 탐색하며 구슬을 끼워 본다.

❍ **활동사진**

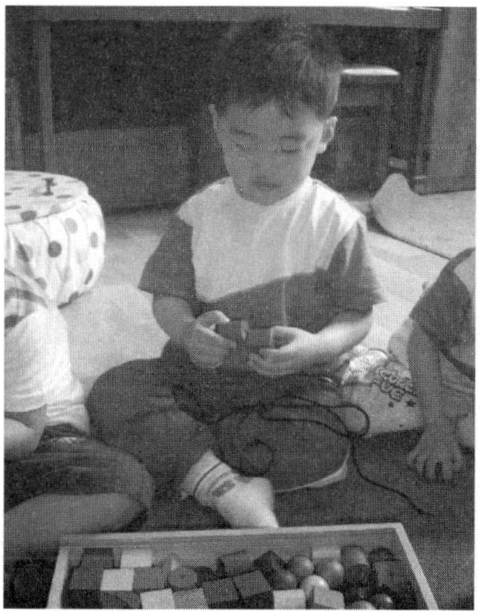

활동명 : 도형 꾸미기

활동유형	영아	유아	수 개념	공간 및 도형	측정	규칙성	자료분석
자유선택활동 수학		○		◎			

○ 활동주제 : 생활도구

○ 대상연령 : 만 3세

○ 활동목표

- 다양한 모양의 특징에 대해 알아본다.
- 단면도형에 여러 가지 스티커로 꾸며 본다.

○ 활동방법

1. 유아에게 도형과 모양과 수를 세어 보도록 한다.
2. 좋아하는 모양에 대해 알아본다.
3. 정해진 수 만큼 스티커를 붙여 본다.
4. 유아들이 만든 형태를 서로 비교하여 이야기해 본다.
5. 활동지에 있는 모양을 교실에서 찾아본다.
6. 활동지에서 좋아하는 모양을 이야기하고 친구와 비교해 본다.

○ 활동사진

활동명 : 평면 모양 위에 놓아 봐요.

활동유형	영아	유아	수 개념	공간 및 도형	측정	규칙성	자료분석
자유선택활동 수학		○		◎			

❍ **활동주제** :어린이집과 친구

❍ **대상연령** : 만 4세

❍ **활동목표**

- 평면도형에 대해 인식한다.
- 논리적 사고를 기를 수 있다.
- 다양한 형태로 구성해 본다.

❍ **활동방법**

1. 모양에 대해 탐색해 본다.
2. 모양의 특징에 대해 이야기해 본다.
3. 모양으로 만들 수 있는 것에 대해 이야기해 본다.
4. 모양으로 수를 세어 본다.
5. 옆에 있는 모양과 비교해 본다.
6. 다른 친구의 모양과 비교하고 이야기해 본다.
7. 어떤 모습으로 보이는지 이야기 나눈다.

❍ **활동사진**

활동명 : 악기 모양 탐색하기

활동유형	영아	유아	수 개념	공간 및 도형	측정	규칙성	자료분석
자유선택활동 수학		○		◎			

❍ **활동주제** : 나와 가족

❍ **대상연령** : 만 4세

❍ **활동목표**

- 입체와 평면도형에 대해 안다.

❍ **활동방법**

1. 도형에 대해 알아본다.
2. 어떤 모양이 있는지 이야기 나눈다.
3. 악기의 모양을 주변에서 찾아본다.
4. 실제 악기와 내가 찾은 물건을 비교해 본다.
5. 친구가 찾은 모양과 내가 찾은 모양을 비교해 본다.
6. 실제 악기를 들고 다니며 같은 모양을 찾아본다.

❍ **활동사진**

활동명 : 블록을 쌓아요

활동유형	영아	유아	수 개념	공간 및 도형	측정	규칙성	자료분석
자유선택활동 수학		○		◎			

- **활동주제** : 블록쌓기
- **대상연령** : 만 4세
- **활동목표**
  - 위, 아래 위치의 개념을 안다.
  - 위치 개념 용어를 사용하여 위치를 이야기해 본다.
- **활동방법**
  1. 준비된 도형의 수를 알아본다.
  2. 교사가 이야기하는 위치에 블록을 놓아 본다.
  3. 위로 높이 쌓아 높이를 비교해 본다.
  4. 옆으로 길게 놓아 본다.
  5. 높이 놓은 숫자를 세어 본다.
  6. 높이와 길이를 친구와 비교해 본다.
- **활동사진**

활동명 : 면 구성하기

활동유형	영아	유아	수 개념	공간 및 도형	측정	규칙성	자료분석
자유선택활동 수학		○		◎			

- **활동주제** : 나와 가족
- **대상연령** : 만 4세
- **활동목표**
  - 공간구성에 대해 안다.
  - 평면과 입체면에 대해 안다.
- **활동방법**
  1. 요리 활동 순서 및 재료에 대해 이야기 나눈다.
  2. 활동 순서에 대해 알아본다.
  3. 어떤 모양인지 살펴본다.
  4. 재료를 순서에 맞춰 배열해 본다.
  5. 다양한 모양의 과일로 구성해 본다.
  6. 완성된 케이크를 친구에게 소개해 본다.
- **활동사진**

활동명 : 도자기 완성해 보기

활동유형	영아	유아	수 개념	공간 및 도형	측정	규칙성	자료분석
자유선택활동 수학		○		◎			

- **활동주제** : 우리나라
- **대상연령** : 만 4세
- **활동목표**
  - 평면과 입체도형에 대해 알 수 있다.
  - 위치와 공간에 대해 알 수 있다.
- **활동방법**
  1. 도자기를 관찰해 본다.
  2. 도자기 조각을 세어 본다.
  3. 자기의 모양에 대해 이야기 나누어 본다.
  4. 도자기 조각의 위치에 대해 알아본다.
  5. 도자기를 완성할 수 있는 방법을 이야기한다.
  6. 도자기를 완성할 수 있는 시간에 대해 이야기한다.
  7. 정해진 시간에 도자기 모양을 완성해 본다.
  8. 서로 다른 도자기를 빨리 완성하는 게임에 도전해 본다.
- **활동사진**

활동명 : 반쪽을 완성해 주세요

활동유형	영아	유아	수 개념	공간 및 도형	측정	규칙성	자료분석
자유선택활동 수학		○		◎			

- **활동주제** : 봄
- **대상연령** : 만 4세
- **활동목표**
  - 대칭에 대해 알아본다.
  - 수 개념의 기본에 대해 알 수 있다.
- **활동방법**
  1. 둘로 나누어진 그림을 관찰한다.
  2. 맞춰진 그림을 보며 이야기 나눈다.
  3. 그림의 반쪽을 완성해 볼 수 있는지 이야기한다.
  4. 완성 방법에 대해 유아들과 이야기 나눈다.
  5. 거울을 이용하여 반쪽 그림을 보여 준다.
  6. 완성된 그림을 보며 이야기 나눈다.
- **활동사진**

활동명 : 크기를 비교해요

활동유형	영아	유아	수 개념	공간 및 도형	측정	규칙성	자료분석
자유선택활동 수학		○		◎			

- **활동주제** : 기계와 도구
- **대상연령** : 만 3세
- **활동목표**
  - 사물의 특징에 대해 안다.
  - 사물의 크기를 비교할 수 있다.
- **활동방법**
  1. 다양한 도형에 대해 이야기 나눈다.
  2. 어떤 모양이 있는지 알아본다.
  3. 모양과 색깔에 대해 알아본다.
  4. 크기에 대해 알아본다.
  5. 크기를 비교해 본다.
- **활동사진**

활동명 : 자연물 도형을 만들어요

활동유형	영아	유아	수 개념	공간 및 도형	측정	규칙성	자료분석
자유선택활동 수학		○		◎			

- **활동주제** : 지구와 환경
- **대상연령** : 만 5세
- **활동목표**
  - 도형을 인식한다.
  - 주변에서 도형을 만들 수 있는 물건을 찾아본다.
- **활동방법**
  1. 산책을 나간다.
  2. 주변에서 도형을 찾아 기록하여 본다.
  3. 자연 형태의 도형을 찾아본다.
  4. 자연물의 모양을 그림으로 기록한다.
  5. 도형을 만들 수 있는 물건을 찾아본다.
  6. 자연물을 이용하여 도형을 만들어 본다.
  7. 평면도형에 이어 입체도형도 만들어 본다.
  8. 측정할 수 있는 방법이 있는지 알아본다.
  9. 측정 방법에 대해 이야기 나누고 기록한다.
- **활동사진**

활동명 : 실로 도형 만들기

활동유형	영아	유아	수 개념	공간 및 도형	측정	규칙성	자료분석
자유선택활동 수학		○		◎			

○ 활동주제 : 생활과 도구

○ 대상연령 : 만 5세

○ 활동목표

- 실을 이용하여 모양을 만들 수 있다.
- 다양한 모양의 특징을 안다.

○ 활동방법

1. 우리 주변에 도형을 만들 수 있는 것에 대해 이야기 나눈다.
2. 실을 이용하여 할 수 있는 것을 알아본다.
3. 실로 직선을 만들어 본다.
4. 실로 모양을 만들어 본다.
5. 내가 만든 모양을 친구에게 소개한다.
6. 실을 이용하여 다양한 모양을 만들어 본다.

○ 활동사진

활동명 : 팥빙수 만들기

활동유형	영아	유아	수 개념	공간 및 도형	측정	규칙성	자료분석
자유선택활동 수학		○		◎			

❍ **활동주제** : 여름

❍ **대상연령** : 만 4세

❍ **활동목표**

- 다양한 요리 재료를 탐색해 본다.
- 재료를 가지고 팥빙수를 장식하며 친구의 것과 차이를 관찰한다.

❍ **활동방법**

1. 팥빙수를 먹어 본 경험에 대해 이야기 나눈다.
2. 맛있게 만드는 방법에 대해 알아본다.
3. 다양한 모양으로 재료를 넣어 본다.
4. 완성된 팥빙수의 모양을 친구와 비교해 본다.

❍ **활동사진**

활동명 : 크게, 작게

활동유형	영아	유아	수 개념	공간 및 도형	측정	규칙성	자료분석
자유선택활동 수학		○		◎			

- **활동주제** : 봄
- **대상연령** : 만 4세
- **활동목표**
  - 비눗방울 놀이를 통해 비눗방울의 모양과 크기를 비교해 본다.
- **활동방법**
  1. 비눗방울 틀을 가지고 만들어질 도형의 모양과 크기를 추측해 본다.
  2. 실제 비눗방울로 도형을 만들어 본다.
  3. 실제로 만들어진 비눗방울이 추측한 모양인지 비교해 본다.
- **활동사진**

활동명 : 대칭 그림 완성하기

활동유형	영아	유아	수 개념	공간 및 도형	측정	규칙성	자료분석
자유선택활동 수학		○		◎			

- **활동주제** : 봄
- **대상연령** : 만 3세
- **활동목표**
  - 대칭에 대해 알아본다.
  - 방향에 대한 공간 지각력을 기를 수 있다.
- **활동방법**
  1. 둘로 나누어진 그림을 관찰한다.
  2. 맞춰진 그림을 보며 이야기 나눈다.
  3. 그림의 반쪽을 완성해 볼 수 있는지 이야기한다.
  4. 완성 방법에 대해 유아들과 이야기 나눈다.
  5. 거울을 이용하여 반쪽 그림을 보여 준다.
  6. 완성된 그림을 보며 이야기 나눈다.
- **활동사진**

활동명 : 입체도형

활동유형	영아	유아	수 개념	공간 및 도형	측정	규칙성	자료분석
자유선택활동 수학		○		◎			

❍ 활동주제 : 봄

❍ 대상연령 : 만 3세

❍ 활동목표

- 물체의 모양과 특성을 인식한다.
- 입체도형의 이름을 안다.

❍ 활동방법

1. 입체도형을 살펴본다.
2. 입체도형의 이름을 알아본다.
3. 입체도형을 손으로 만져 본다.
4. 입체도형으로 할 수 있는 놀이를 이야기해 본다.
5. 입체도형과 같은 모양을 찾아본다.

❍ 활동사진

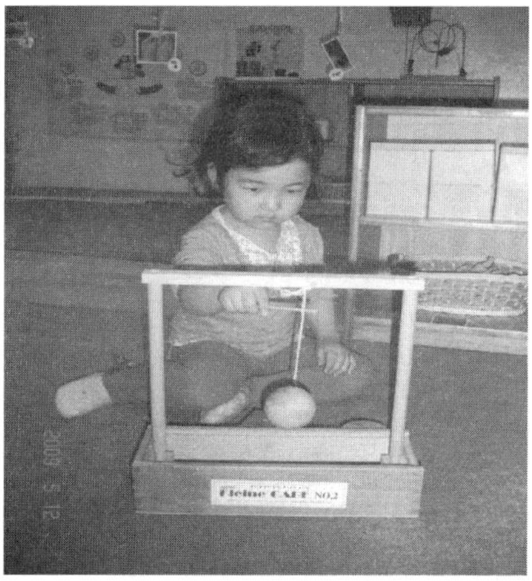

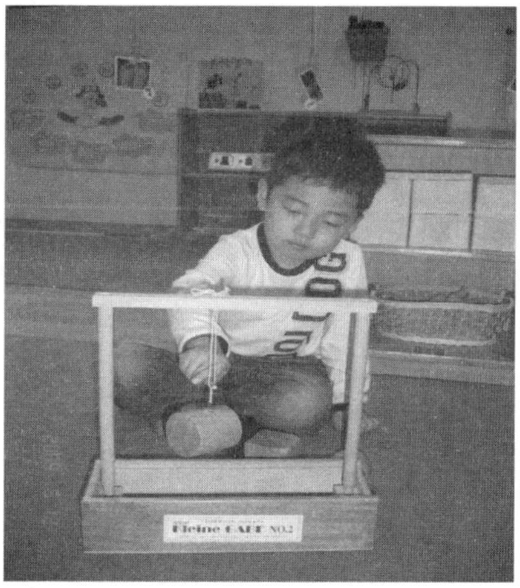

활동명 : 높이 쌓아보기

활동유형	영아	유아	수 개념	공간 및 도형	측정	규칙성	자료분석
자유선택활동 수학		○		◎			

- **활동주제** : 봄
- **대상연령** : 만 3세
- **활동목표**
  - 나무의 질감과 성질을 알게 된다.
  - 균형을 이루도록 나무 조각을 쌓을 수 있다.
- **활동방법**
  1. 활동에 대해 이야기 나눈다.
  2. 나무 질감을 관찰해 본다.
  3. 높이 쌓을 수 있는 방법을 생각해 본다.
  4. 유아가 가지고 있는 나무 조각의 숫자를 세어 본다.
  5. 가장 낮게 쌓아 본다.
  6. 가장 높게 쌓아 본다.
  7. 높이의 길이를 비교해 본다.
  8. 측정할 수 있는 도구를 이용하여 길이를 재어 본다.
- **활동사진**

활동명 : 비밀 그림으로 선을 찾아봐요

활동유형	영아	유아	수 개념	공간 및 도형	측정	규칙성	자료분석
자유선택활동 수학		○		◎			

❍ **활동주제** : 여름

❍ **대상연령** : 만 3세

❍ **활동목표**

- 다양한 선의 종류를 경험해 본다.

❍ **활동방법**

1. 선의 종류에 대해 이야기 나눈다.
2. 하얀색 크레파스나 양초를 이용하여 다양한 선을 그리도록 한다.
3. 물감과 로울러를 이용하여 선이 보이도록 한다.
4. 자신이 만든 선을 보며 친구들에게 이야기한다.

❍ **활동사진**

활동명 : 나는 멋쟁이(똑같이 해 봐요)

활동유형	영아	유아	수 개념	공간 및 도형	측정	규칙성	자료분석
자유선택활동 수학		○		◎			

❍ **활동주제** : 봄

❍ **대상연령** : 만 4세

❍ **활동목표**

- 대칭에 대해 알아본다.
- 물건이 놓인 위치와 방향을 말로 표현할 수 있다.

❍ **활동방법**

1. 유아들과 사진에 대해 이야기 나눈다.
2. 맞춰진 그림을 보며 이야기 나눈다.
3. 그림의 반쪽을 완성해 볼 수 있는지 이야기한다.
4. 완성 방법에 대해 유아들과 이야기 나눈다.
5. 거울을 이용하여 반쪽 그림을 보여 준다.
6. 완성된 모습을 보며 이야기 나눈다.

❍ **활동사진**

III

측정 개념을 돕는 수학활동

활동명 : 허수아비 양팔저울

활동유형	영아	유아	수 개념	공간 및 도형	측정	규칙성	자료분석
자유선택활동 수학		○			◎		

- **활동주제** : 가을
- **대상연령** : 만 5세
- **활동목표**
  - 양팔저울을 이용해 사물의 무게를 측정해 본다.
  - 유아 주변의 여러 가지 사물을 이용해 물건의 무게를 재어 본다.
- **누리과정 관련요소**
  - 자연탐구 : 수학적 탐구하기-기초적인 측정하기
- **활동자료**

- **활동방법**

1. '호박밭 아주머니' 동화를 듣는다.
2. 호박밭의 호박을, 지우개를 이용해 무게를 재어 본다.
3. 그래프에 표시한다.
4. 그래프를 보면서 호박 개수만큼 무게가 어떻게 늘어나는지 이야기해 본다.

활동명 : 호박죽을 만들자

활동유형	영아	유아	수 개념	공간 및 도형	측정	규칙성	자료분석
자유선택활동 수학		○			◎		

- **활동주제** : 가을
- **대상연령** : 만 5세
- **활동목표**
  - 국자를 사용하여 부피의 차이를 알아본다.
- **누리과정 관련요소**
  - 자연탐구 : 수학적 탐구하기-기초적인 측정하기
- **활동자료**

- **활동방법**

1. 스펀지로 만든 호박 속에 작은 블록조각을 채운다.
2. 용량이 서로 다른 그릇을 보면서 어떤 그릇의 용량이 가장 클지 예측해 본다.

- 어떤 그릇에 가장 많은 블록이 담길까?
- 정말 그런지 어떻게 알 수 있을까?

3. 국자로 블록조각을 퍼서 각각의 그릇에 담는다. 국자로 블록을 풀 때 수를 센다.
3. 어떤 그릇에 몇 국자의 블록조각이 담기는지 그래프에 표시한다.
4. 가장 많은 블록조각이 담기는 그릇이 어떤 것인지 가장 적게 담기는 그릇이 어떤 것인지 그래프를 보며 이야기 나눈다.

❍ 확장활동

- 용량이 서로 다른 다양한 모양의 일상용품(주전자 등)의 용량을 예측해 보고 측정해 본다.

활동명 : 꽃꽂이

활동유형	영아	유아	수 개념	공간 및 도형	측정	규칙성	자료분석
자유선택활동 수학		○			◎		

- **활동주제** : 봄
- **대상연령** : 만 4세
- **활동목표**
  - 일상생활에서 길이를 비교해서 순서를 지어 본다.
- **누리과정 관련요소**
  - 자연탐구 : 수학적 탐구하기-기초적인 측정하기
- **활동자료**

- **활동방법**

1. 꽃의 길이를 비교하고 순서대로 놓는다.
2. 작은 꽃병부터 큰 꽃병에까지 순서대로 꽃을 꽂아 본다.

활동명 : 1,000g을 맞춰 보아요

활동유형	영아	유아	수 개념	공간 및 도형	측정	규칙성	자료분석
자유선택활동 수학		○			◎		

- **활동주제** : 우리 동네
- **대상연령** : 만 5세
- **활동목표**
  - 물건의 무게를 어림잡아 보고 비교한다.
  - 양팔저울을 이용해 무게를 측정할 수 있다.
  - 어림잡아 큰 수 1,000g을 만들 수 있다.
- **누리과정 관련요소**
  - 신체운동 · 건강 : 안전하게 생활하기-안전하게 놀이하기
  - 사회관계 : 다른 사람과 더불어 살아가기-친구와 사이좋게 지내기
  - 자연탐구 : 수학적 탐구하기-기초적인 측정하기
- **활동자료**

  찰흙으로 무게를 재어 각각 100g, 200g, 300g, 400g씩 넣은 과자박스, 펜을 8개 넣은 100g의 필통, 안경을 넣은 200g의 안경집, 색연필 30개를 꽂은 300g의 색연필 꽂이 등

○ 활동방법

1. 사전에 물건의 무게를 재어 보는 활동을 해 본다.
2. 양팔저울과 1,000g에 대해 이야기를 나눈다.
3. 양팔저울을 보여주며 할 수 있는 활동에 대해 이야기 나누고, 시범을 보이게 한다.
4. 게임 규칙과 지켜야 할 사항에 대해 이야기를 나눈다.
5. 게임을 한다.

* 게임방법

① 팀별로 한 명씩 나와 장바구니를 들고 출발선에 선다.
② 장바구니를 들고 물건의 무게의 합이 1,000g을 넘지 않으면서 1,000g에 가깝게 물건을 담아 온다.
③ 양팔저울에 바구니를 걸어 무게를 재어 본다.
④ 양팔저울이 수평에 가까울수록 이긴다.

6. 게임을 회상해 보고 평가한다.

활동명 : 우유곽 자동차 경주

활동유형	영아	유아	수 개념	공간 및 도형	측정	규칙성	자료분석
자유선택활동 수학		○			◎		

- **활동주제** : 교통기관
- **대상연령** : 만 4세
- **활동목표**
  - 임의 단위로 거리를 측정하고 비교한다.
  - 공기의 양에 따라 움직이는 거리가 다름을 안다.
- **누리과정 관련요소**
  - 자연탐구 : 탐구하는 태도 기르기-탐구과정 즐기기
  - 자연탐구 : 수학적 탐구하기-기초적인 측정하기
- **활동자료**

❍ 활동방법

1. '우유곽 자동차 경주' 활동에 대해 설명한다.

> * 실험방법
> ① 풍선에 손 펌프를 통해 바람을 넣는다.
> ② 바람 분 풍선의 입을 잡고 테이프를 이용해 우유곽 자동차 뒤에 붙인다.
> ③ 풍선의 입구를 놓는다.
> ④ 우유곽 교통기관이 나아간 거리를 리본끈으로 잰다.

2. 자동차가 앞으로 간 이유에 대해 이야기 나눈다.
3. 우유곽 자동차를 더 멀리 나가게 하기 위한 방법에 대해 이야기 나눈다.
4. 실험을 해 보고 그래프를 완성한다.
5. 실험에 대해 평가한다(편을 나누어 게임을 해 본다).

활동명 : 맛있는 호떡 만들기

활동유형	영아	유아	수 개념	공간 및 도형	측정	규칙성	자료분석
자유선택활동 수학		○			◎		

❍ **활동주제** : 생활도구

❍ **대상연령** : 만 4세

❍ **활동목표**

- 측정 도구와 단위를 사용해 본다.
- 열과 시간의 흐름에 의해 물체의 상태가 변화함을 안다.

❍ **누리과정 관련요소**

- 자연탐구 : 수학적 탐구하기-기초적인 측정하기

❍ **활동방법**

1. 요리의 순서도를 살펴본다.
2. 어떤 요리를 만들지 준비물의 가지수에 대해 알아본다.
3. 밀가루와 도구들을 탐색해 본다.
4. 밀가루 반죽의 부피에 대해 이야기해 본다.
5. 밀가루 반죽 시간을 시계로 재어 본다.
6. 식용유의 양을 이야기해 본다.
7. 계량컵에 식용유의 ml를 숫자로 읽어 본다.
8. 밀가루 반죽의 모양을 동그랗게 만들어 프라이 팬에 놓아 본다.
9. 모양의 변화에 대해 알아본다.
10. 완성된 호떡을 맛있게 먹으며 호떡을 만드는데 소요된 시간에 대해 이야기해 본다.

○ 활동사진

활동명 : 누가 더 길까?

활동유형	영아	유아	수 개념	공간 및 도형	측정	규칙성	자료분석
자유선택활동 수학		○			◎		

❍ **활동주제** : 우리동네

❍ **대상연령** : 만 4세

❍ **활동목표**

- 길이의 개념에 대해 안다.
- 물체의 길이를 비교할 수 있다.
- 비표준 단위로 길이를 측정한다.

❍ **누리과정 관련요소**

- 자연탐구 : 수학적 탐구하기–기초적인 측정하기

❍ **활동방법**

1. 길이를 측정할 수 있는 방법에 대해 이야기해 본다.
2. 얼마나 긴지 어떻게 알 수 있는지 이야기해 본다.
3. 측정 길이를 예측하고 적어 본다.
4. 친구의 예측 길이와 내가 예측한 길이를 이야기해 본다.
5. 길이를 재는 도구에 대해 이야기해 본다.
6. 길이를 재는 도구로 실제 길이를 측정해 본다.
7. 실제 도구로 측정한 길이와 내가 예측한 길이를 비교해 본다.

○ 활동사진

활동명 : 나무 둘레 재기

활동유형	영아	유아	수 개념	공간 및 도형	측정	규칙성	자료분석
자유선택활동 수학		○			◎		

❍ **활동주제** : 지구와 환경

❍ **대상연령** : 만 5세

❍ **활동목표**

- 생활 속에서 길이를 재어 본다.
- 길이를 측정하고 길이의 개념에 대해 알아본다.
- 숫자를 기록하여 비교할 수 있다.

❍ **누리과정 관련요소**

- 자연탐구 : 수학적 탐구하기-기초적인 측정하기

❍ **활동방법**

1. 길이를 재는 도구에 대해 알아본다.
2. 나무의 둘레를 예측해 본다.
3. 길이를 재는 줄자에 대해 숫자 단위를 관찰해 본다.
4. 줄자 사용법에 대해 알아본다.
5. 줄자를 이용하여 나무 둘레를 재어 본다.
6. 길고 짧은 나무의 둘레에 대해 알아본다.
7. 측정한 나무의 둘레를 기록지에 적어 본다.
8. 기록한 결과지를 친구와 공유하고 이야기해 본다.

○ **활동사진**

활동명 : 나무의 나이는

활동유형	영아	유아	수 개념	공간 및 도형	측정	규칙성	자료분석
자유선택활동 수학		○			◎		

○ 활동주제 : 환경

○ 대상연령 : 만 5세

○ 활동목표

- 다양한 측정 도구를 사용할 수 있다.
- 비표준 단위로 측정할 수 있다.

○ 누리과정 관련요소

- 자연탐구 : 수학적 탐구하기–기초적인 측정하기

○ 활동방법

1. 유아들과 산책을 나간다.
2. 측정할 수 있는 대상을 찾아본다.
3. 무엇을 측정하고 싶은지 이야기한다.
4. 측정 방법에 대해 이야기한다.
5. 측정한 것을 예측하여 기록해 본다.
6. 예측하여 측정한 것으로 토의한다.
7. 실제 측정 방법에 대해 알아본다.
8. 실제 측정 방법으로 조사해 본다.

❍ 활동사진

활동명 : 숟가락으로 옮겨요

활동유형	영아	유아	수 개념	공간 및 도형	측정	규칙성	자료분석
자유선택활동 수학		○			◎		

- **활동주제** : 기계와 도구
- **대상연령** : 만 5세
- **활동목표**
  - 부피를 측정할 수 있다.
  - 도구의 특징에 대해 알 수 있다.
- **누리과정 관련요소**
  - 자연탐구 : 수학적 탐구하기–기초적인 측정하기
- **활동방법**
  1. 게임 방법에 대해 이야기 나눈다.
  2. 놀이의 규칙을 정해 본다.
  3. 숟가락을 이용하여 공을 옮겨 본다.
  4. 정해진 시간 안에 많은 공을 옮긴 팀이 승리한다.
  5. 시간을 짧게 또는 길게 해 본다.
  6. 게임에 참여하는 인원을 많게 또는 적게 하여 게임한다.
  7. 게임 종료 후에 느낌에 대해 이야기해 본다.
- **활동사진**

활동명 : 숫자만큼 넣어 보기

활동유형	영아	유아	수 개념	공간 및 도형	측정	규칙성	자료분석
자유선택활동 수학		○			◎		

- **활동주제** : 기계와 도구
- **대상연령** : 만 3세
- **활동목표**
  - 수의 기본 개념에 대해 알 수 있다.
  - 물체의 부피에 대해 알아본다.
- **누리과정 관련요소**
  - 자연탐구 : 수학적 탐구하기-기초적인 측정하기
- **활동방법**
  1. 게임에 대해 이야기 나눈다.
  2. 게임 방법 및 규칙에 대해 이야기 나눈다.
  3. 주사위를 던져 나온 수만큼 고깔을 옮겨 본다.
  4. 원 안에 고깔을 많이 넣는 팀이 이긴다.
  5. 활동이 끝난 후 느낌을 이야기해 본다.
- **활동사진**

활동명 : 한 국자의 미숫가루

활동유형	영아	유아	수 개념	공간 및 도형	측정	규칙성	자료분석
자유선택활동 수학		○			◎		

- **활동주제** : 생활 도구
- **대상연령** : 만 4세
- **활동목표**
  - 부피를 알맞게 측정하여 비교해 본다.
  - 도구의 특징에 따른 양의 차이를 알아본다.
- **활동방법**
  1. 국자의 크기를 살펴보게 한다.
  2. 국자, 숟가락 등 다른 것들도 살펴보게 한다.
  3. 주어진 그릇을 가득 채우려면 몇 번을 넣어야 하는지 예측하게 한다.
  4. 숟가락을 이용하여 국자에 담아 보게 한다.
  5. 유아가 직접 국자로 미숫가루를 넣어 보게 한다.
  6. 숟가락과 국자의 크기를 비교해 본다.
  7. 그릇을 채울 때 더 빨리 채울 수 있는 방법에 대해 알아본다.
- **활동사진**

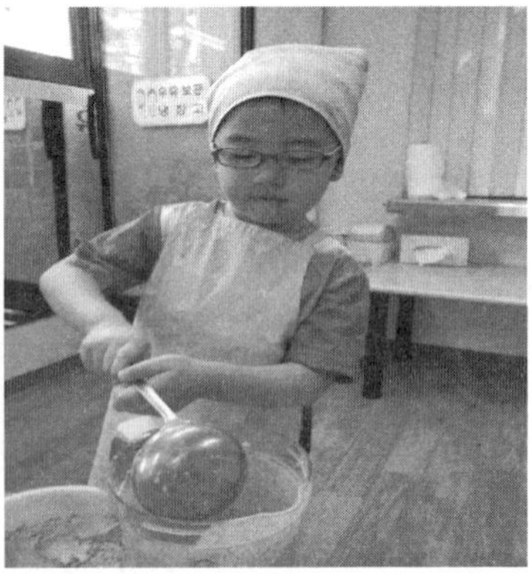

활동명 : 몇 컵일까요?

활동유형	영아	유아	수 개념	공간 및 도형	측정	규칙성	자료분석
자유선택활동 수학		○			◎		

- **활동주제** : 환경과 생활
- **대상연령** : 만 5세
- **활동목표**
  - 임의의 단위를 사용하여 부피를 측정하고 비교해 본다.
  - 여러 가지 물체의 특징에 관심을 갖는다.
- **활동방법**

1. 일상생활에서 사용하는 컵에 대해 이야기 나눈다.
2. 컵으로 할 수 있는 측정에 대해 알아본다.
3. 측정 단위에 대해 유아들과 이야기 나눈다.
4. 이 컵으로 얼만큼의 물을 넣을 수 있을지 알아본다.
5. 믹서기와 컵의 크기를 비교해 본다.
6. 몇 번을 넣어야 가득 차게 될지 수로 기록한다.
7. 기록한 수를 이용하여 그래프를 그려 본다.

- **활동사진**

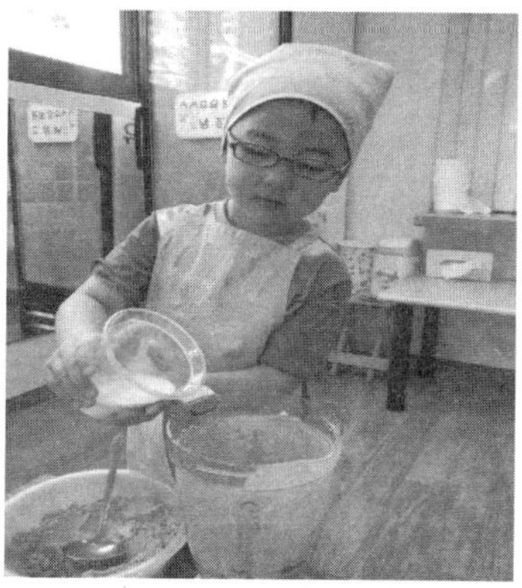

활동명 : 얼마나 걸릴까요? (시간 알아보기)

활동유형	영아	유아	수 개념	공간 및 도형	측정	규칙성	자료분석
자유선택활동 수학		○			◎		

- **활동주제** : 봄
- **대상연령** : 만 4세
- **활동목표**
  - 순차적 시간의 개념을 익힐 수 있다.
  - 시간의 흐름에 따라 변하는 모습을 관찰할 수 있다.
- **활동방법**
  1. 시간에 대해 이야기 나눈다.
  2. 시간의 개념에 대해 설명해 준다.
  3. 시계바늘을 보며 이야기 나눈다.
  4. 활동에 대해 설명해 준다.
  5. 정해진 시간 동안 물체가 어떻게 변화하는지 관찰한다.
  6. 두 유아가 시간 동안 변화한 물체를 보며 설명하게 한다.
- **활동사진**

활동명 : 가깝게, 멀게

활동유형	영아	유아	수 개념	공간 및 도형	측정	규칙성	자료분석
자유선택활동 수학		○			◎		

- **활동주제** : 동물
- **대상연령** : 만 4세
- **활동목표**
  - 원근의 개념에 대해 알아본다.
  - 먼 것과 가까운 것을 이해한다.
- **활동방법**
  1. 유아들의 자리에서 가장 멀리 있는 것을 찾아보게 한다.
  2. 그 곳까지의 거리를 생각해 보게 한다.
  3. 그 곳까지의 거리를 측정할 수 있는 방법에 대해 알아본다.
  4. 유아 걸음으로 세어 본다.
  5. 유아들이 자리에서 가장 가까운 것을 찾아보게 한다.
  6. 그 곳의 거리를 제는 방법을 이야기하고 측정해 보게 한다.
- **활동사진**

활동명 : 물 그래프

활동유형	영아	유아	수 개념	공간 및 도형	측정	규칙성	자료분석
자유선택활동 수학		○			◎		

- **활동주제** : 여름
- **대상연령** : 만 3세
- **활동목표**
  - 높이를 측정해 볼 수 있다.
- **활동방법**
  1. 두 개의 스포이트를 준비한다.
  2. 스포이트를 살펴본다.
  3. 활동에 대해 설명해 준다.
  4. 스포이트에 물이 올라오게 한다.
  5. 올라온 물의 높이를 비교해 본다.
  6. 물의 높이를 비교하고 아래로 떨어 본다.
  7. 본인의 스포이트 높이를 기억하여 활동지에 표시해 본다.
  8. 활동지에 표시한 높이를 다른 측정도구를 이용하여 재어 본다.
  9. 컵이나 눈금이 나오는 용기를 이용하여 게임으로 진행해 본다.
- **활동사진**

활동명 : 누가 더 클까?

활동유형	영아	유아	수 개념	공간 및 도형	측정	규칙성	자료분석
자유선택활동 수학		○			◎		

○ 활동주제 : 도구와 기계

○ 대상연령 : 만 3세

○ 활동목표

- 길이의 개념을 경험한다.
- 신체의 길이를 비교할 수 있다.

○ 활동방법

1. 길이를 측정할 수 있는 도구에 대해 알아본다.
2. 우리 몸에서 길이를 측정할 수 있는 신체부위를 알아본다.
3. 친구끼리 키를 비교해 본다.
4. 내 키는 얼마나 될까? 추측해 본다.
5. 신장을 잴 수 있는 도구를 소개한다.
6. 키를 재는 도구를 이용하여 키를 재보고 단위를 알려 준다.
7. 내 키가 얼마인지 듣고 기억해 본다.
8. 기억하고 있는 내 키가 몇인지 교사에게 이야기해 본다.

○ 활동사진

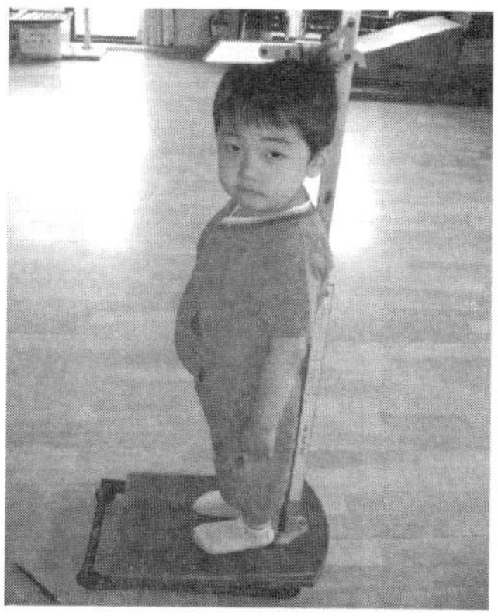

활동명 : 몸무게를 잴 수 있어요

활동유형	영아	유아	수 개념	공간 및 도형	측정	규칙성	자료분석
자유선택활동 수학		○			◎		

- 활동 주제 : 도구와 기계
- **대상연령** : 만 5세
- 활동 목표
  - 크기 및 무게에 대한 기초 개념을 안다.
  - 신체의 무게를 비교할 수 있다.
- **활동방법**
  1. 무게를 측정할 수 있는 도구에 대해 알아본다.
  2. 유아와 크기에 대해 비교하며 이야기 나눈다.
  3. 교실에서 무거운 것과 가벼운 것을 찾아본다.
  4. 친구의 몸무게를 적어 본다.
  5. 몸무게를 그래프로 만들어 본다.
  6. 몸무게가 많이 나가는 유아와 적게 나가는 유아를 찾아본다.
  7. 몸무게가 비슷한 친구끼리 묶어 본다.
- **활동사진**

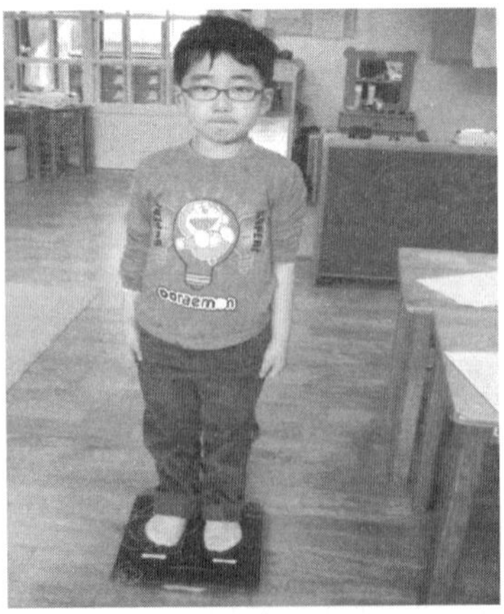

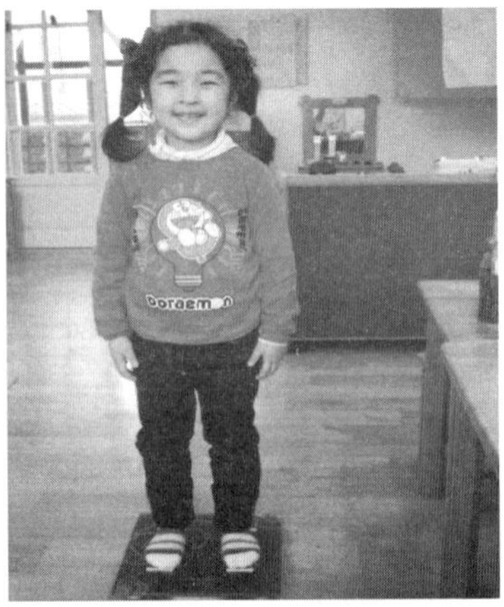

활동명 : 밀가루 반죽놀이

활동유형	영아	유아	수 개념	공간 및 도형	측정	규칙성	자료분석
자유선택활동 수학		○			◎		

- **활동주제** : 봄
- **대상연령** : 만 5세
- **활동목표**
  - 물질의 상태 변화를 관찰할 수 있다.
  - 표준화된 측정 도구를 사용해 본다.
- **활동방법**
  1. 밀가루를 관찰한다.
  2. 밀가루 반죽놀이에 필요한 도구를 세어 본다.
  3. 도구를 이용하여 밀가루를 옮겨 본다.
  4. 그릇에 옮긴 밀가루가 얼만큼인지 양을 추측해 본다.
  5. 밀가루에 물을 부어 본다.
  6. 시간이 지나며 변화하는 과정을 관찰한다.
- **활동사진**

활동명 : 쿠키를 만들어요

활동유형	영아	유아	수 개념	공간 및 도형	측정	규칙성	자료분석
자유선택활동 수학		○			◎		

- **활동주제** : 세계 여러 나라
- **대상연령** : 만 5세
- **활동목표**
  - 물질 상태의 변화 과정을 관찰해 본다.
  - 시간의 흐름에 대해 알 수 있다.
  - 표준화된 측정도구를 사용해 볼 수 있다.
- **활동방법**
  1. 요리순서표를 관찰해 본다.
  2. 유아들과 함께 도구에 대해 알아본다.
  3. 요리순서표대로 요리활동을 시작한다.
  4. 측정 도구 사용법대로 측정해 본다.
  5. 밀가루 반죽을 떼어 모양의 변화를 본다.
  6. 밀가루 반죽을 도구를 이용하여 넓혀 크기를 비교해 본다.
  7. 모양틀을 이용하여 쿠키를 만들어 본다.
  8. 구워진 쿠키로 친구들과 즐겁게 나누어 먹는다.
- **활동사진**

활동명 : 송편 만들기

활동유형	영아	유아	수 개념	공간 및 도형	측정	규칙성	자료분석
자유선택활동 수학		○			◎		

- **활동주제** : 가을
- **대상연령** : 만 5세
- **활동목표**
  - 부분과 전체의 개념에 대해 이해한다.
  - 어림하여 측정한다.
- **활동방법**

1. 추석에 대해 이야기 나눈다.
2. 송편을 만들기 위한 재료를 살펴본다.
3. 송편을 만드는 순서를 알아본다.
4. 쌀 반죽의 양을 측정해 본다.
5. 각자 받은 양이 똑같아 보이는지 어림하여 측정해 본다
6. 반죽을 반으로 잘라 본다.
7. 유아가 그린 지도를 친구들 앞에서 발표해 본다.
8. 큰 덩어리와 작은 덩어리 중 어떤 것이 무거울까? 추측해 보게 한다.
9. 송편을 만들어 본다.

- **활동사진**

활동명 : 붕어빵 사세요! 경제교육

활동유형	영아	유아	수 개념	공간 및 도형	측정	규칙성	자료분석
자유선택활동 수학		○			◎		

- **활동주제** : 겨울
- **대상연령** : 만 4세
- **활동목표**
  - 화폐의 단위를 이해한다.
  - 화폐의 가격을 계산할 수 있다.
- **활동방법**
  1. 동전, 지폐를 보여주며 살펴본다.
  2. 활동을 계획해 본다.
  3. 활동을 위한 사전 준비로 붕어빵을 직접 사 먹어 본다.
  4. 붕어빵 가게놀이에 필요한 재료들을 유목화한다.
  5. 놀이에 필요한 재료들을 제작한다.
  6. 붕어빵 가게놀이를 한다.
  7. 제작한 화폐로 놀이를 할 수 있다.
  8. 유아들이 역할을 바꿔가며 놀이할 수 있도록 유도해 본다.
- **활동사진**

활동명 : 아기 때 사진첩 만들기

활동유형	영아	유아	수 개념	공간 및 도형	측정	규칙성	자료분석
자유선택활동 수학		○			◎		

- **활동주제** : 나와 가족
- **대상연령** : 만 5세
- **활동목표**
  - 시간 개념에 대해 알 수 있다.
  - 시간의 흐름에 대해 알 수 있다.
- **활동방법**
  1. 자신의 아기 때 사진들을 가져온다.
  2. 아기 때 사진을 가지고 이야기 나눈다.-언제적 사진인가요?
  3. 아기 때 사진을 순서대로 놓고 제목을 붙여 본다.
- **활동사진**

활동명 : 시장놀이(경제교육)

활동유형	영아	유아	수 개념	공간 및 도형	측정	규칙성	자료분석
자유선택활동 수학		○			◎		

- **활동주제** : 우리 동네
- **대상연령** : 만 4세
- **활동목표**
  - 경제와 관련된 수의 개념을 알고 적용한다.
  - 일상 생활에서 사용되는 수에 대해 관심을 가져 본다.
- **활동방법**
  1. 시장놀이에 필요한 물건에 대해 이야기 나눈다.
  2. 시장이나 마트에 가본 경험이 있는지 이야기 나눈다.
  3. 마트나 시장에서 물건을 사본 경험에 대해 이야기 나눈다.
  4. 시장의 물건을 파는 사람과 돈을 받는 사람을 나눈다.
  5. 화폐에 대해 알아보고 지불 방법에 대해 이야기 나눈다.
  6. 물건을 진열하고 주인과 손님의 역할에 따라 놀이를 한다.
- **활동사진**

IV

규칙성(패턴) 개념을 돕는 수학활동

활동명 : 맛있는 꼬치가게

활동유형	영아	유아	수 개념	공간 및 도형	측정	규칙성	자료분석
자유선택활동 수학		○				◎	

- **활동주제** : 우리 동네
- **대상연령** : 만 4세
- **활동목표**
  - 반복되는 규칙성을 인식하고 모방한다.
  - 스스로 규칙성을 만들어 본다.
- **누리과정 관련요소**
  - 자연탐구 : 수학적 탐구하기-규칙성 이해하기
- **활동자료**

- **활동방법**

1. 메뉴판에 그려진 꼬치 순서의 규칙성을 함께 이야기해 본다.
   - 꼬치 순서에 어떤 규칙이 있니?
2. 메뉴판에 그려진 꼬치를 보면서 그대로 따라서 꼬치를 만들어 본다.
3. 자유롭게 꼬치를 만든다.
4. 꼬치를 사고 파는 꼬치가게 놀이를 해 본다.

활동명 : 엄마 개구리를 찾아서

활동유형	영아	유아	수 개념	공간 및 도형	측정	규칙성	자료분석
자유선택활동 수학		○				◎	

- **활동주제** : 동식물과 자연
- **대상연령** : 만 5세
- **활동목표**
  - 1부터 20까지의 숫자를 안다.
  - 홀수, 짝수와 패턴을 경험해 본다.
- **누리과정 관련요소**
  - 자연탐구 : 수학적 탐구하기-수와 연산의 기초개념 알아보기
  - 자연탐구 : 수학적 탐구하기-규칙성 이해하기
- **활동자료**

❍ 활동방법

1. 사전활동

– 숫자에 대해 자유롭게 이야기해 본다.

2. 본 활동

① 먼저 할 친구와 나중에 할 친구를 정한다.

② 나중에 할 친구가 숫자패 1은 보이도록 넣고 나머지 숫자는 뒤집어서 넣어 놓는다.

③ 먼저 하는 친구가 숫자패를 뒤집어서 다음 숫자를 찾는다.

– 다음 숫자를 찾는데까지는 3번의 기회가 주어진다.

– 틀렸으면 그 자리에 원래 있던 대로 뒤집어서 넣어 놓는다.

– 3번 안에 다음 수를 찾지 못하면 다른 친구에게로 기회가 넘어 간다.

④ 먼저 20까지 찾아가는 친구가 이긴다.

3. 사후활동

– 1–20까지의 숫자를 짝수나 홀수로 바꿔서 같은 원리로 게임을 해 본다.

– 패턴북을 활용하여 활동을 해 본 후 유아 스스로 패턴을 만들어 본다.

활동명 : 줄줄이 줄서요

활동유형	영아	유아	수 개념	공간 및 도형	측정	규칙성	자료분석
자유선택활동 수학		○				◎	

○ 활동주제 : 동식물과 자연

○ 대상연령 : 만 5세

○ 활동목표

- 규칙성에 대해 이해하고 문제에 맞추어 완성할 수 있다.
- 승패를 인정할 수 있는 능력을 기른다.

○ 누리과정 관련요소

- 신체운동 · 건강 : 신체 조절과 기본운동하기–기본운동하기
- 사회관계 : 다른 사람과 더불어 생활하기
- 자연탐구 : 수학적 탐구하기–규칙성 이해하기

○ 활동자료

❍ 활동방법

1. 교사 또는 심판인 유아가 문제 카드를 뽑는다.
2. 교사 또는 심판인 유아가 문제카드에 적힌 문제(A, B, C & ★, ♥, ♣)들을 문제 제시 카드판에 차례대로 붙인다.
3. 교사 또는 심판인 유아는 물음표 카드를 ★, ♥, ♣의 자리 중 하나에 넣어서 여러 가지 규칙성 문제를 낸다.
4. 게임에 참여하는 유아 두 명은 문제 제시 카드판을 보고 바닥에 놓여진 동물카드를 재빨리 카드판에 붙인다.
5. 먼저 카드판에 동물들을 붙이고 난 후 벨을 울리는 유아가 이긴다.

활동명 : 뛰뛰 빵빵 도로

활동유형	영아	유아	수 개념	공간 및 도형	측정	규칙성	자료분석
자유선택활동 수학		○				◎	

○ **활동주제** : 교통기관

○ **대상연령** : 만 3세

○ **활동목표**

- 생활주변 교통기관에 관심을 갖는다.
- 규칙성에 대해 관심을 가지고 패턴을 조작한다.
- 나만의 패턴을 만들어 본다.

○ **누리과정 관련요소**

- 자연탐구 : 수학적 탐구하기-규칙성 이해하기

○ **활동자료**

○ **활동방법**

1. 상자에서 도로와 패턴카드, 자동차 블록이 들어있는 상자를 꺼낸다.
2. 상자를 열어 자동차 블록을 꺼내 도로 점선 위에 올려놓는다.
3. 패턴카드 표에서 원하는 패턴을 고른다.
4. 자동차 블록을 패턴카드대로 도로 위에 나열한다.
5. 내가 나열한 패턴 블록이 패턴카드의 그림과 맞는지 확인하다.

활동명 : 코스모스 빙고

활동유형	영아	유아	수 개념	공간 및 도형	측정	규칙성	자료분석
자유선택활동 수학		○				◎	

- **활동주제** : 동식물과 자연
- **대상연령** : 만 4세
- **활동목표**
  - 식물에게 필요한 환경 요소를 안다.
  - 게임의 규칙을 이해하고 즐겁게 참여한다.
- **누리과정 관련요소**
  - 자연탐구 : 수학적 탐구하기–규칙성 이해하기
- **활동자료**

❍ 활동방법

1. 팀을 나누어 보라색 자석판과 흰색 자석판을 각 팀의 게임판에 붙인다.
2. 가위 바위 보로 순서를 정한다.
3. 이긴 팀의 유아가 환경요소 카드를 섞어 가운데 놓고 돌림판을 돌려 게임 패턴을 정한다.
4. 이긴 팀의 유아는 환경요소 카드를 뽑고 게임판에서 같은 그림의 환경자석 카드를 하나 떼어 낸다.
5. 번갈아 순서를 지키며 활동하고 돌림판에서 정한 패턴을 먼저 완성한 팀이 이긴다.

활동명 : 소리 패턴

활동유형	영아	유아	수 개념	공간 및 도형	측정	규칙성	자료분석
자유선택활동 수학		○				◎	

- **활동주제** : 교통기관
- **대상연령** : 만 5세
- **활동목표**
  - 교통기관의 종류를 안다.
  - 다양한 교통기관 소리에 관심을 갖는다.
  - 반복 및 확장되는 규칙을 알고 계속 이어간다.
- **누리과정 관련요소**
  - 자연탐구 : 수학적 탐구하기-규칙성 이해하기
  - 의사소통 : 듣기-이야기 듣고 이해하기
- **활동자료**

  카드판, 카드(비행기, 경찰차, 구급차, 기차, 헬리콥터, 여객선, 오토바이, 자전거), 녹음CD, 오디오, 활동 방법판, 오디오 사용 설명판
- **활동방법**

  1. 소리 패턴 교구를 소개한다.
  2. 소리 패턴을 설명한다.

  - 오디오로 CD를 들을 때 초록버튼을 누르면 재생이 되고, 빨간버튼을 누르면 멈출 거야
  - 노란버튼은 다음 부분을 듣고 싶을 때 누르면 된단다.
  - 빨간버튼을 눌러 멈췄다가 다시 듣고 싶으면 무슨 색을 누르면 좋을까?
  - 수 · 조작 영역에 CD와 오디오를 놓아둘 테니까, 들으면서 카드를 가지고 패턴 맞추기를 해 보도록 하자.

  3. 활동 후의 느낌을 이야기 나눈다.

  - 오늘 선생님이 소개했던 교구 활동해 본 사람 있니?
  - 활동해 보니까 어땠니?

활동명 : 내가 이용한 교통기관

활동유형	영아	유아	수 개념	공간 및 도형	측정	규칙성	자료분석
자유선택활동 수학		○				◎	

- **활동주제** : 교통기관
- **대상연령** : 만 5세
- **활동목표**
  - 대중교통의 종류를 안다.
  - 여러 가지 교통기관을 이용한 경험을 이야기할 수 있다.
  - 반복 및 확장되는 규칙을 알고 계속 이어간나.
- **누리과정 관련요소**
  - 자연탐구 : 수학적 탐구하기–규칙성 이해하기
  - 의사소통 : 듣기–동화 듣고 이해하기
- **활동자료**

  이야기판, 인형 '안전이'

❍ 활동방법

1. 교통기관을 이용해 본 경험에 대해 이야기 나눈다.
- 유치원에 올 때 무엇을 타고 왔니?
- 어떤 교통기관을 이용해 보았니?
2. 활동을 소개한다.
- 선생님처럼 교통기관을 이용해서 여행을 떠나려는 친구가 있어.
- 그 친구 이름이 '안전이'인데 너희들에게 할 말이 있대.
- (인형을 꺼내며) 안녕 '친구들? 난 안전이라고 해. 난 지금 공항으로 갈거야. 난 머나먼 멋진 곳으로 여행을 가려고 해. 그런데 거기에 가려면 너희들의 도움이 필요해. 왜냐하면 가는 길마다 여러 규칙들을 풀어야 하거든. 그렇지만 나 혼자 풀기엔 어려운 것 같아. 너희들이 도와줄 수 있겠니?
3. 교사(안전이)와 함께 이야기를 통해 패턴을 맞춘다.
4. 유아들이 패턴을 만들고 맞춰 본다.
5. 활동을 평가한다.

활동명 : 아이스크림을 쌓아요

활동유형	영아	유아	수 개념	공간 및 도형	측정	규칙성	자료분석
자유선택활동 수학		○				◎	

○ 활동주제 : 여름

○ 대상연령 : 만 4세

○ 활동목표

- 기본패턴을 인식하고 이를 말로 표현한다.
- 이야기 속의 수학적 요소에 관심을 갖고 발견한다.
- 아이스크림을 쌓는 활동을 통해 눈과 손의 협응력을 기른다.

○ 누리과정 관련요소

- 신체운동 · 건강 : 안전하게 생활하기-안전하게 놀이하기
- 신체운동 · 건강 : 신체 조절과 기본운동하기-신체 조절하기
- 의사소통 : 듣기-낱말과 문장 듣고 이해하기
- 자연탐구 : 수학적 탐구하기-규칙성 이해하기

○ 활동자료

스토리텔링 PPT자료, 아이스크림 모형

❍ 활동방법

1. 주의집중을 한다.
2. 수학적인 요소가 들어간 스토리텔링을 들려준다.

> 나는 사랑 유치원에 다니는 000이야. 나는 아이스크림을 많이 좋아해.
> 나는 초코아이스크림도 좋아하고 딸기아이스크림도 좋아하지만 초코아이스크림을 제일 좋아해.
> 나는 토요일이 되면 엄마 손을 잡고, 집 앞에 있는 베스킨루빈스 21에 아이스크림을 사러가.
> 아이스크림 가게에는 21가지 맛의 아이스크림이 있는데, 원래는 엄마가 한 가지 맛만 사주시는데, 이번 토요일에는 4가지 맛 아이스크림을 사주신다고 하셨어. 나는 기분이 너무 좋아서 두 손을 머리 위로 번쩍 들고 펄쩍펄쩍 뛰었지.
> 엄마는 먹고 싶은 4가지 맛을 고르라고 하셨어.
> 그런데 4가지 맛을 고르려니까 어떤 맛을 골라야 할지 나는 너무 고민이 됐어.
> 나는 계속 생각을 하다가 엄마가 좋아하시는 메론맛을 고르고, 내가 좋아하는 초코맛, 딸기맛, 바닐라맛을 골랐어. 너무 신이 났어.
> 엄마는 나에게 "어떤 아이스크림을 제일 많이 넣고 싶니?"라고 물어 봤어.
> 내가 제일 좋아하는 초코맛 아이스크림을 많이 담고 싶다고 말했어.
> 이번에는 엄마가 "아이스크림을 어떤 순서대로 담고 싶니?"라고 물어 봤어.
> 나는 첫 번째로 바닐라맛을 담고, 두 번째로 딸기맛을 담고, 세 번째로 메론맛을 담고, 네 번째로 내가 제일 좋아하는 초코맛을 담고 싶다고 말했어, 왜냐하면 나는 집에 가자마자 초코맛 아이스크림을 먹고 싶었거든.
> 아이스크림 가게에서 일하는 오빠가 "집에 가는데 시간이 몇 분 걸리세요?"라고 엄마에게 물어 봤어.
> 엄마는 "집 앞이니까 10분 정도 걸려요"라고 말했어.
> 오빠가 "수저는 몇 개 필요하세요?"라고 엄마에게 물어 봤어.
> 엄마는 "우리 가족이 4명이라 4개 주세요."라고 말했어.
> 오빠가 "아이스크림은 5천원입니다." 라고 해서 엄마는 네모난 지갑에서 천원짜리 5장을 꺼내서 주셨어.
> 그리고 엄마와 나는 집에 가서 아빠랑 동생이랑 함께 아이스크림을 맛있게 먹었어.

3. 스토리를 듣고, 이야기 속에 수학적 요소를 찾아본다.
   - 000는 몇 개의 아이스크림을 골랐니?
   - 000는 어떤 아이스크림 맛을 골랐니?
   - 000는 첫 번째로 바닐라 아이스크림을 담았고, 두 번째로 딸기 아이스크림을 담았고, 세 번째로 메론 아이스크림을 담았고, 네 번째로는 초코 아이스크림을 담았지

(아이스크림 자석으로 아이스크림을 차례로 쌓아 주며 이야기한다).

4. 아이스크림을 먹어 본 경험에 대해 이야기 나눈다.
   - 아이스크림을 먹어 본 적이 있니?
   - (초코, 딸기, 바닐라, 메론맛 아이스크림 자석을 제시하며) 너희들은 여기 붙여져 있는 아이스크림 중에서 어떤 맛의 아이스크림을 제일 먼저 먹고 싶니?
   - 초코맛과 딸기맛을 어떤 순서대로 담아 볼까?
   - 다른 방법으로 쌓아 보고 싶은 친구 있니?

   (유아가 앞에 나와 패턴대로 직접 쌓아 본다.)
5. 활동에 대해 평가하고 마무리한다.

활동명 : 몸으로 표현해요

활동유형	영아	유아	수 개념	공간 및 도형	측정	규칙성	자료분석
자유선택활동 수학		○				◎	

- **활동주제** : 봄
- **대상연령** : 만 3세
- **활동목표** :
  - 리듬과 템포에 맞추어 움직여 본다.
  - 신체표현을 통해 크기를 이야기해 본다.
  - 다양한 소리를 통해 규칙을 만들어 본다.
- **활동방법**
  1. 소리를 탐색하며 감상해 본다.
  2. 노래를 부르며 음표 카드를 살펴본다.
  3. 음표 카드에 제시된 박자를 신체로 표현해 본다.
  4. 교사가 불러준 계이름을 신체로 표현해 본다.
  5. 음의 규칙에 따라 신체를 움직여 표현한다.
  6. 몸을 가장 크게, 가장 작게 표현한다.
  7. 리듬과 템포에 따라 몸을 움직이는 친구들을 관찰한다.
  8. 활동한 느낌에 대해 이야기해 본다.
- **활동사진**

활동명 : 위, 아래 인식하기

활동유형	영아	유아	수 개념	공간 및 도형	측정	규칙성	자료분석
자유선택활동 수학		○				◎	

❍ 활동주제 : 봄

❍ 대상연령 : 만 3세

❍ 활동목표

- 위치와 관련된 어휘를 획득한다.
- 위, 아래를 구분한다.

❍ 활동방법

1. 위와 아래에 대해 이야기 나눈다.
2. 맞춰진 그림을 보며 이야기 나눈다.
3. 음악을 들으며 멜로디를 익힌다.
4. 음악에 맞춰 걸으며 교사의 신호에 따라 규칙적으로 위, 아래로 손을 움직여 본다.
5. 규칙적으로 위, 아래로 손을 움직여 본다.
6. 위, 아래 개념에 대해 다시 한 번 정리해 준다.

❍ 활동사진

활동명 : 어묵 꼬치 만들기

활동유형	영아	유아	수 개념	공간 및 도형	측정	규칙성	자료분석
자유선택활동 수학		○				◎	

- **활동주제** : 건강과 안전
- **대상연령** : 만 5세
- **활동목표**
  - 일정한 패턴을 구성하여 요리 재료를 끼워 본다.
  - 요리의 재료와 도구에 관심을 갖는다.
- **활동방법**
  1. 어묵 꼬치에 대해 이야기 나눈다.
  2. 재료를 살펴본다.
  3. 요리방법을 소개한다.
  4. 순서에 맞게 패턴을 기억하여 꽂아 본다.
  5. 완성된 음식을 접시에 담아 본다.
  6. 다양한 요리 재료를 이용하여 활동할 수 있도록 소개한다.
  7. 친구가 만든 꼬치와 내가 만든 꼬치를 비교해 본다.
- **활동사진**

활동명 : 염색하기

활동유형	영아	유아	수 개념	공간 및 도형	측정	규칙성	자료분석
자유선택활동 수학		○				◎	

- **활동주제** : 환경과 생활
- **대상연령** : 만 5세
- **활동목표**
  - 염색된 무늬를 보고 규칙을 찾아본다.
- **활동방법**
  1. 염색하는 방법에 내해 이야기 나눈다.
  2. 손수건의 모양을 탐색하고 이야기한다.
  3. 손수건을 삼각형, 작은 사각형 등 다양한 모양으로 접어 본다.
  4. 손수건을 여러 방법으로 접어 본다.
  5. 손수건을 염색해 본다.
  6. 어떤 규칙이 있는지 살펴본다.
  7 친구의 염색 손수건 무늬와 내 손수건의 무늬를 비교해 본다.
- **활동사진**

활동명 : 채소 모양 패턴

활동유형	영아	유아	수 개념	공간 및 도형	측정	규칙성	자료분석
자유선택활동 수학		○				◎	

❍ 활동주제 : 봄

❍ 대상연령 : 만 4세

❍ 활동목표

- 여러 가지 채소를 탐색하고 비교한다.
- 채소의 겉과 속을 관찰하고 반복되는 규칙을 찾아본다.

❍ 활동방법

1. 채소에 대해 이야기 나눈다.
2. 좋아하는 채소에 대해 이야기 나눈다.
3. 채소를 관찰한다.
4. 채소의 겉과 속의 색깔이나 모양을 이야기한다.
5. 채소의 단면을 보며 이야기 나눈다.
6. 채소를 이용하여 다양한 모양을 만들어 본다.
7. 채소를 이용하여 패턴 만들기 활동을 해 본다.

❍ 활동사진

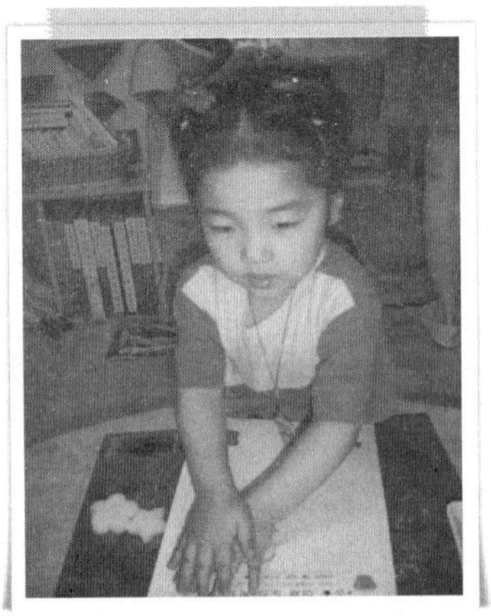

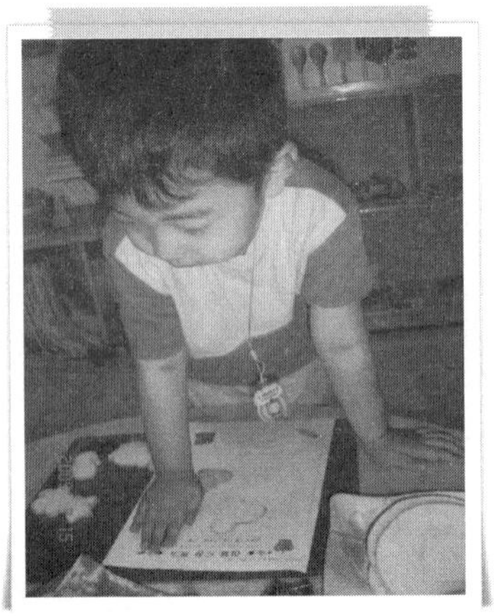

활동명 : 색깔놀이(과학관 견학)

활동유형	영아	유아	수 개념	공간 및 도형	측정	규칙성	자료분석
자유선택활동 수학		○				◎	

- **활동주제** : 동물
- **대상연령** : 만 2세
- **활동목표**
  - 기본 패턴에 대해 인식할 수 있다.
  - 같은 것과 다른 것을 찾아볼 수 있다.
- **활동방법**
  1. 색깔에 대해 알아본다.
  2. 불빛의 색깔에 대해 알아본다.
  3. 어떤 색깔에 불이 들어올지 예측해 본다.
  4. 불빛 색깔에 따라 움직여 본다.
  5. 무슨 불빛인지 이야기해 본다.
  6. 유아가 좋아하는 색깔을 말로 이야기해 본다.
- **활동사진**

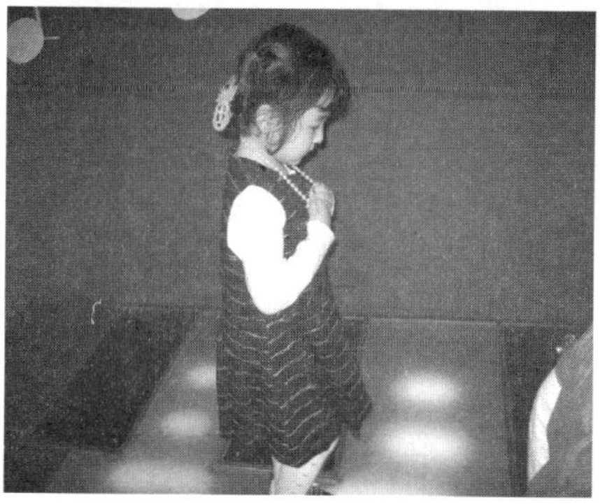

활동명 : 과자 패턴 만들기

활동유형	영아	유아	수 개념	공간 및 도형	측정	규칙성	자료분석
자유선택활동 수학		○				◎	

- **활동주제** : 세계 여러 나라
- **대상연령** : 만 5세
- **활동목표**
  - 규칙성을 알고 예측해 본다.
  - 세계 여러 나라의 전통음식에 관심을 갖는다.
- **누리과정 관련요소**
  - 자연탐구 : 수학적 탐구하기-규칙성 이해하기
- **활동자료**

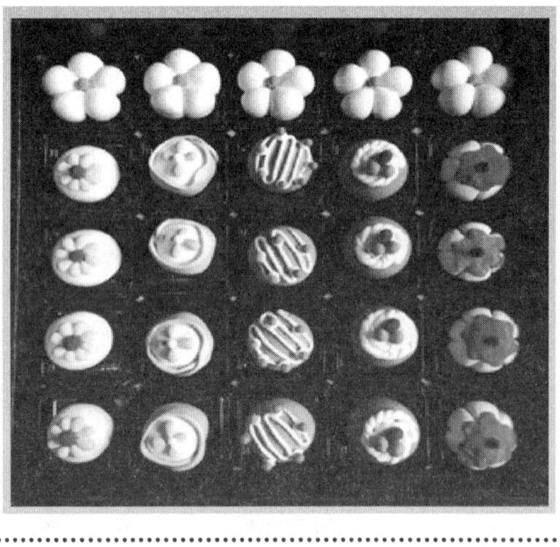

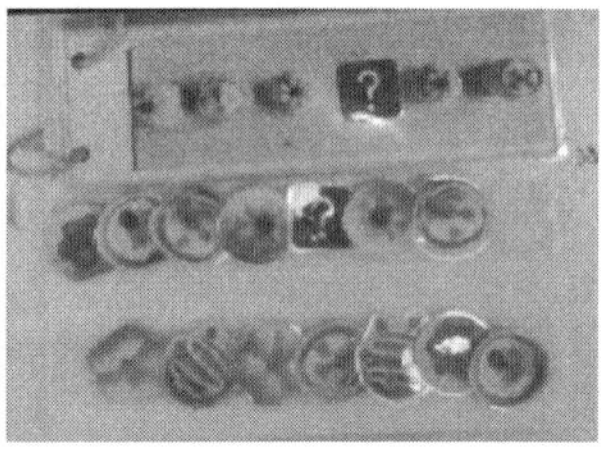

- **활동방법**

1. 일본 전통과자에 대해 이야기를 나눈다.
2. 패턴카드의 그림 순서에 따라 패턴을 놓아 본다.
3. 패턴에 익숙해지면 스스로 패턴을 만들어 본다.

활동명 : 샌드위치 만들기

활동유형	영아	유아	수 개념	공간 및 도형	측정	규칙성	자료분석
자유선택활동 수학		○				◎	

- **활동주제** : 우리 동네
- **대상연령** : 만 4세
- **활동목표**
  - 나누는 조각에 대해 알 수 있다.
  - 패턴의 기본 개념에 대해 안다.
- **활동방법**
  1. 준비물에 대해 이야기 나눈다.
  2. 요리순서도에 알아본다.
  3. 순서에 맞춰 만들어 본다.
  4. 완성된 요리에 이름을 지어 준다.
  5. 몇 개의 재료로 완성되었지 이야기 나눈다.
- **활동사진**

V

자료분석(통계, 그래프) 개념을 돕는 수학활동

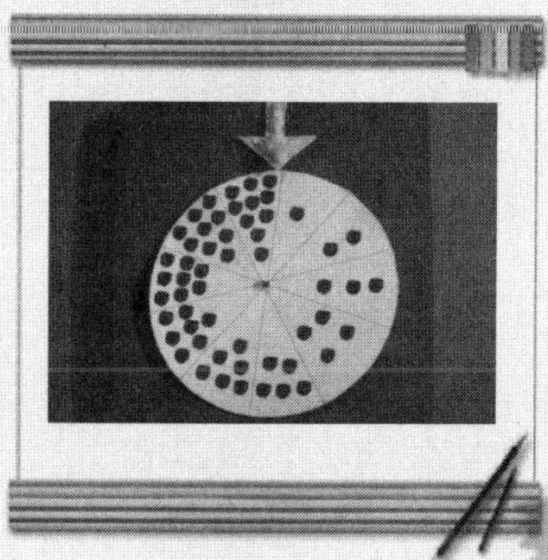

활동명 : 알록달록 송편

활동유형	영아	유아	수 개념	공간 및 도형	측정	규칙성	자료분석
자유선택활동 수학		○					◎

- **활동주제** : 가을
- **대상연령** : 만 4세
- **활동목표**
  - 게임을 통해 수를 세고 수량의 많고 적음을 비교해 본다.
  - 색으로 사물을 분류해 본다.
- **누리과정 관련요소**
  - 자연탐구 : 수학적 탐구하기-수와 연산의 기초개념 알아보기
  - 자연탐구 : 수학적 탐구하기-기초적인 자료 수집과 결과 나타내기
- **활동자료**

○ 활동방법

1. 그릇을 나누어 갖고 순서를 정한다.
2. 사면체 주사위를 던져서 바닥면에 나온 수를 확인한다.
3. 바닥에 나온 수만큼 집게로 송편을 집어서 그릇에 담는다.
4. 송편이 다 없어지면 게임이 끝난다.
5. 그릇에 송편이 더 많은 사람이 이긴다.

○ 확장활동

- 송편의 색으로 송편을 분류해 본다.
- 사면체 주사위 대신 뽑기통의 숟가락을 이용할 수 있다.

활동명 : 냉장고 정리하기

활동유형	영아	유아	수 개념	공간 및 도형	측정	규칙성	자료분석
자유선택활동 수학		○					◎

- **활동주제** : 여름
- **대상연령** : 만 4세
- **활동목표**
  - 사물들간의 유목 포함관계(과일, 음료수, 채소, 고기류)를 이해한다.
- **누리과정 관련요소**
  - 자연탐구 : 수학적 탐구하기–기초적인 자료수집과 결과 나타내기
- **활동자료**

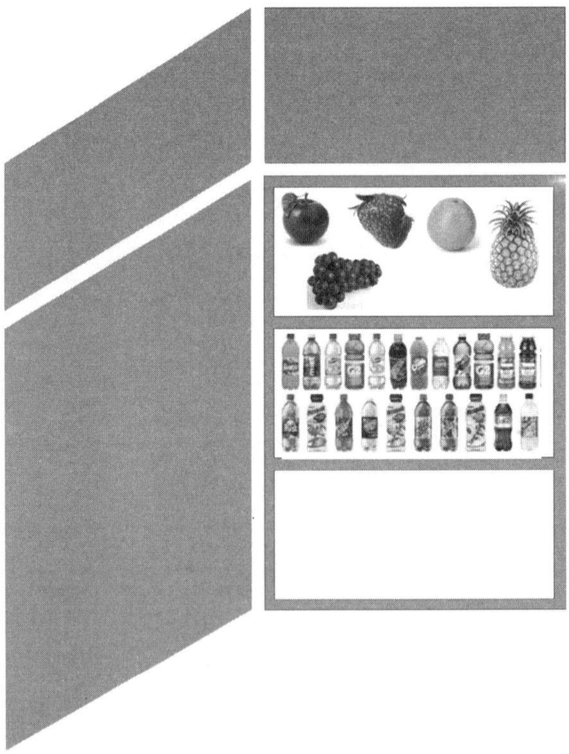

○ 활동방법

1. 그림카드 속 음식에 대해 이야기를 나눈다.
2. 냉장고의 어느 칸에 들어가면 좋을지 이야기 나눈다.
- 어떤 음식이랑 친구할 수 있을까?
- 어느 칸에 들어가야 할까?
3. 친구된 음식물들을 무엇이라고 부를 수 있는지 이야기 나눈다.
- 이 칸의 음식들을 무엇이라 부를까? (고기/생선/채소/과일/음료수)
4. 냉장고에 음식물을 왜 나누어 넣는지 이야기해 본다.

활동명 : 짝을 맞추어 봐요

활동유형	영아	유아	수 개념	공간 및 도형	측정	규칙성	자료분석
자유선택활동 수학		○					◎

❍ **활동주제** : 색깔과 모양

❍ **대상연령** : 만 3세

❍ **활동목표**

- 색깔에 관심을 가진다.
- 색깔과 모양에 따라 사물을 분류한다.

❍ **누리과정 관련요소**

- 자연탐구 : 수학적 탐구하기-기초적인 자료수집과 결과 나타내기

❍ **활동자료**

❍ **활동방법**

1. 빨강, 노랑, 초록, 보라 색깔별로 인형을 분류한다.
2. 꽃, 빵, 연필, 과일 모양별로 인형을 분류한다.

활동명 : 곤충을 잡아요!

활동유형	영아	유아	수 개념	공간 및 도형	측정	규칙성	자료분석
자유선택활동 수학		○					◎

- **활동주제** : 환경과 생활
- **대상연령** : 만 3세
- **활동목표**
  - 여러 가지 곤충의 종류에 대해 안다.
  - 날 수 있는 곤충과 날 수 없는 곤충을 구분하여 분류한다.
- **누리과정 관련요소**
  - 자연탐구 : 과학적 탐구하기-생명체와 자연환경 알아보기
  - 자연탐구 : 수학적 탐구하기-자료 정리 및 결과 나타내기
- **활동자료**

○ 활동방법

1. 사전 활동

- 곤충의 특징과 여러 가지 곤충에 대해 이야기 나눈다.

2. 본 활동

① 유아 한 명씩 나와 파리채를 이용해 곤충을 잡는다.

② 섞여 있는 곤충들을 날 수 있는 곤충, 날 수 없는 곤충으로 분류하여 해당하는 제목의 판에 붙인다.

③ 분류해서 붙인 후에는 활동판 뒤에 있는 정답을 보며 확인한다.

3. 사후활동

- 가까운 공원에서 실제로 곤충을 채집해 본다.

활동명 : 자석에 붙는 것과 붙지 않는 것

활동유형	영아	유아	수 개념	공간 및 도형	측정	규칙성	자료분석
자유선택활동 수학		○					◎

- **활동주제** : 생활도구
- **대상연령** : 만 3세
- **활동목표**
  - 자석의 성질에 관심을 가진다.
  - 자석에 붙는 것과 붙지 않는 것에 대해 안다.
- **누리과정 관련요소**
  - 자연탐구 : 과학적 탐구하기-물체와 물질 알아보기
  - 자연탐구 : 수학적 탐구하기-기초적인 자료수집과 결과 나타내기
- **활동자료**

○ **활동방법**

1. 유아에게 교구를 소개하고 자석을 탐색한다.
2. 유아가 자석에 붙는 것과 붙지 않는 것을 나누어 보고 예측한 결과가 맞는지 자석을 대어 확인한다.
3. 나온 결과에 대해 이야기 나눈 후, 자석에 붙거나 붙지 않는 물건들의 공통점에 대해 찾아본다.
4. 유아가 자석으로 확인해 보고 싶은 재료들을 직접 가져와 넣어 보고 실험해 본다.

활동명 : 바람개비야 돌아라

활동유형	영아	유아	수 개념	공간 및 도형	측정	규칙성	자료분석
자유선택활동 수학		○					◎

- **활동주제** : 여름
- **대상연령** : 만 5세
- **활동목표**
  - 속도의 변화를 예측하고 알아본다.
  - 조사활동을 통해 기초적인 통계 개념을 갖는다.
- **활동방법**
  1. 바람에 대해 이야기 나눈다.
  2. 속도에 대해 이야기 나눈다.
  3. 바람개비가 빨리 도는 장소를 찾아본다.
  4. 바람개비가 천천히 도는 장소를 찾아본다.
  5. 유아들이 활동지에 장소를 적어 본다.
  6. 바람개비가 세게 도는 장소, 천천히 도는 장소 지도를 그려 본다.
  7. 유아가 그린 지도를 친구들 앞에서 발표해 본다.
- **활동사진**

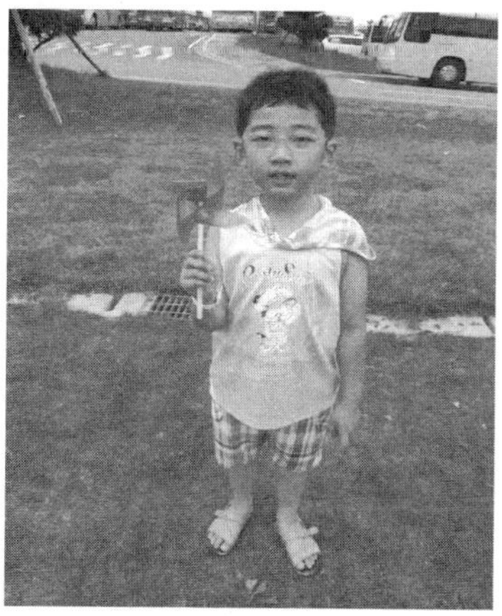

활동명 : 채소와 과일 분류하기

활동유형	영아	유아	수 개념	공간 및 도형	측정	규칙성	자료분석
자유선택활동 수학		○					◎

- **활동주제** : 자연과 환경
- **대상연령** : 만 3세
- **활동목표**
  - 여러 가지 기준에 따라 비교한다.
  - 통계활동을 경험해 본다.
- **활동방법**

1. 과일에 대해 이야기 나눈다.
2. 채소에 대해 이야기 나눈다.
3. 채소나 과일을 먹어 본 경험에 대해 이야기 나눈다.
4. 우리가 채소나 과일을 볼 수 있는 장소에 대해 알아본다.
5. 채소밭에 견학을 간다.
6. 가수원에 견학을 간다.
7. 원으로 과일, 채소를 한 가지씩 가져온다.
8. 내가 가져온 과일과 채소를 살펴보고 친구가 가지고 온것도 살펴본다.
8. 가지고온 과일의 모양을 그래프에 붙여 만들어 본다.

- **활동사진**

참고 문헌

고현주(2001). 유아수학교육을 위한 그림책 분석. 이화여자대학교 대학원 석사학위논문.

교육과학기술부(2009). 유치원지도서 1, 총론편. 서울: 두산.

교육과학기술부 · 보건복지가족부(2012). 5세 누리과정 교사용 지침서. 서울: 교육과학기술부.

교육부(1988). 제6차 유치원 교육과정. 서울: 교육부.

교육부(2012). 누리과정.

교육부 · 보건복지부(2013). 누리과정 지침서.

교육부 · 보건복지부(2013). 누리과정 해설서.

교육부 · 보건복지부(2013). 누리과정.

교육학대사전(1988). 교육학대사전. 한국교육학회.

권영례(1998). 유아수학교육, 경기: 양서원.

권영례(2010). 유아수학교육. 한국방송통신대학교 출판부.

권영례 · 이순형(1998). 유아수학교육. 서울: 창지사.

김미희(2000). 그림책을 활용한 통합 활동이 유아의 수학성취와 수학문제해결력에 미치는 효과. 한국교원대학교 교육대학원 석사학위논문.

김소향(2007). 수학게임을 통한 유아의 수학적 능력평가. 한국학술정보.

김숙령(2000). 제6차 유치원 교육과정에 기초한 유아수학교육. 서울: 학지사.

김숙령(2002). 유아수학교육. 서울: 학지사.

김숙자(2001). 수 · 과학 통합 활동이 유아의 수학과 과학 탐구 능력에 미치는 영향. 미래유아교육학회지.

김영선(2002).유아 수학교육의 이론과 실제. 경기: 교육과학사.

김지영(2004). NCTM의 수학교육 내용기준에 근거한 유아수학능력 평가도구 개발. 원광대학교 박사학위논문.

나귀옥 · 김경희(2012). 유아수학교육. 서울: 학지사.

마지순(2001). 수 · 과학 통합활동이 유아의 수학성취와 과학 문제해결력에 미치는 영향. 한국교육원대학교 대학원 석사학위논문.

문연심(2009). 통합적 접근에 기초한 영유아 수학교육. 경기: 양서원.

배종수(2003). 생명을 살리는 수학, 경기: 김영사.

백소영 · 김도현 · 이경언(2014). 수업시연에 나타나는 예비 수학교사의 발문 유형과 특성. 교사교육연구(2014), 53(3), 400~415.

아이코리아(2009). 수학활동 교사용 지도서 3권.

안경숙 · 김소향(2006). 총체적 유아 수 · 과학 통합교육 프로그램. 경기: 양서원.

안진경(2011). 포트폴리오 평가를 활용한 유아 수학 프로그램이 유아의 수학적 개념에 미치는 영향. 열린교육연구. 19(3), 27~49.

이경우(1990). 유아를 위한 새 수학교육. 서울: 창지사.

이경우 · 홍혜경 · 신은수 · 진명희(1997). 유아 수학교육의 이론과 실제. 서울: 창지사.

이순형 · 권미경 · 김혜라 · 김정민 · 우현경 · 유주연 · 이정현 · 정하나 · 정현심 · 최은정(2011). 유아수학교육. 서울: 학지사.

이정욱 · 유연화(2006). 유아수학교육, 경기: 정민사.

이정환 · 박은혜(1995). 교사들을 위한 유아관찰 워크북. 서울: 한국어린이육영회.

이혜은 · 황해익(2008). 구성주의에 기초한 유치원 교육과정과 초등학교 교육과정의 비교 및 연계성 탐색-탐구생활영역과 수학 및 슬기로운 생활 교육과정을 중심으로. 열린유아교육연구, 13(1). 28-53.

임부연 · 오정희(2014). 영유아 교수 · 학습방법. 서울: 동문사.

정혜영(2014). 수학적 토론활동에서 나타난 유아교사의 융통성과 한계. 유아교육연구, 34(2), 5-27.

최혜진 · 황해익(2007). 유아그림수학능력검사 개발 연구. 유아교육학논집. 11(1), 157~180

한유미(2014). 유아수학교육, 서울: 창지사.

홍혜경(2001). 유아의 기하학적 구성물의 그리기 작업에 대한 연구. 아동학회지.

홍혜경(2009). 유아 수학능력 발달과 교육(개정판). 경기: 양서원.

홍혜경(2010). 영유아를 위한 수학교육. 공동체.

홍혜경(2010). 유아 수학능력 발달과 교육. 경기: 양서원

홍혜경 · 김영옥(2001). 유아사회교육과 수학교육의 통합적 접근을 위한 기초연구. 유아교육

연구.

황의명 · 조형숙, 서동미(2009). 유아수학교육, 경기: 정민사.

황해익(2009). 유아평가의 이해. 경기: 정민사.

Baroody(1987). Children's mathematical thinking: a developmental framework for pre-school, primary and special education teachers, Young children Vol. 43(4). 70-79.

Berk, L. E.(2000). Child Development 5th Edition. Allyn and Bacon.

Berk, L. E., Winsler, A.(1995). Scaffolding children's Learning: Vygotsky and early childhood education. Washington, DC: NAEYC.

Blosser, P. E.(1987). 효율적인 교사의 발문기법(송용희 역). 서울: 배영사(원저 1973년 출판).

Charlesworth, R.(2000). Experiences in Math for Young Children. 4th Edition. NY: Delmar.

Kirova, A., & Bhargaba, A.(2002). Learning to guide preschool children's mathematical.

Klibanoff, R., Levine, C., Huttenlocher, J., Vasilyeva, M., Hedges, V.(2006). Preschool Children's Mathematical Knowledge: The Effect of Teacher "Math Talk". Developmental Psychology. 42(1), 59-69.

McAfee, Leong, Bodrova.(2004). Basics of Assessment: A Primer for Early Childhood Professionals, National Association for the Education of Young Children, Washington, DC.

NCTM(1989). Principles and Standards for School Mathematics. Reston, VA: The National Council of Teachers of Mathematics, Inc.

NCTM(2000). Principles and standards for school mathematics. Reston, VA:The National Council of Teachers of Mathematics, Inc.

NCTM(2007). 학교수학을 위한 원리와 규준. [Principles and standards for school mathematics](류희찬 · 조완영 · 이경화 · 나귀수 · 김남균 · 방정숙 공역). 서울: 경문사(원문 2000년 발표).

Rechardson & Salkeld(1995). Reaching Potentials: Transforming Early Childhood Curriculum and Assessment. Volume 2.

Stahelm, J. H., & Katz, L.(2001). Young investigators: The project approach in early childhood education. New York: Teachers College Press. Standard for school mathematics. Reston, V.A: Aythor. understanding: A teacher's professional growth. Early Childhood Research, 4(1), 1-19.

저자 소개

✍ 박해미

· 이화여자대학교 유아교육과 졸업(문학박사)

· 서정대학교 유아교육과 교수

✍ 김유화

· 이화여자대학교 유아교육과 졸업(박사수료)

· 연성대학교 유아교육과 교수

✍ 이진희

· 이화여자대학교 유아교육과 졸업(문학박사)

· 숭의여자대학교 유아교육과 교수

✍ 정재경

· 우석대학교 아동복지과 졸업(박사수료)

· 해파란 어린이집 원장

영유아수학교육

초판발행 2015년 12월 30일
재판발행 2016년 8월 10일

2016. 8.

저 자 박해미 · 김유화 · 이진희 · 정재경
발행인 김현태
발행처 태영출판사

주 소 (08301) 서울 구로구 구로동 104-10 동남오피스텔 201호
선 화 02 · 839-3757, 839-3752
팩 스 02 · 837-3754
등 록 2005년 5월 30일 제12-421호
홈페이지 http://www.taeyeongbook.co.kr
E-mail tys2005@hanmail.net
ISBN 978-89-6302-180-5 93370
정 가 19,000원

NAVER 태영출판사

* 잘못 만들어진 책은 교환해 드립니다.